Asking for peer advice among
junior high school students:
Studies of help-seeking

中学生における友人との相談行動

● 援助要請研究の視点から

永井 智 Satoru Nagai

ナカニシヤ出版

まえがき

　何か困難に直面したり，悩みを抱えたりした時に，誰かに相談をして助けを求めるという行動は，日々の生活において非常にありふれた現象である。しかしながら，誰かに悩みや困りごとを相談するということは，いつでもできるという訳ではない。我々は幼い頃から「他人に迷惑をかけてはいけない」「自分のことは自分で何とかしなくてはいけない」といったメッセージを様々な形で受けとる。また，悩みを抱えた人自身も「この程度のことで相談するのは迷惑なのではないか」「こうなったのは自業自得なのだから，人に頼ったりしてはいけないのではないか」といった様々な不安や懸念を感じ，助けを求めることを躊躇するかもしれない。

　例えば，石隈・小野瀬（1997）による実態調査からは，多くの中学生が，日ごろの悩みを誰にも相談しないことが報告されている。また，小中学生のいじめの全国調査を行った森田・滝・秦・星野・若井（1999）は，深刻ないじめを経験した場合でも，約半分の生徒はいじめられたことを誰にも話さなかったことを報告している。

　こうした点は子どもに限ったことではない。例えば精神医療の領域では，うつ病を持つ人々の精神科受診率が低いことが長年の課題となっている（武田・野村・神庭・久保・尾崎・笠井・加藤・功刀・小山・白川・西田・福田・元村・山脇, 2010）。また社会においても，地域や家族とのつながりを失い，助けを求めずに（求められずに）苦しんでいる若者の存在が注目を集めている（NHK クローズアップ現代班, 2010）。

　勿論，人に頼ってばかりいることは望ましいとは言えないし，そもそも人に相談をするかどうかは個人の自由であるとも言える。それでもやはり，いざとなったら誰かに相談ができるということは重要であると考える。そうしたことの例として，岡檀による示唆的な研究がある。岡（2013）は，自殺率が全国でも特に低い徳島県海部町で調査を行い，町の風土を研究した。その結果，自殺を予防する因子の一つとして，「病は市に出せ」という教えがあったことが報告

されている。つまり，トラブルを無理に隠して耐えるよりも，早くから共有し，サポートを受けることが，地域の自殺率の低さにつながっているというのである。要するに，様々な困難に対して自分で問題に取り組むことと，時に人に頼ることの両方をバランスよく使いながら，自律的に生きていくことこそが，望ましいあり方であると考えられる。

しかしながら，人に頼るというのはなかなか簡単ではないことも多い。筆者が大学で学んでいた当時，身の回りを見渡すと，そういうことの思い当たる人が何人も存在した。そのため，人はなぜ相談をためらってしまうのか，どうしたら相談できるようになるのかという点を明らかにすることは重要なテーマであるように思われた。しかし筆者が研究を行った当時，相談など助けを求める行動についての研究は，国内でまだほとんど行われていなかった。そこで，悩みの経験が多くなる中学生に注目し，日常的な援助関係である仲間同士の相談を，大学院での研究テーマに選択した。

本書は中学生の友人に対する悩みの相談を扱った8つの研究をもとに構成されている。批判的なご意見を多くいただけるよう，なるべく多くのデータを掲載するようにした。また，本書は既に公表されたいくつかの論文をもとに構成しているが，元となる論文とは若干用語の用い方が異なっている。本書第1章でも述べることになるが，援助要請にまつわる概念名は様々な変遷をたどっている。そのため，援助要請意図等，いくつかの用語については現在の事情に合わせて使用している。例えば，研究3で作成する相談行動尺度は，当初「相談行動」を測定する尺度として発表したが，現在の基準で言えば「援助要請意図」を測定する尺度とみなすことが適切である。そのため，相談行動尺度という名前は使いつつも「援助要請意図」を測定する尺度として本書では記述した。こうした一部の用語の変更については，ご寛恕いただければ幸いである。

目　　次

まえがき　i

第1部　理論的検討

第1章　本研究の背景と問題 ——————————— 3
第1節　はじめに　3
第2節　研究の視点　4
第3節　援助要請における概念と尺度の変遷　9
第4節　先行研究における主要な課題　14

第2章　援助要請の生起 ——————————— 16
第1節　援助要請生起とその関連要因　16
第2節　援助要請を説明するための諸尺度　26

第3章　援助要請と適応および援助要請の促進 ——————————— 42
第1節　援助要請と適応　42
第2節　援助要請の促進　44

第4章　本研究の流れと論文の構成 ——————————— 50
第1節　先行研究のまとめと研究の目的　50
第2節　本論文の構成と各章の概要　52

第2部　相談行動に関する基礎的研究

第5章　研究1　悩みの経験と相談行動に関する実態 ─── 57
　　第1節　目　　的　57
　　第2節　方　　法　57
　　第3節　結　　果　59
　　第4節　考　　察　67

第6章　研究2　中学生における相談行動のプロセス ─── 69
　　第1節　目　　的　69
　　第2節　方　　法　70
　　第3節　結　　果　71
　　第4節　考　　察　81

第3部　尺度の作成

第7章　研究3　援助要請意図を測定する尺度の作成 ─── 87
　　第1節　目　　的　87
　　第2節　方　　法　88
　　第3節　結　　果　89
　　第4節　考　　察　94

第8章　研究4　利益・コストの予期を測定する尺度の作成 ─ 96
　　第1節　目　　的　96
　　第2節　予備調査　目的　96
　　第3節　予備調査　方法　96
　　第4節　予備調査　結果　98
　　第5節　予備調査　考察　102
　　第6節　本調査　目的　105
　　第7節　本調査　方法　106
　　第8節　本調査　結果　107
　　第9節　本調査　考察　112

第4部　援助要請の生起

第9章　研究5　利益・コストと援助要請意図との関連 —— 117
- 第1節　目　的　117
- 第2節　方　法　117
- 第3節　結　果　118
- 第4節　考　察　122

第10章　研究6　悩みの種類による利益・コストの差異 —— 126
- 第1節　目　的　126
- 第2節　方　法　126
- 第3節　結　果　127
- 第4節　考　察　132

第5部　発展的検討

第11章　研究7　発生した利益・コストが援助の評価に及ぼす影響 —— 137
- 第1節　目　的　137
- 第2節　方　法　137
- 第3節　結　果　139
- 第4節　考　察　145

第12章　研究8　援助要請および利益・コストの予期に対する介入 —— 149
- 第1節　目　的　149
- 第2節　方　法　150
- 第3節　結　果　153
- 第4節　考　察　157

第6部　全体のまとめ

第13章　中学生の援助要請における基礎データの検討 ——— 163
　　第1節　目　　的　163
　　第2節　方　　法　163
　　第3節　結　　果　164
　　第4節　考　　察　169

第14章　総合的考察 ——————————————————— 171
　　第1節　本研究の知見のまとめ　171
　　第2節　本研究がもたらす示唆　173
　　第3節　今後の課題　176

謝　　辞　183
引用文献　187
資　　料　203
索　　引　253

中学生における友人との相談行動：
援助要請研究の視点から

永井智

Asking for peer advice among junior high school students:
Studies of help-seeking.
By S. Nagai
Nakanishiya Publishing

第 1 部　理論的検討

第1章 本研究の背景と問題

第1節　はじめに

　思春期とは，身体的にも心理的にも大きな変化の起こる時期であり，その急激な変化に伴って，自分自身と対峙し，様々な悩みに直面する時期である。勿論，ほとんどの人はそういった悩みと自ら格闘しながら成長していく。しかしながら一方で，中学生の悩みは学校不適応感や健康問題などへとつながる可能性も指摘されている（伊藤，1993，1994）。そのため，一人では解決できず，苦痛をもたらし続けてしまうような問題には，何らかの援助が必要であると考えられる。

　困っている人に手を差し伸べる現象自体は，心理学において長く研究されてきた。その中で，仲間同士の援助関係についても数多くの基礎的・実践的研究が報告されている。近年学校現場で実践が広がっているソーシャルスキルトレーニングやピア・サポートなどの実践活動も，困っている仲間に対し，援助の手を差し伸べることができるような関係形成を目指したものであると言える。

　こうした研究や実践活動は基本的に，困難を抱えている仲間に対する自発的な援助行動に焦点がおかれることが多い。しかしながら一方で，困難を抱えながらもそれを表出しない子どもも存在する。石隈・小野瀬（1997）が全国の中高校生を対象に行った調査では，中学生，高校生は様々な悩みを抱えているにもかかわらず，それを誰にも相談しない者が全体で38％も存在したことが報告されている。彼らを支援するためには，単に周囲からの自発的援助だけでなく，相談を求める側にも注目した取り組みが必要であると考えられる。

　しかしながらこれまでのわが国における多くの研究は，相談経験の有無や頻度を集計したような基礎的調査に留まっており，相談のメカニズムなどに踏み込んだ体系的な研究はあまり行われてこなかった。そこで本書では，中学生における友人への相談に注目し，一連の検討を行うこととした。

第2節 研究の視点

1. 援助要請行動としての相談行動

　本研究では相談行動を援助要請行動（help-seeking behavior）として捉える。援助要請行動とは「個人が問題の解決の必要性があり，もし他者が時間，労力，ある種の資源を費やしてくれるのなら問題が解決，軽減するようなもので，その必要のある個人がその他者に対して直接的に援助を要請する行動（DePaulo, 1983）」を指す。思春期・青年期の子ども達を対象とした援助要請の研究では，援助要請と相談（consult）はほぼ同義で用いられる（e.g., Raviv, Sills, Raviv, & Wilansky, 2000）ことから，本研究でも援助要請をそのように位置づける。

　しかし，相談行動に関連する概念としては，援助要請だけでなく，コーピング方略の一つである「サポート希求」や社会心理学における「自己開示」など複数が存在する。これらの概念は互いに成立過程が異なるため，相互の違いを明確に区別するような作業はなされてきていない。また，実際の研究での扱われ方を見ても，各概念の境界を明確に定めることはできないと考えられる。しかしながら，各概念がどのように類似しており，どのような点では区別が可能で，どのような点では区別が難しいのかを明らかにしておくことは意義があると考えられる。従ってここでは，各概念を比較しながら本研究における相談行動のおおよその位置づけを考察する。

　コーピングは，「個人と環境の相互作用の結果，個人の資源を脅かすと判断された場合に，個人が行う認知的，行動的努力」と定義される（Folkman & Lazarus, 1985）。その中でも援助要請に近い方略がサポート希求である。サポート希求は概ね「相手からソーシャル・サポートを引き出す行為」として用いられており（e.g., Florian, Mikulincer, & Bucholtz, 1995；Folkman & Lazarus, 1985），様々あるコーピング方略の中で，援助リソースを自己の外に求めているという点が特徴である。すなわち，古典的なコーピングの8分類（Folkman & Lazarus, 1985, 1988）の中でも，サポート希求は他者の存在が必須となる唯一の方略である。

　こうした特徴は，基本的に援助要請にもあてはまる。すなわち援助要請とサポート希求はともに，問題状況において他者に支援を求める行為であると言え

る（なお初期の援助要請研究では，課題解決のためのマニュアル参照行為を援助要請とみなすような研究もあるが (e.g., Shapiro, 1978; Tessler & Schwartz, 1972)，こうした立場は例外的なものである）。

では，援助要請とサポート希求の差異は何であろうか。言葉を忠実に扱うのであれば，"サポート（support）"を求めるのか"援助（help）"を求めるのかという点であろう。Oxford University Press の Oxford English Dictionary によれば help とは「援助の行動；物事をより効率的にするための行動や資源の補助；助力，補助，救援（The action of helping; the supplementing of action or resources by what makes them more efficient; aid, assistance, succour.）」とされ，support とは「人を助ける，あるいはしっかりと支えたり崩れないようにしたりする行動や行為；補助や後援の提供（The action or an act of helping a person or thing to hold firm or not to give way; provision of assistance or backing）」や「c．精神的な援助；より一般的な例としては励まし，情緒的援助，精神的慰め（Spiritual help; an instance of this. Also more generally: encouragement, emotional help, mental comfort）」とされる。

また，Pearson Education の Longman Dictionary of Contemporary English によれば help とは「1．誰かが何かをすることをより容易あるいは可能にするために行うこと（things you do to make it easier or possible for someone to do something）」とされる。また，「3．必要としている人に対して与えられるアドバイス，治療，情報，金銭（advice, treatment, information, or money which is given to people who need it）」などの意味ももつ。一方，support は「1．賞賛：人，アイディア，計画などに対する賞賛，激励，あるいは援助（approval, encouragement, and perhaps help for a person, idea, plan etc）」や「2．共感：困難な状況にいる人や，不幸な人に対する，共感や援助（sympathy and help that you give to someone who is in a difficult situation or who is very unhappy）」とされる。

いずれも，suppor の説明として「help の提供」があてられているように，両者の厳密な区別は非常に難しいが，help の方はより問題解決を志向しているのに対し，support は help だけでなく，励ましや慰め，共感，称賛などより広い範囲が含まれるという点で若干の違いがある。実際，研究での使われ方を見て

も，サポート希求は，承認を求めて「これで大丈夫でしょうか？」といった発言をするような単発的行為や（Larose, Boivin, & Doyle, 2001），一時的な不安感を緩和するために，他者に接触を求める行動（Collins & Feeney, 2000；Simpson, Tholes, & Nelligan, 1992）などの非常に幅広い行動が含まれる。一方社会心理学における援助要請は，課題でつまずいた時や，日常生活の中での困りごとについて手助けをしてもらうなど，具体的な問題解決を志向することが多い（e.g., Morris & Rosen, 1973；Nadler & Porat, 1978）。

　ただし，心理的な悩みの相談の場合，社会心理学における援助要請とはまた扱われる範囲が異なる。悩みの相談では基本的に心理的な問題を扱うため，社会心理学で扱われるような課題状況とは，扱う問題の種類が異なる。また求める支援についても，悩みの相談の場合は，必ずしも直接的な問題解決が志向される訳ではなく，情緒的な支援などの比重が大きくなると思われる。このように援助要請と言う場合，それが社会心理学の文脈なのか，臨床心理学の文脈なのかによって，言葉が暗黙に指す範囲は異なっている。

　以上の内容を一旦まとめると，サポート希求は，非常に広い支援の文脈や支援の内容を扱うが，それに比べて援助要請は，より狭い範囲を扱っていると考えられる。すなわち社会心理学における援助要請では，具体的な問題解決を扱うことが多いのに対し，臨床心理学における援助要請では必ずしも問題解決を中心とする訳ではない。実際の研究での使用のされ方に基づくならば，各概念の差異を概ねこのように整理できると考えられる。ただし，社会心理学の研究においても，相談のような臨床心理学における援助要請を中心的に扱う研究も見られる（脇本, 2008）。そのためこうした区別は，あくまでも目安として捉えるべきである。

　最後に「自己開示」との関連について述べる。悩みを相談するには，自身の悩んでいる状況を打ち明けることが必要となる。そうした観点から，専門家への援助要請を説明する変数として，自己開示傾向（Komiya, Good, & Sherrod, 2000）や自己隠蔽（Larson & Chastain, 1990）が扱われることがある（Kelly & Achter, 1995；Cepeda-Benito & Short, 1998；Vogel & Wester, 2003）。

　自己開示は，Jourard & Lasakow（1958）によって心理学で用いられるようになった概念であり，「自分自身に関する情報を，本人の意思のもと（強制され

ることなく）特定の他者に対して言語を解して伝達すること」と定義される（Jourard, 1971）。自己開示の機能の一つにカタルシス（安藤，1986；和田，1995）や，聞き手からのサポートの獲得（安藤，1989；菅沼，1997）といった適応的効果が挙げられる。そのため，これらのポジティブな機能に注目し，自己開示をコーピングとして積極的に捉える立場もある（丸山・今川，2001,2002）。そして，「悩みを他者に打ち明けるという行為を妨げるものは何か」というように，援助要請研究と類似した問題意識のもと，否定的内容の自己開示に注目した研究も実施されている（e.g., 亀田，2003；片山，1996；大橋・潮村，2003）。

　臨床心理学における援助要請のプロセスの中では，否定的内容の自己開示がほぼ必然的に出現すると考えられるため，両者もやはり近い概念であると言える。しかしながら，臨床心理学における援助要請に際して自己開示がほぼ必須となる一方，否定的内容の自己開示自体は，相手からのサポートを期待しない場面，すなわち援助要請を目的としない文脈でも生起し得る。そのため，この否定的内容の自己開示と臨床心理学における援助要請は，支援を求める意図の有無という点で区別できると考えられる。

　各概念の関連を整理したものを Table 1-1 に示す。また，各概念間の関連を図示すると，Figure 1-1 のようになると考えられる。本研究における相談は，ここで示したような臨床心理学における援助要請に位置づけられる。またこれ以降援助要請という言葉は，臨床心理学における援助要請を指して用いることとし，相談と同義の言葉として用いる。

2．中学生の友人に対する援助要請研究の意義

　冒頭でも述べたように，わが国では援助要請を扱った研究は多くはない。特に本研究で注目する「中学生の友人に対する相談行動」を援助要請の観点から検討する場合，日本人を対象とすること，中学生を対象とすること，友人への相談を対象とすること，という3つの点それぞれで意義をもつ。

　諸外国の専門家に対する援助要請研究では，様々な人種・民族に焦点をあてた研究が行われてきた（Cauce, Demenech-Rodriguez, Paradise, Cochran, Shea, Srebnik, & Baydar, 2002）。こうした研究からは，援助要請には様々な民族・

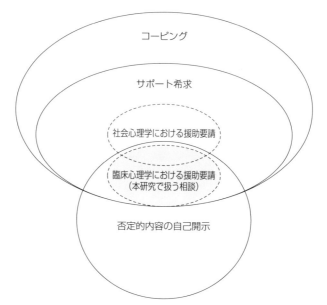

Figure 1-1　各関連概念の関係

Table 1-1　各概念の使われ方の比較

	コーピング	サポート希求	社会心理学における援助要請	臨床心理学における援助要請	否定的内容の自己開示
問題対処意図がある	○	○	○	○	△
リソースが外にある	△	○	○	○	○
自己開示を伴う	△	△	△	○	○
扱う問題の範囲	ストレッサー全般	ストレッサー全般	主に課題状況や日常生活の困りごと	主に心理的問題	問わない
提供される資源		サポート全般	主に問題解決的支援	問題解決に限らず情緒的支援などを含む	サポート全般

○：あてはまる
△：あてはまらない場合もある

文化による差が存在すること，中でもアジア人は援助要請傾向が低いことが指摘されている（Atkinson & Gim, 1989；Tedeschi & Willis, 1993）。

しかし，一言でアジア人と言っても，アジアの国々における文化的背景や，価値観は多様であり，様々な文化的背景をもつアジア人を単一の集団として考えることは適切ではない（Sue, 1994）。特に，欧米の研究がアジア人を論じる場合，家父長制や家名の重視，儒教的な価値観などが特徴として挙げられることが多く（e.g., Lau & Takeuchi, 2001），現代の日本文化を正確に反映した議論がなされているとは言いがたい。そのため，日本人の援助要請傾向を明らかにするためには，日本人単独を対象とした研究を行う必要があると考えられる。

また，これまでの援助要請研究は成人や大学生を対象とした研究が多く，思春期を対象とした研究は少なかったことが指摘されている（Boldero & Fallon, 1995；Wintre & Crowley, 1993）。しかしながら，思春期の段階で様々な心理・社会的危機が訪れることを考慮すると，この段階から子どもたちがどのように悩みについての援助要請を行うのかを明らかにすることは重要であると考えられる。

また，先行研究で扱われてきた友人への援助要請は，専門家に対する援助要請の比較対照的な位置づけに過ぎないことが多く，友人への援助要請そのものに焦点があてられることは少なかった。しかしながら実際は，ほとんどの研究で友人が援助要請の相手として最も好まれていることが報告されており（Christensen & Magoon, 1974；Deane, Wilson, & Ciarrochi, 2001；Offer, Howard, Schonert, & Ostrov, 1991；Wintre & Crowley, 1993；Zhang, Snowden, & Sue, 1998），友人は日常生活における重要な援助資源であると考えられる。そのため，友人への援助要請に焦点を当てた検討を行うこともまた，意義があると考えられる。

第3節　援助要請における概念と尺度の変遷

1．援助要請における諸概念と尺度

中学生の友人に対する相談行動の具体的な検討課題を述べる前に，まず援助要請に関連する用語とそれを扱う主要な尺度について整理する。近年のわが国

における研究では，被援助志向性という概念が広く用いられてきた。被援助志向性とは，「個人が，情緒的，行動的問題および現実生活における中心的な問題で，カウンセリングやメンタルヘルスサービスの専門家，教師などの職業的な援助者および友人・家族などのインフォーマルな援助者に援助を求めるかどうかについての認知的枠組み」と定義される（水野・石隈，1999）。この定義は"援助を求めるかどうかについての認知的枠組み"とあるように，援助要請についての認知全般を含む包括的な概念である。

　一方，援助要請をより詳細に扱う場合は，実際の行動である「援助要請行動」だけでなく，それに準じる指標として「援助要請態度」「援助要請意図」「援助要請意志」といった概念が用いられる。この中でも，最も早くから扱われていたのが「援助要請態度」である。臨床心理学における援助要請の研究の基本的な流れは，Fischer & Turner（1970）による Attitudes Toward Seeking Professional Psychological Help Scale（ATSPHS）による援助要請態度の研究から始まったと言ってよい。「態度」という言葉自体は，既に心理学の中で広く定着した用語であるためか，Fischer & Turner（1970）の研究において援助要請への態度の明確な定義は述べられていない。後に ATSPHS の改訂版を作成した Mackenzie, Knox, Gekoksi, & Macaulay（2004）は，援助要請態度（help-seeking attitudes）を「心理的な問題の援助を要請することに対する評価的反応」と定義している。

　ATSPHS は非常に一般的な尺度となっており，本格的な尺度が登場したことで，この尺度を用いた多くの研究が報告されるようになった。しかしながら ATSPHS は，研究によっては因子構造が安定しないことも多い（e.g., Dadfar & Friedlander, 1982）。わが国では久田・山口（1986）および山口・久田（1986）が ATSPHS の邦訳版を作成しているが，ここでもやはり因子構造は元尺度と異なっている。そうした理由から後に，単因子構造の短縮版も作成されており（Fischer & Farina, 1995），わが国でも同様に邦訳版が報告されている（佐藤・安保・藤川・内田・上埜，2014）。

　さらに ATSPHS には，他の研究者による改訂版も存在する。例えば Surgenor（1985）や Mackenzie et al.（2004）は，自身が研究対象とする領域の文化に合致するよう，項目の追加や記述の変更を行い，新たな尺度を作成している。ま

た，全く別の観点から態度を測定する尺度として，キャリアカウンセリングへの態度を測定する尺度（Rochlen, Mohr, & Hargrove, 1999）なども報告されている。しかしながらこうした尺度も，元尺度に比べて大きな優位性をもっている訳ではなく，結局今でも，態度測定に最も多く用いられているのは，オリジナルの ATSPHS とその後継である短縮版である。

　ATSPHS 用いて援助要請態度を扱う研究は 1970 年代以降非常に多く報告された。しかし態度を測定するだけでは，実際の援助要請行動を捉えきることはできない。とはいえ，社会心理学のような実験的手法（e. g., DePaulo, Dull, Greenberg, & Swaim, 1989；Nadler, Shapira, & Ben-Itzahak, 1982）を用いて，悩みの相談を実際に生起させることは難しい。そこで 1990 年代頃から，援助要請の意図（intention）に注目する研究が増加した。Ajzen（1991）による計画的行動理論では，この行動意図が実際の行動につながるとされており，実際，様々な領域において行動意図が行動を規定することが明らかになっている（Armitage & Conner, 2001）。こうした理論的背景に基づき，近年ではこの援助要請意図が，援助要請の主要な指標として扱われるようになっている。

　援助要請意図を測定する代表的な尺度としては，後述する Intentions to Seek Counseling Inventory（ISCI）や，Wilson, Deane, Ciarrochi, & Rickwood（2005）による General Help-Seeking Questionnaire（GHSQ）などがある。これらの尺度は，いくつかの問題を提示し，その問題を抱えた場合に援助要請するかどうかを尋ねるものである。特に GHSQ は誰に援助要請を行うのかを自由に変更・追加できる形式となっており，研究目的に応じた形で援助要請意図を扱うことができる尺度となっている。

　最後に，援助要請意図と混同されやすく，また現在も混同が続いている概念として援助要請意志（willingness）が存在する。援助要請意図は，ISCI や GHSQ のように「もし今後困ったことがあったら援助要請をしようと思う」というような，時間的距離の曖昧な援助要請への志向を指すこともあれば，特定の期間内に実際に援助要請を実行しようという，その意図を指すこともある（e. g., Hammer & Vogel, 2013）。計画的行動理論における行動意図は，実際は後者のような内容を指すことが多い。そのため，後者のみを援助要請意図とし，それと区別する形で前者を援助要請意志と呼ぶことがある。しかしながら，次

項で述べるように，両概念の区別は研究者間で十分共有されてはいないのが現状である。なお，援助要請意志を測定するとされる尺度としては，Cohen (1999) や Gim, Atkinson, & Whiteley (1990), Hammer & Vogel (2013) による尺度が存在するが，いずれも尺度の形式が異なっている。こうした点も，援助要請意志の捉え方に様々な差異があることを示すものであると言える。

2．用語の変遷をめぐる問題

この援助要請意図と援助要請意志をめぐっては，色々とややこしい経緯が存在する。論文によって用語や尺度情報の食い違いがしばしば見られ，そのことが概念上の混乱を招く一因ともなっていることから，ここにおおよその経緯と状況を記述する。あくまでも現状の整理であり，将来こうした混乱が整理された後には不要な情報となると思われるため，先を急ぐ場合は読み飛ばしていただいて構わない。

まず，援助要請意図を測定する尺度として最も一般的な尺度である ISCI をめぐる問題がある。本尺度は，Cash, Begley, McCown, & Weise (1975) が作成した尺度であると記述されることもあるが (e. g., Vogel & Wei, 2005), Cash et al. (1975) 自身は Intentions to Seek Counseling Inventory という言葉は用いていない。Cash et al. (1975) が行ったのは，不安や不眠，抑うつなど，カウンセリングで援助を受けるにふさわしい 15 種類の問題リストの作成である。この 15 の問題リストは，後に Robertson & Fitzgerald (1992) によって 2 項目が加えられ 17 項目となった。そして Kelly & Achter (1995) がこの 17 項目の問題について，「もしこの問題が生じたら，カウンセラーのもとへ行くか」と尋ねる形式の尺度を作成し，Intentions to Seek Counseling Inventory と名付けた。しかしながら，Cepeda-Benito & Short (1998) が本尺度を「Cash et al.(1975) の作成した Intentions to Seek Counseling Inventory」と表記したことで，Cash et al.(1975) による尺度であると表記されることがある。

またこの ISCI は，その名の通り援助要請"意図"を測定する尺度とされるが，異文化研究においてはまた別の用い方がなされている。Ponce & Atkinson (1989) は，Cash et al.(1975) の 15 項目に対し，マイノリティに見られる問題 5 項目を追加した 20 項目の問題リストを作成した。Gim et al. (1990) はこの

20項目に対してさらに独自の4項目を加え，カウンセラーに会う"意志"を測定する Willingness to See a Counselor Measure（WSC）と名付けている。このように，同様のルーツをもち，しかも若干の項目の違いを除けばほぼ同様の形式の尺度であるにもかかわらず，ISCI は"意図"を測定するものとされ，一方の WSC は"意志"を測定するものであるとされる。

このように，現在まで援助要請意図と援助要請意志の区別は明確になされている訳ではない。例えば代表的な援助要請研究者の一人である D. L. Vogel は，当初 ISCI を用いて援助要請意図を測定するという記述をしていたが（e. g., Shaffer, Vogel, & Wei, 2006; Vogel, Wester, Wei, & Boysen, 2005），2000年代半ば頃からは同じ ISCI を用いて援助要請意志を測定するとの記述が見られるようになった（e. g., Vogel., Wade, & Hackler, 2007）。ただし，Hammer & Vogel（2013）が独自に援助要請意志尺度を作成して以降は，ISCI は再度援助要請意図を測定する尺度として扱われるようになった（Lannin, Guyll, Vogel, & Madon, 2013; Tucker, Hammer, Vogel, Bitman, & Wade, 2013）。また別の代表的な援助要請研究者である F. P. Deane は，ISCI と同様の形式の尺度である GHSQ を，ほぼ一貫して援助要請意図の測度として扱っているが，論文によっては援助要請意志の尺度とされる記述も見られる（e. g., Ciarrochi & Deane, 2001）。

3．本研究で扱う援助要請

こうした援助要請意図や援助要請意志の区別は，わが国でも十分行われている訳ではない。近年では，本田・新井・石隈（2011）がこれらの整理を試みているが，実際の援助要請行動を測定しない以上，結局どこまで行動に迫った概念化を行うかという問題には果てがないようにも思われる。例えば近年では，意志や意図のさらにその先にある最終的な援助要請の決断（Decision）という言葉が用いられることもある（Hammer & Vogel, 2013）。勿論，概念の精緻化自体は重要な作業であるが，こうした概念の乱立によって混乱が起きるようなことは望ましいことではない。そのため，概念の整理については今後詳細に検討されるべきであると考えられるが，現状での尺度や用語の混乱を全て整理することは，本研究での範疇を越える。

本研究では，意図と意志（あるいは決断）の区別に厳密に踏み込むことはせず，国内外のこれまでの主要な研究の慣例にならい，ISCIやGHSQと同様「もし悩みを抱えたら相談しようと思う」程度を援助要請意図とし，本研究における援助要請の指標とする。この形式で測定される援助要請意図は，向こう4週間の援助要請行動を予測可能であることから（Nagai, 2015），援助要請の指標として一定の有用性をもつと考えられる。また先行研究を引用する場合も，同様の形式の尺度を用いている場合は，その論文内で用いられる言葉に関係なく援助要請意図という言葉を用いる。

第4節　先行研究における主要な課題

　以上の前提に基づき，本書で検討すべき研究の方向性について述べる。援助要請研究には次に挙げる3つの主要な研究課題が存在する。まず最も基本的な課題は，「援助要請の生起」，すなわち「何が援助要請を促進・抑制するのか」を明らかにすることである。そもそも援助要請研究の多くは，なぜニーズがありながら助けを求めることのできないのか，どのようにすればそのような人々が援助要請をできるようになるのか，といった問題意識に基づいている。そのため，援助要請を促進・抑制する主要な要因を明らかにすることは，援助要請研究における重要な課題となっている。

　援助要請研究における第2の課題は，「援助要請と適応」に関するものである。すなわち，「援助要請は本当に望ましい行動なのか」という点を明らかにすることである。援助要請生起を扱う研究における「なぜ援助要請できないのか」という問題意識の背後には，「援助要請が望ましい行動である」という暗黙の前提が存在する（e. g., Lee, 1999）。勿論，他者からのサポートは概ね適応的に機能すると考えられているため（稲葉, 1998），こうした前提が誤っているという訳ではない。しかし日常生活の中では，他者に悩みを相談したものの，否定的な応答を受け，かえって傷つきが増すような場合もある。そのため，援助要請が適応的に機能するのはどのような時かという点についても，検討を行う必要がある。

　そして第3の課題として「援助要請の促進」が挙げられる。すなわち，「どう

すれば援助要請は促進できるのか」というものである。第1の課題である「援助要請の生起」も，援助要請生起のメカニズムを解明することによって，援助要請を促進することが視野に入ったものである。そのため，いかにしてこの「援助要請の促進」を行うかが，援助要請研究における重要な課題であると言える。

　以上の各課題とも検討すべき点は多く存在し，特に「援助要請と適応」および「援助要請の促進」については，わが国での研究自体があまり多くない。また各課題において行われる研究は，同じ援助要請という現象を扱っているにもかかわらず，視点や用いられる変数も異なることが多い。そのため，各課題間の関連を考慮した統合的な視点からの研究が望まれる。そこで次章以降，各課題について先行研究を概観し，その上で本書における具体的な研究目的を述べる。

第2章 援助要請の生起

第1節　援助要請生起とその関連要因

　援助要請の生起については，社会心理学において幾つかのモデルが提起されてきた。代表的なものとしては，Gross & McMullen (1982) や相川 (1989)，高木 (1997) によるモデルがある (Figure2-1～2-4)。特に Gross & McMullen (1982) のモデルが示すように，援助要請の意思決定は非常に複雑な過程であり，介在する要因も非常に多い。そのため Gross & McMullen (1982) も，自らのモデルはあくまでも図式的なものであり，各段階が入れ替わったり，繰り返されたりすることもあり得ると述べている。また実験手法を用いた研究からは，援助要請の意思決定がある程度自動化されたプロセスであることが明らかになっている（島田・高木，1995）。そのため，モデルで示されたプロセスがどの程度現実の意思決定を反映しているかについては，一定の留意を必要とする。

　しかしながら，主にどのような要因が援助要請をもたらすのかを知ることは，援助要請の生起を理解する上で重要な点である。Figure2-1 に示されている通り，一連の意思決定プロセスには様々な状況・個人・文化的要因が影響するとされている（相川，1989）。そのような要因は様々であるが，大きく「デモグラ

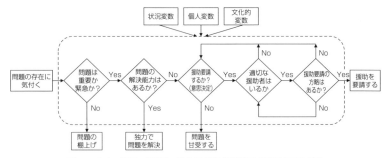

Figure 2-1　相川（1989）による援助要請の生起過程のモデル

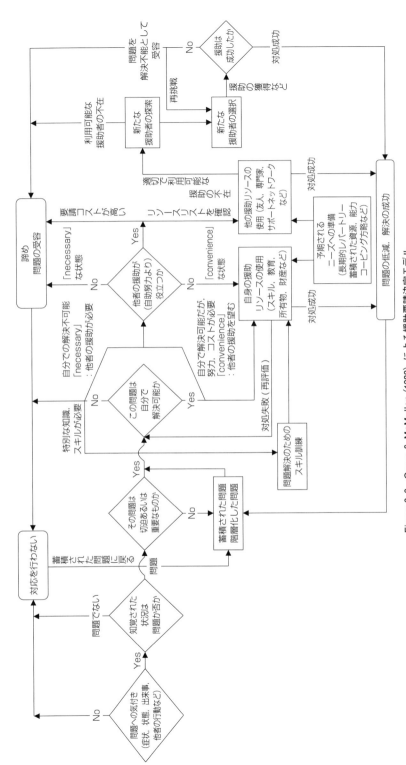

Figure 2-2 Gross & McMullen (1982) による援助要請決定モデル

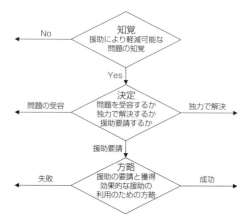

Figure 2-3 Gross & McMullen (1982) による援助要請決定モデルの段階

フィック要因」「個人の問題の深刻さ，症状」「ネットワーク変数」「パーソナリティ変数」という4つの領域に分類される（水野・石隈，1999；Rothi & Leavey, 2006）。しかし，これまで援助要請の影響要因は非常に多く扱われてきた一方で，研究間では関連が一貫しない結果も多い。そこでまず，先行研究の中から援助要請への主要な影響要因を概観し，具体的な検討事項について述べる。

1．デモグラフィック要因

援助要請に影響を与えるデモグラフィック要因としては，性別，社会経済的地位，文化的背景などがある。最も頻繁に扱われるのは，データ収集も容易な性別である。一般に心理的問題の援助要請は，男性よりも女性の方が高いとされている。調査対象や，援助要請の対象，問題の種類や年齢を組み合わせた場合，中には性差が見られなかったり（e. g., Deane & Todd, 1996；Deane et al., 2001），逆に男性の方が援助要請傾向が高くなったりするなどの報告（Wintre, Hicks, McVey, & Fox, 1988）も散見されるものの，女性の方が男性よりも援助要請傾向が高いという報告が圧倒的に多い。実際，日本のアジア系留学生（水野・石隈，2000）や，アジア系アメリカ人（Gim et al., 1990），オーストラリアの大学生（Deane et al., 2001），オーストラリアの思春期青年期の子ども（Boldero & Fallon, 1995；Fallon & Bowles, 1999），イスラエルの思春期の学生

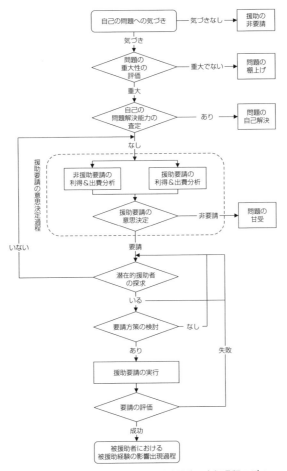

Figure 2-4 高木（1997）による援助要請の生起過程モデル

(Tishby, Turel, Gumpel, Pinus, Lavy, Winokour, & Sznajderman, 2001；Raviv et al., 2000），ニュージーランドの成人（Deane & Todd, 1996；Surgenor, 1985），アメリカの思春期青年期の子ども（Garland & Zigler, 1994），アフリカ系アメリカ人（Snowden, 1998），白人系アメリカ人（Cook, Park, Williams, Webb, Nicholson, Schneider, & Bassman, 1984）など，様々な集団を対象とした研究において，女性の方が男性よりも援助要請に関する指標が高いことが報告されている。

対人関係全般を扱ったシステマティックレビュー（Rose & Rudolph, 2006）や，コーピングに関するメタ分析（Tamres, Janicki, & Helgeson, 2002）においても，男性よりも女性の方がサポートを求める行動指標が高いことが報告されている。また近年では，専門家への援助要請に対する態度についてのメタ分析が行われ，女性の方が専門家への援助要請に対する態度が肯定的であることが報告されている（Nam, Chu, Lee, Lee, Kim, & Lee, 2010）。

ただし，こうした援助要請に関する性差が，どこから生じるのかについては十分明らかになっている訳ではない。最も一般的な説明としては性役割獲得に基づくものがある（山口・西川，1991）。近年では特に，伝統的な男性役割に縛られることが，援助要請を妨げるとして（Addis & Mahalik, 2003），男性における専門家への援助要請と，性役割葛藤との関連が多く研究されている。そして，実証的研究では一貫して，男性性役割葛藤が高い方が，援助要請への態度がネガティブであることが報告されている（Blazina & Watkins, 1996; Good, Dell, & Mintz, 1989; Good & Wood, 1995; Robertson & Fitzgerald, 1992; Simonsen, Blazina, & Watkins, 2000）。

しかし性役割による男女差の説明についても，十分な結論が得られているとは言いがたい。例えばMahalik, Good, & Englar-Carlson（2003）は非適応的な男性性役割の例として「同性愛恐怖症」「プレイボーイ」などを挙げている。しかしながら，援助要請の性差が見られる様々な文化で，共通してこのような極端な性役割が当てはまるとは考えにくい。

また先に挙げた実証研究では，「男性性役割」という概念自体が援助要請を抑制する訳ではなく，性役割葛藤尺度における「感情の制限」「好意的行為の制限」の因子のみが援助要請と関連することが明らかになっている（Blazina & Watkins, 1996; Good et al., 1989）。しかしこのような説明は，感情表出を抑制する傾向が援助要請を抑制するという，やや同語反復的な説明となってしまうため，結局のところなぜ男性の方が援助要請の傾向が低いのかということを十分に説明することはできない。

そもそも援助要請に限らず，情緒的な対人コミュニケーション全般が基本的に女性の方が高いとされている（Rose & Rudolph, 2006）。Rose & Rudolph（2006）のpeer socialization modelによれば，子どもたちは同性の子どもと長

く過ごすことで，ますますその性別に合致した行動を獲得していく（Martin & Fabes, 2001）とされる。援助要請の性差はこうした相互作用の蓄積の結果であるとも考えられるが，こうした点についての研究はまだ十分には行われていない。

　このように，援助要請の性差の起源については，解明が待たれる点も多く，全てを明らかにするのは容易ではない。しかしながら，実践的な支援を考える場合，どのような者が援助要請をしやすいのか，あるいはしにくいのかということを把握すること自体には意義がある。そこで本研究でも，援助要請に関連する要因の一つとして性別を考慮することとする。

2．個人の問題の深刻さ，症状

　先に示した高木（1997）のモデルなどにも見られる通り，援助要請は問題があるからこそ生じるものである。そのため，基本的にはニーズを抱えているほど援助要請は高くなる。例えば，抱える問題の深刻さ（Simoni, Adelman, & Nelson, 1991），心的苦痛の高さ（Cepeda-Benito & Short, 1998; Deane & Chamberlain, 1994; Komiya et al., 2000; Kushner & Sher, 1989）や，ストレスイベントの経験の多さ（Goodman, Sewell, & Jampol, 1984），全般的な健康度（Rickwood & Braithwaite, 1994）が援助要請の高さに関係していることが報告されている。わが国においても，悩みが深刻であるほど被援助志向性や援助要請意図が高いことが大学生（平井，2001；木村・水野，2004）や中学生において確認されている（山口・水野・石隈，2004）。

　一方，その人の抱える問題が，高い抑うつ傾向や（Garland & Zigler, 1994），自殺企図（Ciarrochi, Deane, Wilson, & Rickwood, 2002; Sauders, Resnick, Hoberman & Blum, 1994; Deane et al., 2001; Wilson, Deane, Ciarrochi, & Rickwood, 2005）の場合，援助要請意図は低くなることが明らかになっている。これは，抑うつやそれに伴う自殺企図が，無気力感や絶望感などと関係し，問題対処の意思を低下させてしまうためであるとされている（Wilson, Deane, & Ciarrochi, 2005）。

　しかしながら，抑うつと援助要請との関連についてはいくつかの議論がなされている。当然ではあるが，専門的な援助を受ける機会は，うつ病などを含む

精神疾患を有している者の方が，そうでない者よりも多くなる（Andrews, Issakidis, & Carter, 2001; Grella, Kamo, Warda, Moore, & Niv, 2009）。そのため，抑うつとの関連を検討する場合は，援助要請意図を扱うのか，実際の援助要請行動を扱うのかという違いが特に重要になる。大学生を対象とした縦断調査では，抑うつ症状は一時的な援助要請意図を低下させはするものの，結果的には将来の援助要請行動に対して促進的な影響を及ぼすことが明らかになっている（Nagai, 2015）。このことから，抑うつも長期化すれば援助ニーズを喚起するため，援助要請を促進する傾向を有していると考えられる（ただし，言うまでもなくうつ病に苦しむ者が皆援助要請をできる訳ではない）。

先行研究では他にも，問題の適切性（Geslo & McKenzie, 1973），問題に対する知覚（Boldero & Fallon, 1995）など，問題の特性をより細かく捉えた研究も存在する。しかしながら，通常の悩みのようなレベルの問題に留まる場合，こうした問題の特性は援助要請とあまり関連は見られない（Boldero & Fallon, 1995）。そのため，情報量と説明の効率を考える場合，基本的にはニーズの高さが援助要請に影響すると捉えて差し支えないと考えられる。そこで本研究でも，その個人が抱える悩みの程度を，援助要請を説明する上での要因の一つとして用いることとする。

3．ネットワーク変数

ネットワーク変数も，専門家に対する援助要請との関連が頻繁に検討されている要因である。一般には知覚されたサポート（Vogel & Wester, 2003）や，ネットワークとしてのソーシャル・サポート（Goodman et al., 1984; Cepeda-Benito & Short, 1998）が高いほど，専門家への援助要請意図が低下するといった報告がある。これは，身近な援助資源が存在することで，援助ニーズの発生自体が抑制される可能性や（Cramer, 1999; Liao, Rounds, & Klein, 2005），身近な人々に援助を求めることで，結果的に専門家に対する援助要請の優先順位が低下する可能性（Bosmajian & Mattson, 1980）があるためと考えられている。例えば，高校生を対象とした調査では，専門家に援助要請しない理由の上位として，親や友人で十分であることが挙げられている（Kuhl, Jarkon-Horlick, & Morrissey, 1997）。

そのため，インフォーマルな援助資源の存在は，専門家などフォーマルな資源への援助要請を抑制する一方，インフォーマルな資源への援助要請をしやすくさせると考えられる（Wills & DePaulo, 1991）。思春期のインフォーマルな援助要請を検討した研究では，サポートの量が多いほど，インフォーマルな資源への援助要請意図が高まることが明らかになっており（Sheffield, Fiorenza, & Sofronoff, 2004），同様の結果は，わが国の大学生でも確認されている（永井, 2010）。

言うまでもないことであるが，援助要請は援助を要請できる相手がいなければ成立しない。高木（1997）のモデル（Figure 2-4）などでも，援助者の有無を判断するステップが想定されているように，潜在的な援助者の有無は中学生の友人に対する援助要請においても重要な要因になると考えられる。

4．パーソナリティ変数

援助要請の関連要因としてよく用いられてきたパーソナリティ変数は自尊感情である。援助を受けることは，様々な形で自尊感情への脅威をもたらし（Fisher, Nadler, & Whitcher-Alanga, 1982；Nadler, & Fisher, 1986）そうしたことへの恐れが，援助要請を抑制すると考えられてきたためである。

しかし自尊感情と援助要請との関連については，一貫した結果が得られていない。これまで，自尊感情の高い者は，援助要請による自尊感情の低下を恐れるために援助要請を行わないという認知的一貫性仮説（Bramel, 1968）と，自尊感情の低い者は，わずかな自尊感情がさらに低下することを恐れるために援助要請を行わないという傷つきやすさ仮説（Tessler & Schwartz, 1972）という真逆の仮説が提起されてきた。しかし，自尊感情と援助要請との間には一貫した関連が見られないことも多い（水野・石隈・田村, 2006；永井, 2010）。そのため自尊感情と援助要請の関連については，単純な相関ではなく，自尊感情の不安定性や援助要請の対象などを考慮した詳細な分析が必要となることが示唆されている（脇本, 2008）。このように，自尊感情は援助要請と関連する可能性が長らく指摘されてきたものの，実際にどのような関連があるのかについては現在もまだ明確ではなく，援助要請において自尊感情の高低はそこまで重要でない可能性も指摘されている（永井, 2010）。

そこで本研究では新たに，パーソナリティ変数として愛着理論における内的作業モデル（internal working model: IWM）に注目する。Bowlby（1969，1973，1980）の愛着理論によれば，乳児は人生初期における養育者との相互作用を通して，愛着対象である養育者への期待を形成する。IWMとはこの期待を含めた心的表象の集合のことであり，その後の人生で出会う他者に対する期待の原型になると考えられている。こうしたメカニズムを通してIWMは，その後の人生における情動制御（Mikulincer, Shaver & Pereg, 2003）や，対人関係における情報処理（Dykas & Cassidy, 2011），対人行動（Mikulincer & Shaver, 2007）など，対人相互作用における様々な側面に作用する。

　特に愛着が不安定な者は，自己開示（Collins & Read, 1990；Simpson, 1990）など他者との親密性や支援関係に関連する変数も抑制されることから，IWMは援助要請を説明する上でも有用な変数となる可能性が考えられる。海外における専門家への援助要請研究では，愛着との関連がいくつか検討されているが（Lopez, Melendez, Sauer, Berger, & Wyssmann, 1998；Vogel & Wei, 2005），わが国においては，こうした検討はほとんど行われていない。そこで本研究では，援助要請に関連するパーソナリティ要因としてIWMを扱うこととする。

5．専門家への援助要請に特有な要因

　ここまでに挙げた「デモグラフィック要因」「個人の問題の深刻さ，症状」「ネットワーク変数」「パーソナリティ変数」の4領域は，援助要請を行う相手を問わず，考慮すべき変数である。一方，専門家への援助要請に特化した研究では，他にも様々な影響因が扱われてきた。本研究は専門家への援助要請を扱うものではないが，参考までに概要を述べる。

　専門家への援助要請には，時間的・金銭的コスト（Owens, Hoagwood, Horwitz, Leaf, Poduska, Kellam, & Ialongo, 2002；Stefl & Prosperi, 1985）のような物理的要因の他にも，様々な要因が注目されている（木村，2014）。例えば，専門家への援助要請行動における議論の一つに，精神病者に対するスティグマ的態度が存在する。例えばアメリカにおいては，精神疾患に対するネガティブなイメージが社会的な課題となっている（e. g., Ben-Porath, 2002；Link, Phelan, Bresnahan, Stueve, & Pescosolido, 1999）。特に統合失調症の場合，「統

合失調症患者は凶暴である」「精神疾患にかかるのは，本人の責任である」といった誤った認知をもっている者が少なからず存在する（Cooper, Corrigan, & Watson, 2003）。そのため精神疾患の患者らは，自尊感情の低下を経験すると同時に（Corrigan, 1998），社会的にも距離をおかれるなどの不利益を被ると言われている（Link et al., 1999）。

　こうしたスティグマは，周囲からのラベルであるパブリックスティグマと，自分自身に対するラベルであるセルフスティグマとに分けることができる（Corrigan, 2004）。Vogelらは，こうした知見をもとにしてセルフスティグマ尺度（Vogel, Wade, & Haake, 2006）を作成するとともに，援助要請におけるスティグマのさらなる細分化を試みている。例えばパブリックスティグマは，社会一般から受けるスティグマと，身近な人々から受けるスティグマに区別され（Vogel, Wade, & Ascheman, 2008），セルフスティグマも援助要請に関するセルフスティグマと精神疾患に関するセルフスティグマに区別されている（Tucker et al., 2013）。現在では，こうした観点から専門家への援助要請とスティグマとの関連が多く検討されている（e. g., Lannin et al., 2013；Vogel et al., 2007）。

　その他の要因としては，専門家との直接・間接的な接触経験が挙げられる。多くの研究から，過去に専門家へ援助要請をした経験があるほど，専門家に対する肯定的態度や援助要請意図が高いことが明らかになっている（Dadfar & Friedlander, 1982；Fischer & Turner, 1970；Halgin, Weaver, Edell, & Spencer, 1987；Vogel et al., 2006；Vogel et al., 2005）。わが国でも同様に，専門家との交流経験や利用経験が，専門家へのイメージや援助要請意図に結びつくことが明らかになっている（半田，2003；永井・小池，2013；岡本・佐藤・永井・下山，2014）。また，自分自身が専門家に援助要請をしたかどうかでなく，専門家に対する援助要請をした知人の有無や（石川・橋本，2011；Rickwood & Braithwaite, 1994），カウンセリングの学習経験の有無（神山，2005）など，間接的な接触経験も援助要請と関連することが報告されている。

　ただしこうした効果は，単純に専門家と交流すればよい訳ではなく，接触経験の質によって左右されると考えられている。例えば援助要請の際の経験を尋ねた調査では，援助要請による満足度や知覚された有用性が，その次の利用への意図に影響したことが報告されている（Cusack, Deane, Wilson, & Ciarrochi,

2004；Deane, Skogstad, & Williams, 1999, Raviv, Raviv, Propper, & Fink, 2003)。わが国においても，専門家への援助要請によるポジティブな結果とネガティブな結果は，それぞれ援助要請期待や援助要請不安と異なる関連を示したことが報告されている（永井・小池，2013）。

第2節　援助要請を説明するための諸尺度

1．先行研究で用いられてきた尺度

　援助要請の生起を扱う多くの研究では，援助要請に関する不安や結果の予期などの心理的要因を測定する尺度を作成し，関連を検討するという方法が用いられている。援助要請を説明する要因として文化差，性差など操作不可能な変数などを用いるよりも，操作可能な心理的要因を用いて説明する方が，介入，行動変容につなげやすいためである（Deane & Todd, 1996）。こうした尺度は今でも新しいものが報告されているが，ここでは本研究が実施された2000年代半ば頃までの尺度について概観する。

　尺度の代表的なものとして，治療におけるネガティブな出来事への懸念を測定するための Thoughts about Counseling Survey (TACS；Pipes, Schwarz, & Crouch, 1985) がある。これは，「治療者の応答性」「イメージ変化」という2因子から構成される尺度であり，Kushner & Sher (1989) は TACS に「強制懸念」という因子を追加し，Thoughts about Psychotherapy Survey (TAPS) を作成している。さらにこの TAPS に対しては，Deane & Chamberlain (1994) が「スティグマ懸念」の因子を追加し，独自に調査を行っている。わが国では TAPS の邦訳版（神山，2005；笠原，2002）や，これをもとにした援助不安尺度（木村・水野，2004；水野ら，2006）などが作成されている。

　Vogel & Wester (2003) は，カウンセリングに際して予期されたリスクと有益性（anticipated risk and utility）という視点から，Disclosure Expectations Scale (DES) を作成している。これは，カウンセラーに対して，感情を開示することの予期されたリスクと有益性とを別々に測定する尺度であり，リスクと有益性は，ともに1因子で測定される。他にも Vogel et al. (2006) は，前節で挙げたセルフスティグマを測定するための尺度，Self-Stigma of Seeking Help

Scale（SSOSH）を作成している。

　わが国独自の尺度としては，学生相談に対する援助要請研究における学生相談機関イメージ尺度（伊藤，2006）と，学生相談室に対する期待尺度（宮崎・益田・松原，2004）という2つの尺度が存在する。学生相談機関イメージ尺度は，文字通り学生相談機関に対するイメージを尋ねるものであり，「有益イメージ」「危機支援イメージ」「不利益イメージ」「不気味イメージ」という4因子からなる。一方の学生相談室に対する期待尺度は，「悩みと相談意思」「学生相談への期待」「学生生活でのトラブルに関する相談意思」「相談効果への疑問視」「カウンセラー以外の相談者への相談意思」「相談室に対する認知度」「相談の必要度」という7つの因子で構成されている。

　被援助志向性に関する研究では，田村・石隈（2001，2002）が，「援助に対する欲求と態度」「援助関係に対する抵抗感の低さ」という2因子からなる「被援助志向性尺度」を作成している。さらに田村・石隈（2006）は，これらをさらに発展させ，被援助志向性を状態的被援助志向性と特性的被援助志向性とを区別し，両者をそれぞれ測定する尺度を作成している。状態的被援助志向性尺度は1因子で構成されており，現在援助をどの程度必要としているかという現在の援助ニーズを反映した尺度になっている。一方の特性的被援助志向性は，田村・石隈（2001，2002）の尺度と同様「援助に対する欲求と態度」「援助関係に対する抵抗感の低さ」という2因子で構成されている。

2．先行研究で扱われる要因の整理

　以上に挙げた各尺度とその下位因子を構成する項目の内容を Table 2-1，2-2 にまとめた。表に示されている通り，尺度によって構成される下位因子は様々である。また，同一の概念を測定するとしながらも，研究によって因子構造や項目が異なることや，逆に別の概念を測定するとしながらも，用いられる項目が類似していたりする部分もある。

　そこで，次にこうした各因子の分類，整理を行った。分類は因子名ではなく，測定するための具体的な項目記述に基づいて行った。例えば，木村・水野（2004）の援助不安尺度における「呼応性の心配（表中 c-4）」は「学生の問題を理解してくれないだろう」といったネガティブな記述のみで構成されている

Table 2-1 先行研究で扱われてきた主な心的要因の尺度 Ⅰ

概念名	研究	下位因子	項目の内容
専門家への援助要請に対する態度	Fischer & Turner (1970)	専門的な心理援助の必要性の認識	将来的に心理療法を利用する可能性の有無
		スティグマ耐性	心理療法利用に対する恥,汚点という認識
		他者へのオープンネス	自己について語ることへの抵抗
		メンタルヘルス専門家への信頼	心理療法に対する信頼感
	久田・山口（1986）,山口・久田（1986）	利用意欲	カウンセリングを利用するより自分で何とかしたいと思う程度
		信頼性	困難に直面した場合にどの程度相談したいと思うか
		スティグマ耐性	他者からの評価への不安
援助不安	Kushner & Sher (1989)	治療者の応答性	治療者は親身に応じてくれるだろうかという不安
		イメージ変化	周囲あるいは自身による自己評価が低下するのではないかという不安
		強制の懸念	治療のために嫌なことを強要されるのではないかという不安
	神山（2005）	他者との関係悪化への不安	周囲との関係悪化への不安
		評価が悪くなることへの不安	周囲からの評価低下への不安
		呼応性への不安	治療者は親身に応じてくれるだろうかという不安
		自己イメージ悪化への不安	自分の見たくない部分を見てしまうのではないかという不安
	笠原（2002）	カウンセラーの反応性	ポジティブな応答が得られるかどうかの不安
		強制の懸念	治療のために嫌なことを強要されるのではないかという不安
		カウンセリングへの不信	カウンセラーの能力への疑問
		カウンセリング中の自己イメージの心配	カウンセラーや周囲からの評価の低下に対する心配
	木村・水野（2004）	汚名への心配	評価の低下や成績への影響など
		呼応性の心配	ネガティブな応答への不安
	水野・石隈・田村（2006）	汚名への心配	評価の低下や成績への影響など
		呼応性の心配	ポジティブな応答がどの程度得られそうか（全て逆転項目）

Table 2-2　先行研究で扱われてきた主な心的要因の尺度　Ⅱ

概念名	研　究	下位因子	項目の内容
セルフスティグマ	Vogel, Wade, & Haake (2006)	セルフスティグマ	専門家への援助要請による自己評価の低下
anticipated risk & utility	Vogel & Wester (2003)	予期されたリスク	問題をカウンセラーに話すと，どの程度リスクがあると思うか
		予期された有用性	問題をカウンセラーに話すと，どの程度助けになると思うか
学生相談室に対する期待	宮崎・益田・松原 (2004)	悩みと相談意思	悩みを抱えた際の相談意思
		学生相談への期待	相談によるポジティブな成果への期待
		学生生活でのトラブルに関する相談意思	学生生活でのトラブルに関する相談意思
		相談効果への疑問視	相談効果への疑問視
		カウンセラー以外の相談者への相談意思	カウンセラー以外の相談者への相談意思
		相談室に対する認知度	学生相談の場所，カウンセラーの顔などを知っている
		相談の必要度	相談したいような悩みがあるかどうか
学生相談機関イメージ	伊藤 (2006)	有益イメージ	役に立つ場所だというイメージ
		危機支援イメージ	困難を抱えた人が行く場所だというイメージ
		不利益イメージ	お説教されたり，冷たい対応をされる場所だというイメージ
		不気味イメージ	よくわからない近寄りがたい場所だというイメージ
被援助志向性	田村・石隈 (2001, 2002)	援助に対する欲求と態度	困難に直面した時にどの程度援助をほしいと思いやすいか
		援助関係に対する抵抗感の低さ	援助を求めること，援助されることへの抵抗感の低さ（全て逆転項目）
	田村・石隈 (2006)	状態的被援助志向性	現在，どれだけ援助をほしいと思うか
		被援助に対する懸念や抵抗感の低さ	ネガティブ結果の予期
		被援助に対する肯定的態度	困難に直面した時にどの程度援助をほしいと思いやすいか

Table 2-3 先行研究で扱われてきた主な心的要因の整理 Ⅰ

分類	研究		下位因子	項目の内容
ポジティブな結果の予期	水野・石隈・田村 (2006)	a-1	呼応性の心配	ポジティブな応答がどの程度得られそうか（全て逆転項目）
	Vogel & Wester (2003)	a-2	予期された有用性	問題をカウンセラーに話すと，どの程度助けになると思うか
	宮崎・益田・松原 (2004)	a-3	学生相談への期待	相談によるポジティブな成果への期待
	伊藤 (2006)	a-4	有益イメージ	役に立つ場所だというイメージ
効果への不信	笠原 (2002)	b-1	カウンセリングへの不信	カウンセラーの能力への疑問
	Fischer & Turner (1970)	b-2	メンタルヘルス専門家への信頼	心理療法に対する信頼感
	宮崎・益田・松原 (2004)	b-3	相談効果への疑問視	相談効果への疑問視
ネガティブな結果の予期	Kushner & Sher (1989)	c-1	治療者の応答性	治療者は親身に応じてくれるだろうかという不安
	神山 (2005)	c-2	呼応性への不安	治療者は親身に応じてくれるだろうかという不安
	笠原 (2002)	c-3	カウンセラーの反応性	ポジティブな応答が得られるかどうかの不安
	木村・水野 (2004)	c-4	呼応性の心配	ネガティブな応答への不安
	Vogel & Wester (2003)	c-5	予期されたリスク	問題をカウンセラーに話すと，どの程度リスクがあると思うか
	伊藤 (2006)	c-6	不利益イメージ	お説教されたり，冷たい対応をされる場所だというイメージ
	田村・石隈 (2006)	c-7	被援助に対する懸念や抵抗感の低さ	ネガティブ結果の予期
評価の低下	Kushner & Sher (1989)	d-1	イメージ変化	周囲あるいは自身による自己評価が低下するのではないかという不安
	神山 (2005)	d-2	他者との関係悪化への不安	周囲との関係悪化への不安
	神山 (2005)	d-3	評価が悪くなることへの不安	周囲からの評価低下への不安
	神山 (2005)	d-4	自己イメージ悪化への不安	自分の見たくない部分を見てしまうのではないかという不安
	笠原 (2002)	d-5	カウンセリング中の自己イメージの心配	カウンセラーや周囲からの評価の低下に対する心配
	木村・水野 (2004)	d-6	汚名への心配	評価の低下や成績への影響など
	水野・石隈・田村 (2006)	d-7	汚名への心配	評価の低下や成績への影響など
	Fischer & Turner (1970)	d-8	スティグマ耐性	心理療法利用に対する恥，汚点という認識
	久田・山口 (1986), 山口・久田 (1986)	d-9	スティグマ耐性	他者からの評価への不安
	Vogel, Wade, & Haake (2006)	d-10	セルフスティグマ	専門家への援助要請による自己評価の低下

Table 2-4 先行研究で扱われてきた主な心的要因の整理 Ⅱ

分類	研究		下位因子	項目の内容
相談意思	Fischer & Turner (1970)	e-1	専門的な心理援助の必要性の認識	将来的に心理療法を利用する可能性の有無
	久田・山口 (1986), 山口・久田 (1986)	e-2	信頼性	困難に直面した場合にどの程度相談したいと思うか
	宮崎・益田・松原 (2004)	e-3	悩みと相談意思	悩みを抱えた際の相談意思
	宮崎・益田・松原 (2004)	e-4	学生生活でのトラブルに関する相談意思	学生生活でのトラブルに関する相談意思
専門家以外への相談意思	久田・山口 (2006), 山口・久田 (2006)	f-1	利用意欲	カウンセリングを利用するより自分で何とかしたいと思う程度
	宮崎・益田・松原 (2004)	f-2	カウンセラー以外の相談者への相談意思	カウンセラー以外の相談者への相談意思
専門家の認知度	伊藤 (2006)	g-1	不気味イメージ	よくわからない近寄りがたい場所だというイメージ
	宮崎・益田・松原 (2004)	g-2	相談室に対する認知度	学生相談の場所，カウンセラーの顔などを知っている
その他	Kushner & Sher (1989)	h-1	強制の懸念	治療のために嫌なことを強要されるのではないかという不安
	笠原 (2002)	h-2	強制の懸念	治療のために嫌なことを強要されるのではないかという不安
	Fischer & Turner (1970)	h-3	他者へのオープンネス	自己について語ることへの抵抗
	宮崎・益田・松原 (2004)	h-4	相談の必要度	相談したいような悩みがあるかどうか
	伊藤 (2006)	h-5	危機支援イメージ	困難を抱えた人が行く場所だというイメージ
	田村・石隈 (2001, 2002)	h-6	援助に対する欲求と態度	困難に直面した時にどの程度援助をほしいと思いやすいか
	田村・石隈 (2001, 2002)	h-7	援助関係に対する抵抗感の低さ	援助を求めること，援助されることへの抵抗感の低さ（全て逆転項目）
	田村・石隈 (2006)	h-8	状態的被援助志向性	現在，どれだけ援助をほしいと思うか
	田村・石隈 (2006)	h-9	被援助に対する肯定的態度	困難に直面した時にどの程度援助をほしいと思いやすいか

Table 2-5 整理された要因に基づく先行研究の結果のまとめ I

因子名	研　究	援助要請者	援助者	問題の種類[a]	従属変数	β[b]
a-1 呼応性の心配	水野・石隈・田村 (2006)	中学生	教　師	学習・進路	被援助志向性	−.23**
		中学生	教　師	心理・社会・身体	被援助志向性	−.26**
		中学生	養護教諭	学習・進路	被援助志向性	−.17**
		中学生	養護教諭	心理・社会・身体	被援助志向性	−.19**
		中学生	友　達	学習・進路	被援助志向性	−.36**
		中学生	友　達	心理・社会・身体	被援助志向性	−.37**
	Vogel & Wester (2003)	大学生	専門家		援助要請態度	.29***
	Vogel, Wester, Wei, & Boysen (2005)	大学生	専門家		援助要請態度	.50***
	Shaffer, Vogel, & Wei (2006)	大学生	専門家		援助要請態度	.51***
	Vogel, Wade, & Haake (2006)　　研究 2	大学生	専門家		援助要請態度	.35***
	Vogel, Wade, & Haake (2006)　　研究 4	大学生	専門家		援助要請態度	.39***
a-2 Anticipated Benefit	Vogel & Wester (2003)	大学生	専門家		援助要請意図	.01
	Vogel, Wester, Wei, & Boysen (2005)	大学生	専門家		援助要請意図	.28***
	Shaffer, Vogel, & Wei (2006)　　研究 2	大学生	専門家		援助要請意図	.33***
	Vogel, Wade, & Haake (2006)　　研究 4	大学生	専門家		援助要請意図	.32***
a-3 学生相談への期待	宮崎・益田・松原 (2004)	大学生	学生相談		援助要請意図	.14***
a-4 有益イメージ	伊藤 (2006)	1 年生男子	学生相談		援助要請意図	.51★
		1 年生女子	学生相談		援助要請意図	.32★
		2-4 年生男子	学生相談		援助要請意図	.51★
		2-4 年生女子	学生相談		援助要請意図	.39★
		大学生全体	学生相談		援助要請意図	

a) 空欄の箇所は特に問題の種類を指定していないもの
b) †p<.10, *p<.05, **p<.01, ★有意だが有意水準の記載なし，空欄は，有意でなく数値の記載のないもの

第 2 節　援助要請を説明するための諸尺度

Table 2-6　整理された要因に基づく先行研究の結果のまとめ Ⅱ

因子名	研　　究	援助要請者	援助者	問題の種類[a]	従属変数	β[b]
b-1 カウンセリングへの不信	笠原 (2002)	大学生	専門家		援助要請図	.00
b-3 相談効果への疑問視	宮崎・益田・松原 (2004)	大学生	学生相談		援助要請意図	.06
c-2 呼応性への心配	神山 (2005)	大学生	専門家		援助要請意図	$-.20$***
c-3 カウンセラーの反応性	笠原 (2002)	大学生	専門家		援助要請図	$-.08$
c-4 呼応性の心配	木村・水野 (2004)	大学生	学生相談	対人・社会	被援助志向性	$-.14$†
		大学生	学生相談	心理・健康	被援助志向性	$-.08$
		大学生	学生相談	学習・進路	被援助志向性	
c-5 Anticipated Risk	Vogel & Wester (2003)	大学生	専門家		援助要請態度	$-.18$**
	Vogel, Wester, Wei, & Boysen (2005)	大学生	専門家		援助要請態度	
	Shaffer, Vogel, & Wei (2006)　　研究 2	大学生	専門家		援助要請態度	$-.20$***
	Vogel, Wade, & Haake (2006)　　研究 4	大学生	専門家		援助要請態度	$-.07$
	Voge, & Wester (2003)	大学生	専門家		援助要請意図	$-.12$**
	Vogel, Wester, Wei, & Boysen (2005)	大学生	専門家		援助要請意図	$-.08$
	Shaffer, Vogel, & Wei (2006)　　研究 2	大学生	専門家		援助要請意図	$-.01$
	Vogel, Wade, & Haake (2006)　　研究 4	大学生	専門家		援助要請意図	$-.03$
c-6 不利益イメージ	伊藤 (2006)	1年生男子	学生相談		援助要請意図	$-.03$
		1年生女子	学生相談		援助要請意図	
		2-4年生男子	学生相談		援助要請意図	
		2-4年生女子	学生相談		援助要請意図	$-.20$★
		大学生全体	学生相談		援助要請意図	

a) 空欄の箇所は特に問題の種類を指定していないもの
b) †$p<.10$，*$p<.05$，**$p<.01$，★有意だが有意水準の記載なし．空欄は，有意でなく数値の記載のないもの

Table 2-7 整理された要因に基づく先行研究の結果のまとめ Ⅲ

因子名	研究	援助要請者	援助者	問題の種類[a]	従属変数	β[b]
d-2 他者との関係悪化への不安	神山 (2005)	大学生	専門家		援助要請意図	.20*
d-3 評価が悪くなることへの不安	神山 (2005)	大学生	専門家		援助要請意図	−.30*
d-4 自己イメージ悪化への不安	神山 (2005)	大学生	専門家		援助要請意図	.17*
d-5 カウンセリング中の自己イメージへの心配	笠原 (2002)	大学生	専門家		援助要請意図	
d-6 汚名への心配	木村・水野 (2004)	大学生	学生相談	対人・社会	被援助志向性	.05
		大学生	学生相談	心理・健康	被援助志向性	.12
		大学生	学生相談	学習・進路	被援助志向性	.02
d-7 汚名への心配	水野・石隈・田村 (2006)	中学生	教師	学習・社会・身体	被援助志向性	.08
		中学生	教師	心理・社会・身体	被援助志向性	.03
		中学生	養護教諭	学習・社会・身体	被援助志向性	.09*
		中学生	養護教諭	心理・社会・身体	被援助志向性	.04
		中学生	友達	学習・社会・身体	被援助志向性	.00
		中学生	友達	心理・社会・身体	被援助志向性	.02
d-10 セルフスティグマ	Vogel, Wade, & Haake (2006) 研究2	大学生	専門家		援助要請態度	−.40***
	Vogel, Wade, & Hackler (2007) 研究4	大学生	専門家		援助要請態度	−.30***
	Vogel, Wade, & Haake (2006) 研究2	大学生	専門家		援助要請意図	−.79***
	Vogel, Wade, & Hackler (2007) 研究4	大学生	専門家		援助要請意図	−.27***
	Vogel, Wade, & Hackler (2007)	大学生	専門家		援助要請意図	−.27***

a) 空欄の箇所は特に問題の種類を指定していないもの
b) $^{\dagger}p<.10$, $^{*}p<.05$, $^{**}p<.01$. ★有意だが有意水準の記載なし。空欄は、有意でなく数値の記載のないもの

第 2 節　援助要請を説明するための諸尺度　35

Table 2-8　整理された要因に基づく先行研究の結果のまとめ Ⅳ

因子名	研　究	援助要請者	援助者	問題の種類[a]	従属変数	β[b]
e-3 悩みと相談意思	宮崎・益田・松原 (2004)	大学生	学生相談		援助要請意図	.46***
e-4 学生生活でのトラブルに関する相談意思	宮崎・益田・松原 (2004)	大学生	学生相談		援助要請意図	.04
f-2 カウンセラー以外の相談者への相談意思	宮崎・益田・松原 (2004)	大学生	学生相談		援助要請意図	-.08†
g-1 不気味イメージ	伊藤 (2006)	1年生男子	学生相談		援助要請意図	
		1年生女子	学生相談		援助要請意図	
		2-4年生男子	学生相談		援助要請意図	-.54*
		2-4年生女子	学生相談		援助要請意図	-.16*
		大学生全体	学生相談		援助要請意図	
g-2 相談室に対する認知	宮崎・益田・松原 (2004)	大学生	学生相談		援助要請意図	.04
相談室に対する認知度[c]	木村・水野 (2004)	大学生	学生相談	対人・社会	被援助志向性	.19**
		大学生	学生相談	心理・健康	被援助志向性	.21**
		大学生	学生相談	学習・進路	被援助志向性	.08

a) 空欄の箇所は特に問題の種類を指定していないもの
b) $\dagger p<.10$, $*p<.05$, $**p<.01$, $\star$ 有意だが有意水準の記載なし，空欄は，有意でなく数値の記載のないもの
c) 学生相談室の場所を知っているかという 1 項目で測定されている

Table 2-9 整理された要因に基づく先行研究の結果のまとめ Ⅴ

因子名	研究	援助要請者	援助者	問題の種類[a]	従属変数	β[b]
h-1 強制の懸念	笠原 (2002)	大学生	専門家		援助要請意図	
h-5 相談の必要度	宮崎・益田・松原 (2004)	大学生	学生相談		援助要請意図	.18***
h-6 危機支援イメージ	伊藤 (2006)	1年生男子	学生相談		援助要請意図	
		1年生女子	学生相談		援助要請意図	
		2-4年生男子	学生相談		援助要請意図	.31★
		2-4年生女子	学生相談		援助要請意図	.13★
		大学生全体	学生相談		援助要請意図	
援助不安[c]	Vogel, Wester, Wei, & Boysen (2005)	大学生	専門家	対　人	援助要請態度	
		大学生	専門家	学　業	援助要請意図	−.27***[d]
		大学生	専門家	物質依存	援助要請意図	
援助不安[c]	Cepeda-Benito & Short (1998)	大学生	専門家	心理・対人	援助要請意図	.07
		大学生	専門家	学　業	援助要請意図	.13**
		大学生	専門家	物質依存	援助要請意図	.04

a) 空欄の箇所は特に問題の種類を指定していないもの
b) †$p<.10$, *$p<.05$, **$p<.01$, ★有意だが有意水準の記載なし, 空欄は, 有意でなく数値の記載のないもの
c) Kushuner & Sher (1998) のによる援助不安尺度の合計得点
d) 引用もとの図上では $\beta = .27$ だが, 論文中の文脈からは −.27 と判断される

のに対し，水野ら（2006）の援助不安尺度における「呼応性の心配（表中 a-1）」では，「先生は私が相談した問題を理解してくれる」など，ポジティブな記述のみで構成されている。そのため，両者は別のカテゴリーに分類された。

　これらの各位因子を分類すると，概ね Table 2-3，2-4 のようになると考えられる。すなわち，期待や有益さなど『ポジティブな結果の予期（a）』，「能力への疑問」や「心理療法に対する信頼感」などの『効果への不信（b）』，「呼応性の心配」や「予期されたリスク」などの『ネガティブな結果の予期（c）』，「イメージ悪化」や「スティグマ耐性」などの『評価の低下（d）』，「専門的な心理援助の必要性の認識」や「悩みと相談意思」などの『相談意思（e）』，「カウンセラー以外の相談者への相談意思」など『専門家以外への相談意思（f）』，「不気味イメージ」や「相談室に対する認知度」など『専門家の認知度（g）』という7種類である。類似した因子が特に存在しないものは，一括して『その他（h）』とした。

　またこれらのカテゴリーのうち，『ポジティブな結果の予期』『効果への不信』『ネガティブな結果の予期』『評価の低下』はいずれも，援助要請の結果の予測に関する要因であると言える。一方，『相談意思』『専門家以外への相談意思』は，実質的に援助要請意図を測定した要因であると言える。

3．各要因と援助要請との関連

　次に，分類された各因子のうちで，ATSPHS や ISCI などの援助要請の指標との関連が検討されている分析結果を Table 2-5〜2-9 にまとめた。また，『専門家の認知度』については，木村・水野（2004）が「学生相談室の場所を知っているか」という1項目を用いて「認知度」としているため，木村・水野（2004）の結果も，『専門家の認知度』の結果として記載した（Table 2-8）。

　全体を概観すると，『ポジティブな結果の予期』は，ほとんどの研究において，援助要請の指標に対してポジティブな影響を与えていることがわかる。なお，Table 2-3，2-5 における水野ら（2006）の「呼応性の心配」は，ポジティブ応答の予期を全て逆転項目として扱っている因子である。そのため負の値を持つ β は，他の分析と同様，ポジティブな応答が予期されているほど被援助志向性が高いということを示している。『ポジティブな結果の予期』を扱った研究でも，

一部では有意な影響が示されていないが (伊藤, 2006；Vogel & Wester, 2003；Vogel et al., 2005), Vogel & Wester (2003) および Vogel et al. (2005) の研究はいずれも,「予期された有効性」と援助要請意図との間に, ATSPHS が媒介変数として設定されている。ATSPHS は援助要請意図と強い関連をもつことから, これらの分析では「予期された有効性」が援助要請意図に与える影響が, ATSPHS によって媒介されたと考えられる。そのため, 基本的に『ポジティブな結果の予期』は援助要請を促進する影響を有していると考えられる。

　一方,『効果への不信』と『ネガティブな結果の予期』は, 援助要請に対しネガティブな影響を与えている結果も散見されるものの, それ以上に影響が有意でない結果の方が多い。『評価の低下』では,「セルフスティグマ」のみほぼ一貫して負の影響を与えているが, 残る変数については, 有意な結果は少なく, 結果も一貫しない。『相談意思』および『専門家以外への相談意思』については, 3つの結果のうち2つで有意な影響が見られている。さらに『専門家の認知度』では, 約半分の結果で有意な影響が示されている。最後に『その他』の因子群であるが, 有意な影響を与えている因子は散見されるもの, いずれも影響は弱いものとなっていた。

4. 利益・コストという視点の有効性

　分類した変数のうち,『相談意思』『専門家以外への相談意思』は, 援助要請の指標と関連は示されているものの, これらは実質的に援助要請意図とほぼ同一の変数であるため, 援助要請を説明する変数として用いるには十分ではないと考えられる。また『専門家の認知度』は, 文字通り専門家に対する要因であるため, 友人への援助要請を説明するには適さないと考えられる。

　この3つの変数群を除いた残りは,『ポジティブな結果の予期』『不信感』『ネガティブな結果の予期』『評価の低下』となる。これらの変数の共通点は, いずれも援助要請の結果に関連する要因であることである。そしてこの結果の予期という要因は, 高木 (1997) のモデルにおける利益・コストに対応するものであると考えられる。そのため, 本研究で扱う中学生における友人に対する援助要請には, 結果の予期, すなわち利益・コストの視点から援助要請との関連を検討することが有効である可能性がある。

利益・コストとは，援助要請実行，援助要請回避それぞれにおけるポジティブな結果（利益）とネガティブな結果（コスト）のことであり，こうした利益・コストの予期が，援助要請の実行・回避を決定すると考えられている（高野・宇留田，2004）。例えば，援助要請を実行した場合，問題解決につながるという利益が予測できるのに対し，同時に拒絶や無視を受ける恐れなどのコストも考えられる。一方，援助要請を回避した場合は，問題に自分で取り組む充実感などの利益があるのに対し，問題が未解決のまま維持されるといったコストも考えられる。

　この利益・コストは，高木（1997）のモデルにおいて中心的に説明されているものであるが，Gross & McMullen（1982）や相川（1989）によっても類似の想定は行われている。例えばGross & McMullen（1982）のモデルにおいては，自助努力によるコストの査定や，他者の援助の有益性の評価など，関連するステップが想定されている。また相川（1989）も，モデル中でこそ利益・コストを明示はしていないものの，援助要請の意思決定に際しては利益とコストの査定がなされるとの説明を加えている。そのため，この利益・コストの予期が援助要請を説明する上で有用な変数となる可能性が考えられる。

　援助要請の影響因として利益・コストを用いることには，いくつかの有用性がある。まず一つ目は，この概念がもつ包括性である。これまでの研究では，結果をどの程度ポジティブに予期するか，あるいはネガティブに予期するかという，単次元的な尺度が用いられることが多かった。それに対してこの利益・コストは，多様かつ包括的な視点から結果の予期を扱うことができる。さらに介入に際しても，理論上①援助要請実行の利益の促進，②援助要請実行のコストの低減，③援助要請回避の利益の低減，④援助要請回避のコストの促進，という4つの方向性を想定することが可能になる（高野・宇留田，2002）。

　またこの利益・コストは，援助要請の結果に関する査定であることから，従来扱われてきた多くの要因を利益・コストの視点から整理することが可能になる可能性がある。例えば，前節で援助要請の影響因として挙げた援助資源やIWMの影響は，利益・コストに作用する要因であると考えることができる。例えば援助資源は，「自分には，自分のことを大切に思ってくれる友人がいる」という認知によって「相談すれば共感やアドバイスなど，ポジティブな結果が生

じるだろう」というように利益の予期を高めていると説明できる可能性があり，IWM ならば，「IWM が不安定である」ゆえに「他者に助けを求めてもポジティブな結果は得られないだろうと考える」といった説明ができる可能性がある。このように，従来扱われてきた援助要請の影響因は，利益・コストの予期をもたらす要因として捉えなおすことができる可能性がある。そしてそれによって，それぞれの要因と援助要請との関連を説明することで，理論の精緻化に貢献できると考えられる。

ただし Table2-5〜7 に見られるように，先行研究では『ポジティブな結果の予期』が概ね援助要請に対して影響を与えているのに対し，ポジティブな結果に対する疑念である『不信感』やネガティブな結果予期である『ネガティブな結果の予期』『評価の低下』は，援助要請行動と一貫した関連を示していない。後に行われたメタ分析においても，専門家への援助要請意図（Li, Dorstyn, & Denson, 2014）や，援助要請態度（Nam, Choi, Lee, Lee, Kim, & Lee, 2013）に影響を与えていたのはともに，ネガティブな結果予期よりも，ポジティブな結果予期であった。そのため，ネガティブな結果予期をあえて扱うことが，中学生の援助要請を予測する上でどの程度寄与するかは定かではない。しかしながら，そもそもわが国ではこれまで，利益・コストを包括的に扱って検討した研究はほとんど行われていない。そこで本研究では一度，想定され得る利益・コストを一通り用い，中学生の援助要請との関連を検討することとする。

6．本研究で扱う利益・コスト

以上から本研究では，高木（1997）の定義に基づき，援助要請実行の利益を「援助要請を行うことによって生じるポジティブな結果」，援助要請実行のコストを「援助要請を行うことによって生じるネガティブな結果」，援助要請回避の利益を「援助要請を行わないことよって生じるポジティブな結果」，援助要請回避のコストを「援助要請を行わないことによって生じるネガティブな結果」と，それぞれ定義する。また，援助要請実行・回避の利益・コストをあわせ「利益・コスト」として今後表記する。

なお，通常「コスト」とは，目的を達成するための対価，すなわち代償や支払うべき出費といった意味で用いられることの方が一般的である。しかしなが

ら，本研究で扱う援助要請の実行・回避それぞれのコストは，高木（1997）などの先行研究に倣い，援助要請の実行・回避による出費や対価ではなく，実行・回避後に生じ得るネガティブな結果という意味で用いる。

　最後に，利益・コストの測定の方法の問題について触れる。臨床心理学における援助要請研究では，利益・コストなどの変数を測定する際，援助を要請する問題の種類をあまり考慮しないことが多い。例えば，1つの研究内で対人的な問題での援助要請と学業の問題に関する援助要請を検討する場合，その独立変数となる態度や援助不安などは，共通の変数として測定されることが一般的である（e.g., 木村・水野，2004）。一方で，社会心理学において質問紙で援助要請を扱う場合は，援助を受けるような仮想的場面を複数設定し，援助要請に関する認知を場面ごとに測定する方法が多く用いられる（西川・高木，1990；島田・高木，1994）。すなわち，社会心理学においては，心的要因が状況依存的な要因として扱われるのに対し，臨床心理学における援助要請では，個人特性的な要因として扱われる傾向にある。

　では，臨床心理学における研究のように，個人が問題の種類にかかわらず一定の利益・コストを予期する傾向をもつと想定することは適切なのであろうか。先行研究からは，誰かしらに対して援助を求める者は，その他のリソースに対しても援助を求めやすいことや（Schonert-Reichl & Muller, 1996），ある問題で援助を求める者は，その他の問題でも援助を求めやすい（Fallon & Bowles, 1999；Ciarrochi, Wilson, Deane, & Rickwood, 2003）ことなどが明らかになっている。つまり個人の中には，ある程度一貫した援助要請の傾向があると考えられる。そのため問題の種類を特定せずに，個人のそうした傾向を測定することにも一定の妥当性があると考えられる。とはいえ，そのような想定が利益・コストにおいて適切かどうかについては，一度実証的に検討されるべきであろう。そのため利益・コストを測定する際は，悩みの種類を特定せずに尋ねる場合と，悩みの種類を特定した上で尋ねる場合の両方を実施し，検討を行う必要があると考えられる。

第3章 援助要請と適応および援助要請の促進

第1節 援助要請と適応

1. 先行研究の概観

　精神疾患など深刻な問題の場合，専門家への援助要請は当然望ましい対処であると考えられる。しかし，悩みなどの日常的な問題をインフォーマルな資源に援助要請することが，適応にどの程度寄与するかという点は，近年までほとんど取り上げられることはなく，研究の数自体も少ない。そのためここでは，関連領域における議論も交えながら先行研究を概観する。例えば援助要請研究では，大学生における専門家への援助要請行動が，状態不安と身体的症状に対し負の影響を与えていたという報告がある（Tracey, Sherry, & Keitel, 1986）。また被援助志向性に関する研究では，アジア系留学生の被援助志向性が高いほど，適応的であることや（水野・石隈，1998），中学校教師における被援助への態度が肯定的であったり，抵抗感が低かったりすると，バーンアウト傾向が低くなることが報告されている（田村・石隈，2006）。

　関連領域である自己開示の研究では，問題対処のために自己開示を行うことが，ストレス反応の低減に有効であることが示唆されている（丸山・今川，2001, 2002）。逆に，ネガティブな情報を積極的に隠蔽する傾向である自己隠蔽の高さは，心的苦痛の高さと関連するといったことも明らかになっている（Cramer, 1999；河野，2000）。さらに，中学生を対象としたストレスコーピングの研究でも，中学生のサポート希求が，ストレス反応を低減させることが明らかになっている（三浦・坂野，1996）。

　しかしながら，こうした研究はいずれも横断的研究であり，これらの知見から結論を得ることは難しい。これは，援助要請を行うことで適応水準が高まるのか，適応水準が高いために援助要請が可能になるのかの区別が困難なためである。例えばソーシャル・サポートの研究では，得られたサポートの量と適応

との間に負の相関が示されることもある（Cohen & Hoberman, 1983）。こうした結果は，サポートを受け取ったために適応が悪化したという解釈と，適応状態の悪さを乗り越えるためにサポートを多く受け取っているという解釈の両方が成立する（浦，1992）。そのため，支援を求めたり，支援を受けたりすることと適応との因果関係を，横断的研究に基づいて議論することには限界がある。従って，通常こうした関連を明らかにするためには縦断的研究が必要となる。

しかし，縦断的研究においてもその関連は明確ではない。例えばRickwood (1995) は，女子学生を対象として1年間に5回の縦断調査を行った。その結果，援助要請が適応に与える影響は，正負が混在する一貫しないものであった。また，Liberman & Mullan (1978) による長期縦断的研究でも，一般サンプルを対象に，多くの適応指標の測定を行ったにもかかわらず，一貫した結果は示されていない。このように縦断的な検討を行った時でさえ，援助要請と適応との関連は様々である。

このような場合，単純なサポートや援助要請の有無だけではなく，その際の相互作用の質にも注目をする必要があると考えられる。例えば，自己開示研究において森脇・坂本・丹野（2002a）は，自己開示の方法と被開示者の反応を測定する尺度（森脇・坂本・丹野，2002b）を用いた縦断的研究を行った。その結果，悩みを開示した際に，受容的な応答を受けると抑うつは低減するが，非受容的な応答を受けると，かえって抑うつ傾向は増加することが明らかになった（森脇・坂本・丹野，2002a）。

このことから援助要請においても，援助要請の有無だけでなく，援助要請によってどのようなサポートが得られたのかという点に注目する必要があると考えられる。高木（1997）のモデルでも，援助要請の後には「被援助の認識」がなされ，それに基づいて「被援助の効果・成果の評価」の段階があるとされており，そうした評価が自尊心の変動など，適応上の影響をもたらすと考えられている。

本田・石隈（2008）はこの被援助の効果・成果の評価の段階に注目し，受けた援助に対する評価を測定する援助評価尺度を作成している。そしてこの援助評価尺度を用い，中学生を対象として縦断研究を行った結果，援助要請行動の量ではなく援助に対する評価が，適応に影響を与えることが明らかになった

(本田・新井，2008)。すなわち，提供された援助がポジティブなものとして評価されると適応は高まり，逆に，援助がネガティブなものとして評価された場合は，適応は低下していた。

2．本研究で検討すべき点

このように，援助要請後の過程に注目することは，援助要請と適応との関連を検討する上で有益な視点であると考えられる。高木（1997）のモデルに基づくならば，援助要請後には「援助を受ける（具体的応答）」段階と「援助を評価する（主観的評価）」段階があると考えられ，本田・石隈（2008）による援助評価は後者の段階を扱っていると考えられる。一方，自己開示において森脇・坂本・丹野（2002b）が扱う被開示者の「応答」は，前者の具体的応答を扱っているという点で，異なる段階に注目したものであると言える。具体的な応答と主観的な評価を分けて捉えるという点で，この両者の区別は重要である。例えば笠原（2005）は，幼児をもつ保護者による保育者への援助要請に注目し，援助要請の際の保育者の応答が，保護者の満足度に関連したことを報告している。そのため，援助要請後の過程については，この両方の段階に注目する必要がある。

では，ポジティブな評価を促進し，ネガティブな評価を抑制するような「応答」とはどのようなものであろうか。こうした援助者の応答は，いわば援助要請行動を実行したことによる具体的な結果である。すなわちその援助者の応答は，援助要請によって実際に生じた利益・コストとして捉えることができる。そのため，援助要請によって利益・コストが実際にどの程度発生したのかを測定し，その発生した利益・コストが援助評価にどのように影響するかという点を検討することで，援助要請後のプロセスを明らかにすることが可能になると考えられる。

第2節　援助要請の促進

1．先行研究の概観

次に，援助要請の促進について述べる。専門家への援助要請に関する研究の

流れの中では，援助不安や，援助要請態度などの心理的変数を変容させることで，援助要請を促そうとする試みが行われてきた。その際によく用いられる手法は，カウンセリングや精神疾患に関する情報を提供するという方法である。これまでに，高校生（Esters, Cooker, & Ittenbach, 1998），大学生（Geslo & McKenzie, 1973），高齢者（Woodruff, Donnan, & Halpin, 1988）を対象としたいくつかの介入研究が実施されている。こうした研究では，実際にカウンセリングの利用が高まったという報告もあるが（Geslo & McKenzie, 1973），援助要請態度は変容したものの，援助要請意図や援助要請行動などの指標が測定されていない研究もあり（Esters et al., 1998；Woodruff et al., 1988），知見自体がまだ不足している状況である。

また，情報提供が望ましくない効果をもたらすこともある。Wisch, Mahalik, Hays, & Nutt（1995）は，成人男性を対象に模擬的なカウンセリングセッションのビデオを見せ，援助要請態度への影響を検討している。この研究では，内容の異なる2種類のビデオを用意し，片方のビデオでは，カウンセラーが情動に焦点をあてた応答を行い，もう一方ではカウンセラーは認知に焦点をあてた応答を行った。その結果，性役割葛藤の高い人々が情動に焦点をあてた応答のビデオを見た場合，援助要請態度はかえってネガティブになっていた。これは，性役割葛藤の高い者は感情表出を好まないため，感情に焦点をあてたカウンセリングを好ましくないと評価したためであると考えられる。従って，内容そのものが好ましくないと判断されるような情報の場合，逆の効果が現れる場合もある。また Batterham, Calear, Sunderland, Carragher, & Brewer（2016）は，オンライン調査の参加者に対して，抑うつや社会不安の症状や援助の必要性の程度をフィードバックし，そのことが専門家の利用に与える影響を検討した。その結果，社会不安が高いとフィードバックされた群ではむしろ，専門家の利用意図が低下していた。このように，情報提供の有効性については現在でも検討課題が多く残されている。

　援助要請の促進については，その他の領域でも研究が行われている。代表的なものは，自殺予防に関する研究である。問題が深刻化する前の援助要請は，自殺予防において特に重要な予防要因となる。そのため，自殺予防という目的のもとで，援助要請促進のための様々な試みがなされてきた。これまでに試み

られている主な介入の内容は，知識提供（Rickwood, Cavanagh, Curtis, & Sakrouge, 2004），参加者による討論（Ciffone, 1993），ロールプレイやスキルトレーニング（Kalafat & Elias, 1994；Randell, Eggert, & Pike, 2001）などである。

　しかし，こうした自殺予防のための介入研究においても，同様に介入の効果は安定せず，検証結果が十分ではないことが指摘されている（Ploeg, Ciliska, Dobbins, Hayward, Thomas, & Underwood, 1996）。実際，援助要請の促進には効果がほとんど示されなかった研究（Aseltine & DeMariono, 2004；Vieland, Whittle, Garland, Hicks, & Shaffer, 1991）や，援助要請に関する態度や意識などは変化するものの，実際の援助要請にはあまり変化がないという研究（Pearce, Rickwood, & Beaton, 2003；Rickood et al., 2004）なども多い。また逆に，援助要請は促進されたにもかかわらず，それをもたらす心理的変数である筈の援助要請態度などには変化が見られず，変容のメカニズムが説明できない研究（Deane, Wilson, & Russell, 2007；Santor, Poulin, LeBlanc, & Kusumakar, 2007）も存在する。

　その他の領域における援助要請促進の研究としては，よりマクロなレベルでのアプローチがある。例えば，自治体レベルでのヘルスプロモーションキャンペーン（Taylor, Lam, Roppel, & Barter, 1984；Kirkwood & Stamm, 2006；Wright, McGorry, Harris, Jorm, & Pennell, 2006）や，マーケティングの視点からカウンセリングの利用の促進を図ったもの（Nelson & Barbaro, 1985）などが挙げられる。これらはいずれも大規模な予算をもとにメディアを通した宣伝を行い，カウンセリングの利用やスティグマを減らすための呼びかけを行うものである。

　このように，諸外国では援助要請を促進するための様々な取り組みが実践されているものの，十分な成果が上がっているとは言い難い。Gulliver, Griffiths, Christensen, & Brewer（2012）は，抑うつや不安，全般的な心理的問題における援助要請促進のシステマティックレビューを行っている。その結果，援助要請態度については，メンタルヘルスリテラシー（Jorm, Korten, Jacomb, Christensen, Rodgers, & Pollitt, 1997）を扱う介入によって改善される可能性が示唆されたが，援助要請行動の促進については，有効な方略が見出されなか

った。このように，援助要請促進のための方略については，依然として模索が続いている状況である。

2．わが国における援助要請の促進の取り組み

わが国でも，援助要請促進に関する研究はいくつか報告され始めている。大学生を対象とした介入研究では，紙面上での情報提供（小池・伊藤，2012；神山，2005）や数セッションの心理教育（池田・吉武・高野・佐藤・関谷・仁平，2006；木村，2016），実際に学生相談室への入室を体験する活動（吉武，2012），カウンセラーの登場するビデオを視聴すること（中岡・兒玉・栗田，2012）など様々な方法が用いられている。これらは，研究デザインや効果の指標も研究によって様々であり，効果の有無は研究によって異なっている。

中学生や高校生対象の心理教育では，問題を誰にも言いたくないと回答する生徒の減少や（大久保・市来・堂上・井村・谷口・谷口，2011），心の不調に対する偏見の軽減（肥田・石川・高田，2015），カウンセリングについての情報欠如の改善（佐藤・内田・高橋・本庄・伊藤・安保・上埜，2014）などの結果が報告されているが，こうした改善は測定された指標の一部に留まっており，改善が見られない指標の方が多くなっている。このようにわが国においても，援助要請促進については多くの課題が残されている。

3．本研究で検討すべき点

こうした介入研究における重要な課題は，それぞれの介入活動が十分な理論的基盤をもたないという点である。これまで見てきたように援助要請は，基礎的な研究が非常に多く蓄積された研究領域であり，援助要請行動の生起を説明するモデルも複数存在する。それにもかかわらず，援助要請促進のための介入は実践現場での問題意識に基づいて行われることが多く，その際にこうした基礎的知見が参照されることは，ごく少数（e.g., Wilson, Deane, Marshall, & Dalley, 2008）のみであった。

しかしながら，介入結果を適切に解釈し，次の研究へつなげていくためには，理論的基盤を有する介入活動の実施が必要であると考えられる。本書ではここまで，高木（1997）などのモデルに基づいて援助要請のプロセスを扱い，中で

も利益・コストを重要な概念として位置づけてきた。そこで，援助要請の促進を検討する際にも，この利益・コストの変容に注目することが，理論上意義のある視点となる可能性がある。

では，そのような形で援助要請実行による利益の予期を高めるにはどのようにしたらよいのであろうか。髙木（1997）の議論によれば，援助・被援助への動機づけは，ポジティブな援助・被援助経験によって変容するとされており，こうした点は実証的研究においても確認されている（髙木・妹尾，2006）。すなわち，ポジティブな援助・被援助経験が得ることが，予期される利益・コストの変容につながり，援助要請を促進する可能性がある。

ただし，その際に留意すべき点も存在する。中学生における仲間同士の援助要請を考える場合，ただ単に援助要請の頻度のみを増やすことは必ずしも適切ではない。なぜなら，援助を提供する側が十分な援助スキルを有していなければ，援助要請はかえって双方にネガティブな結果をもたらす可能性があるからである。そのため援助要請促進の際は，援助要請に応じて提供される援助が適切に機能するよう，援助者となる他の生徒の援助スキルも同時に高めることが必要であると考えられる。そこで本研究では，こうした要件を満たす取り組みとして，ピア・サポート活動に注目する。

日本の教育現場でピア・サポートと呼ばれる活動には，大きくピア・サポートモデルとピア・サポートシステムモデルという2つの形態が存在する（藤岡，2002）。ピア・サポートモデルとは，集団全体を活動の対象とし，ピア同士でサポートしあえる関係・雰囲気をつくり出す活動である（e. g., 滝，2000, 2004）。もう一方のピア・サポートシステムモデルとは，援助のための訓練を受けたピア・サポーターが，仲間に対してサポートを行っていく活動であり，「支援を支える側と，年齢や社会的な条件が似通っているものによる社会的支援（ソーシャル・サポート）（戸田，2001）」などと定義される。

本研究で取り上げるのは後者のピア・サポートシステムモデル型のピア・サポートである。同輩であるピア・サポーターによる援助には，仲間同士ゆえの理解しやすさ，言葉の届きやすさなど，子ども－大人間での関係にはない様々な有効性があるとされている（亀口・堀田，1998；亀口・堀田・佐伯・高橋，1999）。また，サポーター自身の成長や（Abu-Rasain & Williams, 1999；Cowie

& Sharp, 1996；Price & Jones, 2001），コミュニティ内のリソースを活用することによる（森川，2000），組織の支援的風土の向上など，ピア・サポートの実践は様々な効果をもたらす。

　これに加え，ピア・サポートシステムモデル型のピア・サポート活動は，本研究の目的とする援助要請の促進にも寄与すると考えられる。ピア・サポーターの養成に際しては，同輩同士での援助を実際に体験する活動が多く実施される。その中には，傾聴スキルの獲得のためのロールプレイなども含まれ，こうした活動を通して参加者は，友人に話を聞いてもらうことの良さを実際に体験することができる。そしてこうした経験は，まさにポジティブな援助・被援助経験となると考えられる。また，トレーニングを通して援助スキルを学ぶことで，互いの援助スキルへの期待も高まると考えられる。すなわち，自分の仲間も同様のトレーニングを受けたと認知することで，自分が仲間に援助要請を行った際，良い援助を受けることができるという期待が高まる可能性がある。これらはいずれも，援助要請実行における利益予期の上昇につながる可能性が考えられる。

第4章 本研究の流れと論文の構成

第1節　先行研究のまとめと研究の目的

　ここまでの議論に基づき，先行研究の課題と本研究の目的を整理する。中学生の友人に対する相談，援助要請を研究する上での主要な課題点として，「援助要請の生起」「援助要請と適応」「援助要請の促進」という3点が挙げられる。そしてこれら3つの課題に共通して使用可能な概念として，利益・コストが考えられる。すなわち，利益・コストの予期は，援助要請の促進・抑制因として機能している可能性があり，援助要請の結果発生する利益・コストによって，援助要請後の適応への影響を検討することができる可能性がある。また，この利益・コストの予期を変容させることで，援助要請を促進できる可能性が考えられる。

　しかしこれらに先立ち，検討を行うべき基本的な課題も存在する。具体的には，本研究が出発点とする研究意義の現実的な妥当性の問題，そして測定の問題という2つである。まず，研究の現実的な妥当性の問題としては，大きく2つの点が挙げられる。第1は，本研究で注目する「援助要請の促進」を必要としているような中学生はどの程度存在するのかという点である。石隈・小野瀬(1997)の実態調査では，悩みを誰にも相談しない者が相当数存在することが明らかになっているものの，彼らが「相談を必要としていない」のか，「相談したいと思いながら相談できない」のかは区別されていない。従って研究の前提として，「相談したいと思いながら相談できない」者が，どの程度存在するのかを明らかにする必要がある。

　第2に，利益・コストという概念を適用することの適切性という問題がある。本研究では，これまでの研究を整理しながら，新たに利益・コストという概念を用いること有効性について述べた。しかしながら，そもそも中学生は，実際に相談に際して利益・コストの予期を行っているかどうかは明らかになってい

ない。例えば，Timlin-Scalera, Ponterotto, Blumberg, & Jackson（2003）による高校生を対象とした質的研究において，援助要請を阻む要因として高校生自身が挙げた要因は，従来の研究で中心的に扱われてきた要因と，必ずしも一致していない。そのため，中学生は相談実行・回避の意思決定においてどのような判断を行っているのかを検討する必要があると考えられる。

次に挙げた測定の問題は，文字通り中学生の援助要請や利益・コストの予期の測定の問題である。わが国においては，中学生の援助要請の傾向や利益・コストの予期を適切に測定するための尺度が存在しない。前章で触れた通り，援助要請に関する尺度自体は，それなりに存在するものの，中には妥当性や信頼性の検討が十分でないものも多い。そしてこのような尺度の不統一が，これまでの研究結果が一貫しないことの一因であるとの指摘もある（Rickwood, Deane, Wilson, & Ciarrochi, 2005）。従って，信頼性・妥当性の検討に基づいて，援助要請および利益・コストを適切に測定する尺度を作成する必要がある。

以上のように中学生の援助要請については，まず (a)「相談をしたいと思いながら相談できない」者がどの程度存在するのか，(b) 中学生は相談に際し，実際に利益・コストの予期を行っているかという点が十分明らかになっていないという課題が存在する。また研究法上の課題として，(c) 援助要請意図を測定する適切な尺度が存在しないこと，同様に (d) 利益・コストを測定する適切な尺度も存在しないこと，という基本的課題が存在する。

そこで本研究では，以下の8点を検討することを目的とする。まず，基本的課題に対応するものとして，(a)「援助要請したいと思いながらできない」者がどの程度存在するのかを明らかにし，(b) 中学生が援助要請に際し，実際に利益・コストの予期を行っているかを明らかにする。そして (c) 援助要請意図を測定する尺度の作成および (d) 利益・コストを測定する尺度の作成を行う。その上で，「援助要請の生起」として (e) 全般的な利益・コストと援助要請意図との関連および，(f) 問題の種類による利益・コストと援助要請意図との関連を検討し，さらに「援助要請と適応」に関するものとして，(g) 実際に発生した利益・コストと援助評価との関連を検討し，最後に「援助要請の促進」として (h) ピア・サポートトレーニングによる，援助要請および利益・コストへの介入を行う。

第 2 節　本論文の構成と各章の概要

以上を踏まえ，これ以降先に挙げた 8 つの目的に対応する 8 つの研究を報告する。本書は全体で 6 部 14 章構成とする（Figure 4-1）。まず，第 1 部第 1 章から本章までにおいて，中学生の友人に対する相談行動を援助要請研究の視点から研究することの意義を述べ，先行研究をもとにした理論的考察を行い，課

| — 第 1 部 —
理論的検討 | 第 1 章　本研究の背景と問題
第 2 章　援助要請の生起
第 3 章　遠所要請と適応および援助要請の促進
第 4 章　本研究の流れと論文の構成 |

| — 第 2 部 —
相談行動に関する
基礎的研究 | 第 5 章　研究 1　悩みの経験と相談行動に関する実態の検討
第 6 章　研究 2　中学生における相談行動のプロセスの検討 |

| — 第 3 部 —
尺度の作成 | 第 7 章　研究 3　援助要請意図を測定する尺度の作成
第 8 章　研究 4　利益・コストの予期を測定する尺度の作成 |

| — 第 4 部 —
援助要請の生起 | 第 9 章　研究 5　利益・コストと援助要請意図との関連
第 10 章　研究 6　悩みの種類による利益・コストの影響の差異 |

| — 第 5 部 —
発展的検討 | 第 11 章　研究 7　発生した利益・コストが援助の評価に及ぼす影響
第 12 章　研究 8　援助要請および利益・コストの予期に対する介入 |

| — 第 6 部 —
全体のまとめ | 第 13 章　中学生の援助要請における基礎データの検討
第 14 章　総合的考察 |

Figure 4-1　本論文の構成

題点および本研究の目的を明らかにした．

　第1部での考察に基づき，第2部から第5部において実証的研究を行う．第2部ではまず，中学生の相談行動に関する基礎的な研究を行う．研究1では量的調査に基づき，(a)「援助要請したいと思いながらできない」者がどの程度存在するのかを明らかにし，研究2では質的研究を行い (b) 中学生は援助要請実行・回避の意思決定においてどのような判断を行っているのか，中学生の援助要請に影響する要因は何かを探索的に検討する．続く第3部では，本研究に必要な尺度を作成する．研究3で (c) 援助要請意図を測定するための尺度を，研究4で (d) 援助要請における利益・コストの予期を測定する尺度をそれぞれ作成し，信頼性，妥当性の検討を試みる．

　作成された尺度をもとに，第4部では，利益・コストと援助要請意図との関連を検討する．研究5では，(e) 全般的な利益・コストと援助要請意図との関連を検討し研究6では (f) 問題の種類による利益・コストと援助要請意図との関連を検討する．第5部では，発展的な検討として，研究7において (g) 利益・コストの視点から援助要請と適応との関連を検討し，研究8において，(h) ピア・サポート活動による援助要請および利益・コストの変容を試みる．

　そして最後に，第6部で全体のまとめを行う．第13章では，本研究で作成する尺度を用いて得られたデータを統合し，性差・学年差に関する基礎データを提示する．そして第14章では，これらの結果を踏まえ，得られた知見と限界点，今後の課題などを整理し，今後の研究に向けた展望を述べる．

第2部　相談行動に関する基礎的研究

第5章 研究1 悩みの経験と相談行動に関する実態

第1節 目　的

　研究1の目的は，質問紙調査によって，中学生の悩みや相談の経験について実態調査を行い，中学生が実際にどの程度の相談を行っているのか，あるいは相談したくてもできないという経験をしているのかを明らかにすることである。扱う悩みの種類としては，石隈・小野瀬（1997）が全国の中学生を対象に実施した調査における悩みの項目を用いる。また参考として，石隈・小野瀬（1997）が報告している結果との比較も併せて行う。

第2節 方　法

　調査協力者　　関東地方の公立中学校17校の中学生2075名（1年生：男子267名，女子325名，2年生：男子400名，女子361名，3年生：男子378名，女子344名）が調査に参加した。その内，欠損値の複数あった51名を除く，2024名のデータを分析の対象とした。

　調査時期　　2004年7～12月

　質問紙の構成　　中学生に尋ねる悩みの種類としては，石隈・小野瀬（1997）による中学生における11の心理・社会的問題の中から，最も中学生の悩んだ経験が少ない「委員会活動や班活動で悩みがあるとき」を除く10の悩みを採用した。ただし，10の悩み全てについて，悩んだ経験や相談経験を尋ねることは，回答する者にとって非常に負担となる可能性が考えられた。そこで本研究では，10ある心理・社会的問題を5項目ずつに分け，それぞれを尋ねる質問紙Aと質問紙Bという2種類の質問紙を用意した。

　悩みの種類は，中学生の悩んだ経験の高いものからそれぞれの質問紙に振り分け，質問紙Aでは「自分の性格や容姿（ようし）で気になることがあるとき」

「なぜかひどく落ち込んだり逃げ出したい気分におそわれたとき」「友だちとのつき合いがうまくいかなかったり，友だちがいないとき」「学校に行くのがつらくなったり，行きたくなくなったりしたとき」「担任や部活動の先生に対して不満があるとき」の5つの悩みを，質問紙Bでは，「自分の性格や自分の身体の変化などを知りたいとき」「友だちとのつき合いをうまくやれるようにしたいと思うとき」「自分の性や異性との交際のことで悩みがあるとき」「学校あるいは学級になじめないとき」「自分の家庭のことで心配や悩みがあるとき」の5つの悩みを提示した。そして，提示されたそれぞれの悩みについて，悩みの経験と相談経験を尋ねた。なお実際の質問紙では，以下の質問の他に経験した悩みの深刻さや，援助要請意図を尋ねる項目も含まれていたが，分析には用いなかった（資料1，2に質問紙A，Bをそれぞれ添付）。

①：悩みの有無　提示された悩みについて，「過去一年の間，上のような状況になって，悩んだ経験はありますか？」と尋ね，「1：まったくない」〜「4：よくある」の4件法で回答を求めた。「3：ときどきある」「4：よくある」と回答した者には，次の「相談経験」にも回答をするよう求めた。

②：相談経験　提示された悩みについて，「その悩みは誰かに相談しましたか？」と尋ね，「友人」「先生」「親」「スクールカウンセラー」それぞれについて，「相談した」「相談したいと思ったがしなかった」「相談しようとは思わなかった」のいずれかを選択するよう求めた。

調査実施の手続き　調査依頼の際は，質問紙への回答により，回答者の心身へ何らかの影響があった場合，適切な援助機関を紹介することを学校長に対し説明を行った上で同意を得た。調査の際は，質問紙Aと質問紙Bを同数用意した上で生徒にランダムに配布し，各クラス単位で，担任教師の指示のもとホームルームの時間に無記名で実施した。フェイスシートには，匿名性が保証されること，回答は成績に関係しないことを明記した。また，実施の前に，フェイスシートの内容に加え，回答は任意であり，参加しないことによる不利益はないことが担任教師より説明された。有効回答者のうち，質問紙Aへの回答者は995名（男子533名，女子462名）であり，質問紙Bへの回答者は1029名（男子537名，女子492名）であった。

第3節 結　果

1．悩みの経験

まず，各悩みの経験において，「4：よくある」「3：ときどきある」のいずれかに回答した者を悩み経験者とした。そして，各悩みにおける，悩み経験者の割合を算出した（Table 5-1）。各悩みにおける悩み経験者の割合は 23.8～59.8％であり，「友達とのつき合いをうまくやれるようにしたいと思うとき」が最も悩み経験者が多く，「学校あるいは学級になじめないとき」が最も悩み経験者が少なかった。

次に，男女差を検討するため，それぞれの悩みにおいて性別(2)×悩みの経験(2)の χ^2 検定を行った。その結果，「学校あるいは学級になじめないとき」のみ5％水準で，残りの項目は全て1％水準で有意であり，全項目で男子よりも女子の方が悩んだ経験を多く報告していた。

2．悩み経験者の相談経験

悩み経験者において，各悩みについて「相談した」「相談したいと思ったがしなかった」が選択された割合を Table 5-2 に示す。相談相手として最も選ばれていたのは友人であり，相談経験の割合は 38.0％であった。また，相談したくてもしなかったという割合も，友人に対するものが 14.0％と最も高かった。相談した割合，相談したくてもしなかった割合は，ともに，友達に次いで親が最も高く，続いて，教師，スクールカウンセラーという順に低くなっていた。

男女別の各対象への相談経験を集計したものを Table 5-3 に示す。相談相手による相談経験の差を検討するため，男女それぞれにおいて相談相手(4)×相談経験(3)の χ^2 検定を行った。その結果，男女とも質問紙A，質問紙B，全体で有意な関連が見られた（$\chi^2(6)=316.94$〜2059.05，いずれも $p<.01$）。残差分析の結果，友達と親は，全ての組み合わせにおいて「相談した」割合が多く，「相談しなかった」割合が少なかった。逆に教師とスクールカウンセラーに対しては，全ての組み合わせにおいて「相談した」割合が少なく，「相談しなかった」割合が多かった。「相談したいがしなかった」割合は，友達と親において高く，スクールカウンセラーにおいて低かった。しかし，教師に対して「相談し

Table 5-1 悩みの経験および，悩み経験者における悩みを相談しなかった者の割合

	項 目	悩みの経験（%）				悩みを相談しなかった者の割合（%）			
		全体	女子	男子	χ^2値	全体	女子	男子	χ^2値
質問紙A	1．自分の性格や容姿（ようし）で気になることがあるとき	49.4	62.5 ＞ 38.1		58.65**	55.8	47.0 ＜ 68.3		21.79**
	2．なぜかひどく落ち込んだり逃げ出したい気分におそわれたとき	47.1	59.0 ＞ 36.8		49.09**	50.3	44.3 ＜ 58.7		9.43**
	3．友だちとのつき合いがうまくいかなかったり，友だちがいないとき	33.5	47.9 ＞ 21.1		79.90**	77.5	75.2　81.0		0.95
	4．学校に行くのがつらくなったり，行きたくなくなったりしたとき	35.0	40.4 ＞ 30.5		10.57**	59.8	50.5 ＜ 70.4		14.09**
	5．担任や部活動の先生に対して不満があるとき	50.8	56.1 ＞ 46.1		9.79**	28.7	20.6 ＜ 37.1		16.73**
質問紙B	1．自分の性格や自分の身体の変化などを知りたいとき	41.9	50.7 ＞ 33.9		29.66**	55.2	49.6 ＜ 63.0		7.58**
	2．友だちとのつき合いをうまくやれるようにしたいと思うとき	59.8	69.5 ＞ 51.0		36.23**	54.8	40.5 ＜ 72.6		63.43**
	3．自分の性や異性との交際のことで悩みがあるとき	27.7	33.8 ＞ 22.2		17.37**	93.1	86.8 ＜ 96.8		3.66†
	4．学校あるいは学級になじめないとき	23.8	27.0 ＞ 20.9		5.32*	48.4	39.4 ＜ 58.9		9.26**
	5．自分の家庭のことで心配や悩みがあるとき	31.0	36.5 ＞ 26.1		12.93**	60.2	56.4　65.0		2.41

†$p<.10$，*$p<.05$，**$p<.01$

たいがしなかった」割合は，女子においては低かったが，男子では質問紙Aにおいて有意に高い傾向が示されたのみであった。

また，男女別の割合をそれぞれ Table 5-4 と Table 5-5 に，男女それぞれの合計を比較した表を Table 5-6 に示す。相談経験の男女差を検討するため，質問紙A，質問紙B，全体のそれぞれについて，各相談相手における性別(2)×相談

Table 5-2 悩み経験者における悩みの相談経験と相談相手 (全体)

	項　目	相談	相談相手（％）			
			友達	親	先生	SC
質問紙A	1．自分の性格や容姿（ようし）で気になることがあるとき	◎	29.2	22.7	6.3	1.8
		△	14.9	11.5	6.5	2.9
	2．なぜかひどく落ち込んだり逃げ出したい気分におそわれたとき	◎	38.7	19.7	6.0	2.1
		△	13.9	15.4	9.2	5.3
	3．友だちとのつき合いがうまくいかなかったり，友だちがいないとき	◎	37.2	24.6	8.7	1.5
		△	12.3	14.7	12.3	7.2
	4．学校に行くのがつらくなったり，行きたくなくなったりしたとき	◎	20.9	25.3	6.5	1.2
		△	10.3	10.9	7.4	6.2
	5．担任や部活動の先生に対して不満があるとき	◎	63.9	44.2	10.8	2.8
		△	4.6	8.8	7.8	2.0
	質問紙A全体	◎	39.3	27.8	7.7	2.0
		△	11.1	12.1	8.5	4.4
質問紙B	1．自分の性格や自分の身体の変化などを知りたいとき	◎	29.8	21.4	5.2	1.6
		△	16.7	15.8	6.8	4.9
	2．友だちとのつき合いをうまくやれるようにしたいと思うとき	◎	32.8	21.6	5.6	1.8
		△	19.6	13.0	12.7	4.8
	3．自分の性や異性との交際のことで悩みがあるとき	◎	64.8	10.5	1.4	0.7
		△	8.7	10.8	5.6	4.2
	4．学校あるいは学級になじめないとき	◎	36.2	25.9	11.9	2.9
		△	21.4	16.9	13.2	6.6
	5．自分の家庭のことで心配や悩みがあるとき	◎	27.7	15.8	6.9	3.2
		△	17.6	13.9	9.7	7.3
	質問紙B全体	◎	36.6	19.5	5.9	2.0
		△	17.2	13.9	9.9	5.4
	全　体	◎	38.0	23.9	6.9	2.0
		△	14.0	13.0	9.1	4.9

◎：相談した
△：相談したいと思ったがしなかった

経験(3)の χ^2 検定を行った。その結果，質問紙Aにおいては，友達（$\chi^2(2)=56.70, p<.01$），親（$\chi^2(2)=43.61, p<.01$），教師（$\chi^2(2)=14.25, p<.01$）において有意な関連が見られた。残差分析の結果，友達，親，教師いずれも「相談した」割合は男子よりも女子の方が多く，「相談したいがしなかった」割合は親においては女子の方が，教師においては男子の方が多かった。また，友達と

Table 5-3 悩み経験者における悩みの相談相手の性差

相談		相談経験（％）							
		女　子				男　子			
		友達	親	先生	SC	友達	親	先生	SC
質問紙A	◎	45.5 ▲**	32.4 ▲**	9.3 ▽**	2.2 ▽**	30.9 ▲**	21.6 ▲**	5.6 ▽**	1.7 ▽**
	△	11.8 ▲**	13.5 ▲**	7.2 ▽**	4.3 ▽**	10.2 ▲†	10.2 ▲†	10.1 ▲†	4.5 ▽**
	×	42.7 ▽**	54.1 ▽**	83.5 ▲**	93.4 ▲**	58.8 ▽**	68.2 ▽**	84.3 ▲**	93.8 ▲**
	χ^2値	1040.08**				455.99**			
質問紙B	◎	47.2 ▲**	22.0 ▲*	6.2 ▽**	2.1 ▽**	22.6 ▲**	16.2 ▲**	5.5 ▽**	1.8 ▽**
	△	18.5 ▲**	13.1	9.1 ▽**	6.2 ▽**	15.4 ▲**	15.0 ▲**	10.9	4.3 ▽**
	×	34.2 ▽**	64.9 ▽**	84.8 ▲**	91.7 ▲**	62.0 ▽**	68.9 ▽**	83.6 ▲**	93.9 ▲**
	χ^2値	1078.95**				316.94**			
全体	◎	46.3 ▲**	27.5 ▲**	7.8 ▽**	2.1 ▽**	27.0 ▲**	19.0 ▲**	5.6 ▽**	1.7 ▽**
	△	14.9 ▲**	13.3 ▲*	8.1 ▽**	5.2 ▽**	12.7 ▲**	12.5 ▲**	10.5	4.4 ▽**
	×	38.7 ▽**	59.1 ▽**	84.1 ▲**	92.6 ▲**	60.3 ▽**	68.5 ▽**	83.9 ▲**	93.9 ▲**
	χ^2値	2059.05**				765.94**			

◎：相談した　　　　　　　　　　　▲：有意に多い　　　†p<.10，*p<.05，**p<.01
△：相談したいと思ったがしなかった　▽：有意に少ない
×：相談しなかった

親において，「相談しなかった」割合が，女子よりも男子に多かった。

　質問紙Bにおいては，友達（$\chi^2(2)=182.92$，p<.01），親（$\chi^2(2)=10.13$，p<.01）において有意な関連が見られた。残差分析の結果，友達，親ともに，「相談した」割合は男子よりも女子の方が多く，「相談しなかった」割合は，女子よりも男子の方が多かった。

　全体で見た場合，友達（$\chi^2(2)=195.77$，p<.01），親（$\chi^2(2)=44.02$，p<.05），教師（$\chi^2(2)=13.58$，p<.01）において有意な関連が見られた。残差分析の結果，友達，親，教師いずれも「相談した」割合は男子よりも女子に多く，「相談したいがしなかった」割合は友達においては女子の方が，教師においては男子の方が多かった。また，友達，親において，「相談しなかった」割合が，女子よりも男子に多かった。

　このように，友達と親においては「相談した」割合が男子よりも女子の方が多く，「相談しなかった」割合は，女子よりも男子の方が多いという結果が一貫して示された。また，教師，スクールカウンセラーにおいても，有意ではない

Table 5-4 悩み経験者における悩みの相談経験と相談相手（女子）

	項　目	相談	相談相手（%）			
			友達	親	先生	SC
質問紙A	1．自分の性格や容姿（ようし）で気になることがあるとき	◎	35.8	25.8	6.6	2.4
		△	16.0	12.5	3.5	2.8
	2．なぜかひどく落ち込んだり逃げ出したい気分におそわれたとき	◎	44.5	22.1	7.0	3.3
		△	15.1	19.1	9.9	5.9
	3．友だちとのつき合いがうまくいかなかったり，友だちがいないとき	◎	43.4	28.5	9.0	1.4
		△	11.8	16.3	11.8	6.4
	4．学校に行くのがつらくなったり，行きたくなくなったりしたとき	◎	25.8	33.0	9.3	1.6
		△	11.0	11.5	4.4	5.5
	5．担任や部活動の先生に対して不満があるとき	◎	73.3	53.5	14.7	1.9
		△	4.3	7.8	6.6	1.9
	質問紙A全体	◎	45.5	32.4	9.3	2.2
		△	11.8	13.5	7.2	4.3
質問紙B	1．自分の性格や自分の身体の変化などを知りたいとき	◎	36.7	23.5	4.4	1.6
		△	19.0	15.8	6.0	6.5
	2．友だちとのつき合いをうまくやれるようにしたいと思うとき	◎	46.5	27.4	6.4	1.8
		△	21.9	12.1	13.5	5.9
	3．自分の性や異性との交際のことで悩みがあるとき	◎	77.2	15.0	1.8	0.6
		△	7.8	10.8	4.2	4.2
	4．学校あるいは学級になじめないとき	◎	46.6	27.1	12.8	2.3
		△	23.3	15.8	13.5	8.3
	5．自分の家庭のことで心配や悩みがあるとき	◎	35.8	12.4	7.3	4.5
		△	17.9	11.8	6.1	6.7
	質問紙B全体	◎	47.2	22.0	6.2	2.1
		△	18.5	13.1	9.1	6.2
	全　体	◎	46.3	27.5	7.8	2.1
		△	14.9	13.3	8.1	5.2

◎：相談した
△：相談したいと思ったがしなかった

ものの，「相談した」割合は男子よりも女子の方が多く，「相談しなかった」割合は，女子よりも男子の方が多かった。

　最後に，各悩みにおける悩み経験者のうち，どの相談相手にも「相談した」を選択しなかった者の割合を集計した（Table 5-1）。その結果，悩みを誰にも相談しなかった割合の最も高い悩みは「自分の性や異性との交際のことで悩み

Table 5-5 悩み経験者における悩みの相談経験と相談相手（男子）

	項　目	相談	相談相手（％）			
			友達	親	先生	SC
質問紙A	1．自分の性格や容姿（ようし）で気になることがあるとき	◎	19.8	18.3	5.9	1.0
		△	13.4	9.9	10.9	3.0
	2．なぜかひどく落ち込んだり逃げ出したい気分におそわれたとき	◎	30.6	16.3	4.6	0.5
		△	12.2	10.2	8.2	4.6
	3．友だちとのつき合いがうまくいかなかったり，友だちがいないとき	◎	25.0	17.0	8.0	1.8
		△	13.4	11.6	13.4	8.9
	4．学校に行くのがつらくなったり，行きたくなくなったりしたとき	◎	15.2	16.5	3.2	0.6
		△	9.5	10.1	10.8	7.0
	5．担任や部活動の先生に対して不満があるとき	◎	53.8	34.2	6.7	3.8
		△	5.0	10.0	9.2	2.1
	質問紙A全体	◎	30.9	21.6	5.6	1.7
		△	10.2	10.2	10.1	4.5
質問紙B	1．自分の性格や自分の身体の変化などを知りたいとき	◎	20.2	18.5	6.2	1.7
		△	13.5	15.7	7.9	2.8
	2．友だちとのつき合いをうまくやれるようにしたいと思うとき	◎	15.5	14.4	4.4	1.9
		△	16.6	14.1	11.9	3.3
	3．自分の性や異性との交際のことで悩みがあるとき	◎	47.5	4.2	0.8	0.8
		△	10.0	10.9	7.6	4.2
	4．学校あるいは学級になじめないとき	◎	23.6	24.5	10.9	3.6
		△	19.1	18.2	12.7	4.5
	5．自分の家庭のことで心配や悩みがあるとき	◎	17.3	20.1	6.5	1.4
		△	17.3	16.5	14.4	7.9
	質問紙B全体	◎	22.6	16.2	5.5	1.8
		△	15.4	15.0	10.9	4.3
	全　体	◎	27.0	19.0	5.6	1.7
		△	12.7	12.5	10.5	4.4

◎：相談した
△：相談したいと思ったがしなかった

があるとき」であり，割合の最も低い悩みは「担任や部活動の教師に対して不満があるとき」であった。男女差を検討するため，それぞれの悩みにおいて性別(2)×相談の有無(2)の χ^2 検定を行った結果，「友だちとのつき合いがうまくいかなかったり，友だちがいないとき」「自分の家庭のことで心配や悩みがあるとき」という2項目では有意な関連が見られなかったが（$\chi^2(1)=0.95$，2.41，

第3節 結　果

Table 5-6　悩み経験者における悩みの相談相手の性差

相談		相談経験（％）							
		友　達		親		先　生		SC	
		女子	男子	女子	男子	女子	男子	女子	男子
質問紙A	◎	45.5 ▲**	30.9 ▽**	32.4 ▲**	21.6 ▽**	9.3 ▲**	5.6 ▽**	2.2	1.7
	△	11.8	10.2	13.5 ▲*	10.2 ▽*	7.2 *	10.1 ▲*	4.3	4.5
	×	42.7 ▽**	58.8 ▲**	54.1 ▽**	68.2 ▲**	83.5	84.3	93.4	93.8
	χ^2値	56.70**		43.61**		14.25**		0.88	
質問紙B	◎	47.2 ▲**	22.6 ▽**	22.0 ▲**	16.2 ▽**	6.2	5.5	2.1	1.8
	△	18.5	15.4	13.1	15.0	9.1	10.9	6.2	4.3
	×	34.2 ▽**	62.0 ▲**	64.9 ▽†	68.9 ▲†	84.8	83.6	91.7	93.9
	χ^2値	182.92**		10.13**		1.99 n.s.		3.08	
全体	◎	46.3 ▲**	27.0 ▽**	27.5 ▲**	19.0 ▽**	7.8 ▲**	5.6 ▽**	2.1	1.7
	△	14.9 ▲*	12.7 ▽*	13.3	12.5	8.1 ▽*	10.5 ▲*	5.2	4.4
	×	38.7 ▽**	60.3 ▲**	59.1 ▽**	68.5 ▲**	84.1	83.9	92.6	93.9
	χ^2値	195.77**		44.02**		13.58**		2.28	

◎：相談した　　　　　　　　　　▲：有意に多い　　　†$p<.10$, *$p<.05$, **$p<.01$
△：相談したいと思ったがしなかった　▽：有意に少ない
×：相談しなかった

n.s.),「自分の性や異性との交際のことで悩みがあるとき」では有意傾向の関連が（$\chi^2(1)=3.66$, $p<.10$），残る7項目では有意な関連が見られた（$\chi^2(1)=7.58$〜63.43, $p<.01$）。有意な関連が見られた悩みではいずれも，女子より男子の方が悩みを誰にも相談しない割合が高かった。

3．本研究における回答者の特性

　悩み経験者の割合，および悩みを経験した者の内で，それを誰にも相談しなかった者の割合を，本研究の値と石隈・小野瀬（1997）の値と比較するため，各項目の割合についてχ^2検定を行った（Table 5-7）。その結果，悩みの経験率においては10項目中8項目が有意（$\chi^2(1)=4.69$〜37.68, $p<.01$〜05），1項目が有意傾向であった（$\chi^2(1)=3.34$, $p<.10$）。残差分析の結果，「自分の性や異性との交際のことで悩みがあるとき」という項目のみ，石隈・小野瀬（1997）の回答者よりも経験率が低かったものの，残る8項目において本研究の回答者の方が悩みの経験率が高かった。また，悩みを誰にも相談しなかった者の割合

Table 5-7 石隈・小野瀬（1997）のデータとの比較

項目		悩みの経験（％）			悩みを相談しなかった者の割合（％）		
		本研究のデータ	石隈・小野瀬のデータ	χ^2値	本研究のデータ	石隈・小野瀬のデータ	χ^2値
質問紙A	1．自分の性格や容姿（ようし）で気になることがあるとき	49.4 ＞	45.0	4.69*	55.8 ＞	43.0	18.51**
	2．なぜかひどく落ち込んだり逃げ出したい気分におそわれたとき	47.1 ＞	38.0	20.14**	50.3 ＞	44.0	4.08*
	3．友だちとのつき合いがうまくいかなかったり，友だちがいないとき	33.5 ＞	27.0	12.00**	77.5 ＞	56.0	37.06**
	4．学校に行くのがつらくなったり，行きたくなくなったりしたとき	35.0	33.0	1.08	59.8 ＞	39.0	35.22**
	5．担任や部活動の先生に対して不満があるとき	50.8 ＞	47.0	3.34†	28.7	27.0	0.41
質問紙B	1．自分の性格や自分の身体の変化などを知りたいとき	41.9 ＞	30.0	37.68**	55.2 ＞	42.0	15.26**
	2．友だちとのつき合いをうまくやれるようにしたいと思うとき	59.8 ＞	55.0	5.74*	54.8 ＞	39.0	35.17**
	3．自分の性や異性との交際のことで悩みがあるとき	27.7 ＜	35.0	14.71**	93.1 ＞	38.0	227.42**
	4．学校あるいは学級になじめないとき	23.8 ＞	17.0	17.50**	48.4 ＞	42.0	2.02
	5．自分の家庭のことで心配や悩みがあるとき	31.0 ＞	22.0	18.23**	60.2 ＞	49.0	8.11**

†$p<.10$, *$p<.05$, **$p<.01$

は，10項目中8項目が有意であり（$\chi^2(1)=4.08\sim227.42$, $p<.01\sim05$），いずれの悩みについても，誰にも相談しない者の割合は本研究の回答者の方が高かった。

第4節 考　察

1．悩みの相談経験について

　実際の相談経験を尋ねた結果では，中学生が最も悩みを相談していたのは友達であり，割合は38％であった。また，友達の次に相談相手として多く選択されたものは親であり，次いで教師，スクールカウンセラーの順であった。これは石隈・小野瀬（1997）とほぼ同様の結果である。このように，各相談相手の中で，友人は最も援助資源として好まれていることが示された。しかし一方で，相談したいと思ったがしなかった割合は，女子で14.9％，男子で12.7％，全体の14％であり，この割合も各相談相手の中で最も高かった。相談した割合と相談したいと思ったがしなかった割合の合計は52％となり，全体の半分が，悩みを抱えた際に友達への相談を希望していることになる。しかしこの52％の内，相談したいと思ったがしなかった者の占める割合は26.9％であり，4ケースに1ケースが相談したいと思ってもできなかったということになる。

　このように，友人に悩みを相談したいと思っても相談しないという経験をした中学生は相当数存在することが明らかになった。以上から，本書全体において，中学生における友人への相談に注目することの意義が確認されたと言える。

2．悩みとその相談における性差

　まず悩みの経験については，女子の方が男子よりも過去一年間の悩みが多いことが示された。一般に思春期以降，女子においては男子に比べて高い抑うつや（Nolen-Hoeksema, 1990, 六角，1999），低い自尊感情（東・岩崎・小林，2001）が示されるようになるなど，全般的に精神的健康のレベルが男子よりも低くなることが明らかになっている。本研究における悩みの経験の性差は，こうした知見と整合するものである。

　次に悩みの相談経験については，親と友達において，男子の方が相談しなかった割合が高く，女子の方が相談した割合が高かった。また，悩みを誰にも相談しない割合は，男子の方が女子よりも高かった。こうした援助要請における性差は，専門家に対する援助要請の先行研究と一致するものである。

　以上のように，女子の方が多く悩みを経験し，同時に多く相談をしており，

男子の方は悩みの経験が少ないものの，実際に悩みを抱えた場合は，あまり相談を行わないことが明らかになった。またRose & Rudolph（2006）は，女子は男子に比べて関係性への感受性が高く，情緒的なコミュニケーションを通してストレス対処を多く行うため，問題行動などにつながりにくい一方，却って反すうなどの情緒的ストレスにもさらされやすいと述べている。本研究の結果は，こうした対人関係とストレス対処に関する性差の傾向を反映しているものであると考えられる。

　ただし，悩みの経験と相談の経験両方に性差が見られたという点には留意が必要である。すなわち，悩みの経験の性差が，性役割に基づいた問題の表明の差を反映しているならば，相談経験の性差は，悩みの経験の性差を反映しているに過ぎない可能性も考えられるからである。すなわち，女子の方が悩みを多く経験するために，相談経験も多くなるという可能性がある。こうした可能性については，研究3で検討を行う。

第6章 研究2 中学生における相談行動のプロセス

第1節 目　的

　本研究でも研究1に引き続き，中学生の相談行動に対する実態調査を行う。本研究では，中学生は相談実行・回避の意思決定においてどのような判断を行っているのか，中学生の援助要請に影響する要因は何かを探索的に検討する。

　研究の方法としては，面接調査による質的研究を選択した。また，分析の方法としてはGlaser & Strauss（1967）によるグラウンデッド・セオリー・アプローチ（以下GTA）をもとに，木下（1999，2003）が提唱している修正版GTAを用いる。GTAには，修正版GTAを始め，いくつかの種類が存在するが，いずれもデータに密着した分析を行い，実証的研究の基礎となる仮説を生成することに優れていることに加え，方法論が体系化されているという点などが特徴である。

　この方法は特に面接調査に適しており，社会的相互作用に関わる研究，ヒューマンサービス領域において有効性を発揮し，人間行動の説明と予測に優れた理論を生み出すことができるとされている。また，修正版GTAは，従来のGTAに比べて，より研究，実践しやすいよう研究法をコンパクトにし，幾つかあるGTAの特徴を併せもたせるようにするなど，様々な改良が加えられている。通常，修正版GTAは，ある現象のプロセスを明らかにするために用いられることが多いが，心理学の分野では，特定の現象の記述についてこの方法を用いられることも多く（原田，2003；水野，2004），以上から修正版GTAが本研究の分析方法に適していると判断された。

　そこで本研究は，中学生を対象とし，「中学生の相談実行・回避を規定する要因は何か，また，相談実行・回避の結果，実際にはどのような結果が生じるのか」というリサーチクエスチョンを立てた。

第2節 方　法

調査協力者　対象者は茨城県内にある中学校1校の生徒である。各クラスに，面接の趣旨，簡単な内容などを記した「インタビュー協力のお願い」と題したプリントを配布した上で，面接に協力してもよいとの回答があった20名を対象とした。対象者の内訳は，1年男子5名，1年女子2名，2年男子2名，2年女子4名，3年男子3名，3年女子4名であった。

データ収集期間　2004年7月～8月

調査における倫理的配慮と面接の形式　調査依頼の際は，面接への参加によって，協力者の心身へ何らかの影響があった場合，適切な援助機関を紹介することを学校長に対し説明を行った上で同意を得た。実際の面接は，調査協力校の相談室を使って1対1形式で行われた。面接実施の前には，(a) 面接内容は録音して記録されるが，これを面接者以外の人間が聞くことはなく，希望する場合は録音を行わないこと，(b) 面接の内容を対象者の友人，親，先生といった関係者に伝えることはないこと，(c) 面接の内容は後に論文としてまとめるが，個人が特定できるような形で掲載することはないこと，(d) 面接中に答えたくないような質問を面接者が発した場合は答えなくともよいこと，(e) 希望する場合は，いつでも面接を中止できること，という5点について説明し，同意を得た上で行われた。面接時間は概ね，30～60分であった。

面接の内容　面接は半構造化面接で行った。主な質問項目は「今までにどのような友達に相談をしたことがありますか？」「友達に相談をして何かいいことや嫌なことはありましたか？」などであり，それぞれについて対象者に自由に話してもらい，適宜質問をして詳しく話してもらった。

質問紙の使用　面接調査では同時に，対象者の相談傾向を客観的に捉えるため，援助要請意図についての簡単な質問紙を用意し，回答してもよいと許可を得た上で，面接の最後に実施した。内容としては，石隈・小野瀬（1997）の中学生の援助ニーズの中から，心理・社会的問題，学習・進路的問題をそれぞれ10項目ずつ用意し，「もし，あなたが以下のことで悩み，その悩みを自分ひとりでは解決できなかったとしたら，その悩みを友達に相談すると思いますか？」と尋ね，「1：相談しないと思う」～「5：相談すると思う」の5件法で

回答を求めた。

分析手順　全ての調査協力者が面接の録音に同意したため，面接内容は全て録音され，逐語化した上で，ロウデータとして用いた。修正版 GTA の基本的な分析手順は以下の7点である。①分析テーマと分析焦点者に照らして，データの関連箇所に着目し，それを一つの具体例とし，かつ他の類似具体例をも説明できると考えられる説明概念を生成する。②概念を生成する際に，分析ワークシートを作成し，概念名，定義，最初の具体例などを記入する。③データ分析を進める中で，新たな概念を生成し，分析ワークシートはここの概念ごとに作成する。④同時並行で他の具体例をデータから探し，ワークシートのバリエーション欄に追加，記入していく。具体例が豊富に出てこなければ，その概念は有効でないと判断する。⑤生成した概念の完成度は，類似例の確認だけでなく，対極例についての比較の観点からデータを見ていくことにより，解釈が恣意的に偏る危険性を防ぐ。その結果をワークシートの理論的メモ欄に記入していく。⑥次に，生成した概念との関係を個々の概念ごとに検討し，関係図にしていく。⑦複数の概念の関係からなるカテゴリーを生成し，カテゴリー相互の分析結果をまとめ，その概念を簡潔に文章化し，さらに結果図を作成する（木下，2003）。

　これらの分析は，随時データを追加しながら継続的，同時的に行われる。そして，分析がある程度収束し，データから新たに概念が生成されなくなり，各概念が十分精緻化した時点で，理論的飽和化に達したと判断され，分析は終了する。

第3節　結　　果

　修正版 GTA の結果を論文に記述する際，「結果」と「考察」を「結果と考察」という一つの説でまとめられることが多い。これは，修正版 GTA の分析プロセスそのものが解釈を伴うため，結果の中に必然的に考察が含まれるからである。本書では体裁上，「結果」と「考察」を別々の節に分けて論じるが，概念の解釈などについては「結果」の段階で先に記述する。またこれ以降，面接参加者の発言を「　」で，面接者の発言を〈　〉で，カテゴリー名を『　』で，大

カテゴリーを【　】で記述する。

1．分析のプロセス

対象者の属性一覧を分析順に並べたものを Table 6-1 に示す。分析の前に，援助要請意図に関する質問紙の結果を集計し，心理・社会的問題と学習・進路的問題ごとに，項目平均を算出した。そして，それぞれの項目平均が3以下の者を，援助要請意図低群（L）とし，それ以上の者を援助要請意図高群（H）とした。心理・社会的問題と学習・進路的問題それぞれの援助要請意図の高低で対象者を分類した結果，HH群が8名，HL群が3名，LH群が4名，LL群が5名であり，様々な援助要請傾向の対象者を扱うことができていると考えられる。

Table 6-1　分析に用いたインフォーマント情報

分析ステップ	対象者No	学年	性別	援助要請意図	
				心理	学習
第1ステップ ベースデータ の分析	1	1	男	L	L
	2	3	男	L	H
	3	2	男	H	H
	4	3	女	L	L
	5	2	女	H	H
	6	1	女	H	L
第2ステップ データの追加 相談傾向高群	7	2	女	H	H
	8	1	男	H	H
	9	1	男	H	H
第3ステップ データの追加 相談傾向低群	13	1	男	H	L
	14	3	女	L	L
	15	3	男	L	H
第4ステップ データの追加 相談傾向高群	10	1	女	H	H
	11	1	男	H	H
	12	2	女	H	H
第5ステップ データの追加 相談傾向低群	16	3	男	H	L
	17	2	男	L	H
	18	2	女	L	L
	19	3	女	L	H
	20	3	女	L	L

H：項目平均が　>3
L：項目平均が　≦3

Table 6-2 分析のプロセスと概念数の推移

	累積データ数	概念数		
		結果の予期	状況の考慮	相談実行・回避の結果
ステップ1	6	7	6	4
ステップ2	9	9	7	4
ステップ3	12	10	6	7
ステップ4	15	8	3	7
ステップ5	20	8	3	7

　分析は，5ステップに分けて行った。まず，最初に面接を行った各学年男女一人ずつをベースデータとし，分析した。この第1ステップでは，17の概念を含む【結果の予期】【状況の考慮】【相談実行・回避の結果】という3つのカテゴリーグループが生成された。以降，第1ステップの分析結果を軸にしながら，各ステップでデータの収集と分析を行った。次いで，第2ステップで援助要請意図の高い対象者を，第3ステップで援助要請意図の低い対象者をデータとして追加し，概念の精緻化を行った。そして，第4ステップと第5ステップで同様に，援助要請意図の高い対象者と援助要請意図の低い対象者を追加しこれまでに生成された概念の確認を行った。第4ステップまでに，18の概念を含む3つのカテゴリーグループが生成された。第5ステップで再度，確認的な分析を行ったところ，新たな概念は生成されず，カテゴリー修正の必要性や矛盾点も見出されなかった。このため，本研究のデータ収集および分析によって抽出できるカテゴリーは全て抽出されたと判断し，データの収集および分析を終了した。各ステップで生成・統合されて結果得られた概念数および累積データ数をTable 6-2に示す。

2．概念生成と分析ワークシートの例

　具体的な概念生成過程の例として，「秘密漏洩」と「大事になる可能性」という2つの概念の生成過程を示す。第2ステップまでに，「うーん，ちゃんとね，話し聞いてくれてね，秘密とか守ってくれるときもあるんだけど，なんかみんなに言いふらされたときもあったかなぁ」「その，いじめてる…というより，その（いじわるなことを）やってる人に（対して何か）言われると，ちょっと」

といった発言が得られた。ここからまず，『秘密の漏洩』という概念を生成し，「相談した内容を，本人に断りなく第三者に告げてしまうこと」と定義した。そして，この概念についての分析ワークシートを作成した。

しかしながら，第4ステップまでに「やっぱり，親とかに友達関係のこと言うと，前大げさに騒がれて，そのいじめた…いじめたではないんですけどそのケンカした子のうちの親に電話して，何かすごいケンカした方の親は泣いちゃってなんかすごいことになったりして，言いにくいなぁって思ったことがある」「友達関係とかで悩んでて相談すると，その相手の人に言っちゃうんです，だからそれが嫌で，絶対言いたくない」といった発言が多く得られ，大人の秘密漏洩の場合，単に相談内容を他者に告げてしまうのではなく，悩みを相談してきた生徒の悩みを解決しようとして，他者に告げている場合がほとんどであり，「秘密の漏洩」とは内容が異なると解釈された。そこで，「秘密の漏洩」から新たに，「大事になる可能性」という概念を生成し，「生徒の悩みを聞いた大人が，問題解決を意図して，本人に断りなく，第三者にその子が悩んでいることを告げるなどしてしまうこと」と定義した。そして，新たにこの概念についての分析ワークシートを作成した。分析ワークシートの例として，「大事になる可能性」を Table 6-3 に示す。

3．得られたカテゴリーの全体像

得られたデータを分析した結果，最終的に合計18の概念が生成され，そこから6つのカテゴリー，そして【結果の予期】【状況の考慮】【相談実行・回避の結果】という3つのカテゴリーグループが生成された。すなわち，悩みを抱えた中学生が相談の実行・回避および，その方略を決定する際は，【結果の予期】および【状況の考慮】がなされる。そして，実際に実行された行動に応じ，【相談実行・回避の結果】が生じるというものである。なお今回の分析では，コアカテゴリーは生成されなかった。各カテゴリー間の関係を図示したものを Figure 6-1 に示す。また，各カテゴリーグループの概念で見られた具体的な発言例を，Table 6-4〜6-6 に示す。

Table 6-3　分析ワークシートの例『大事になる可能性』

概念名	大事になる可能性
定　義	生徒の悩みを聞いた大人が，問題解決を意図して，本人に断りなく，第三者にその子が悩んでいることを告げるなどしてしまうこと
バリエーション	・やっぱり，親とかに友達関係のこと言うと，前大げさに騒がれて，そのいじめた…いじめたではないんですけどそのケンカしたこのうちの親に電話して，何かすごいケンカした方の親は泣いちゃってなんかすごいことになったりして，言いにくいなぁって思ったことがある ・親に相談すると何か，ケンカしたとかいじめにあってるとかって思われるから，それで何か先生に言ったとかして，でなんか，ややこしいことになるのもやだから，殆どここ（相談室）で，話してる ・えー，何か，あんま言うと学校に電話されたりとか，何か，ごちゃごちゃになっちゃったり，結構大きく，話がなっちゃうから，あんまり広めたくなかったので，言わなかった ・親に話すと何か，大掛かりになりそうでやだ ・先生は…（中略）…ちょっとしたことならいいんです…で，あんまり重大なこととかは先生には言いません…先生はことを大きくしたりして，友達全体を巻き込んじゃうような感じのことがあるんで，そういう大事になるような話とかは絶対に言いません ・えー，何か，相談したら，「えーそんなことしてたの」みたいな「そんなことされてるの」みたいな感じで，心配されたり，色々，言われたりするのが嫌だし，何か先生に話したら，そのことで成績が下げられそうだなとか，その子に対して，こういうことがあったとかみたいなこと言われちゃうと，ま，本人の名前は出さないけど，言っちゃったりすると，あの子が言ったんだ，みたいな感じで… ・そのときは（大掛かりにされて）ないですけど，大掛かりにされそうな…されそうでやだ ・その，いじめてる…というより，その（いじわるなことを）やってる人に（対して何か）言われると，ちょっと （他は省略）
理論的メモ	大人に対する相談でのみ，この内容の発言が得られた 『秘密の漏洩』は，単に相談内容を漏洩してしまう行為であるのに対し，『大事になる可能性』は，問題の解決につなげようという意図が伴われている

4．結果の予期

【結果の予期】は，相談を実行した結果の，ポジティブあるいはネガティブな結果の予期についてのカテゴリーである。これは，『全般的な結果』『大人への

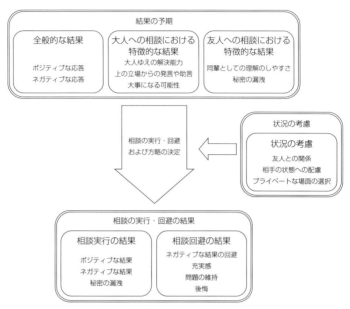

Figure 6-1　本研究で得られたカテゴリーの全体像

相談における特徴的な結果』『友人への相談における特徴的な結果』3つの小カテゴリーから構成されている。

　すなわち，相談を実行した場合，優しく話を聞いてくれたり，アドバイスをくれたりするという「ポジティブな応答」が予期される一方，嫌味を言われたり，話しを聞いてもらえなかったりといった「ネガティブな応答」の発生も予期されていた（小カテゴリー『全般的な結果』）。

　また，教師や親など，大人に対する相談では，大人であるゆえにもつ様々な知識や，教師のもつ学校事情への理解が助けになるなど，「大人ゆえの能力」というポジティブな側面が予期されていた。しかし一方で，対人関係上の悩みをいじめと解釈されてしまい，相談を受けた大人が，他の先生や親にその話を伝えるという「大事になる可能性」が予期されていた。また，年上である親や先生は，相談者の話を十分に聞いてはくれず，逆に一方的に話をされてしまうといった「上の立場からの発言や助言」が予期されており，大人に相談する場合に特有の，ネガティブな結果予期が存在することが明らかになった（小カテゴ

第3節 結　果

Table 6-4　カテゴリー「結果の予期」の内容

カテゴリー名	概念名	発言の例
全般的な結果	ポジティブな応答	・…余り大事にしないでアドバイスをくれたりすることもあるんで，そういう友達にはうん…自分を守ってくれたり，あとはやさしくって，とりあえず…あとは…相談に乗ってくれた時の反応の仕方…まぁ，誰にでも慕われてて，で，優しいです ・やっぱやさしい人って，なんか，何でも同情してくれて，「あー」って聞いてくれる人がいいですね
	ネガティブな応答	・なんか，聞いてるんだか聞いてないんだかわかんないような？そぶりっていうかなんていうかそぶりっていうか行動っていうか，自分に対してそう感じたりしてとか… ・なんか，ちょっと話しただけでも，ちょっとなんか，嫌な人だなっていうか，いやみな人もいるし，そういう人とは余り話さない。ケンカになったりすると嫌なんで
大人への相談における特徴的な結果	大人ゆえの解決能力	・友達関係とかは，先生ならその人のこともよくわかってくれると思うんで，いい方法考えてくれると思う ・自分が言ったことで，相手に対して余計悪く思われない，先生が言ったことなら，悪くならないか，自分がその人あーだこーだ言ったら悪くなるかもしれないけど…
	大事になる可能性	・親に相談すると何か，ケンカしたとかいじめにあってるとかって思われるから，それで何か先生に言ったとかして，でなんか，ややこしいことになるのもやだから，殆どここで，話してる ・先生は…（中略）…ちょっとしたことならいいんです…で，あんまり重大なこととかは先生には言いません…先生はことを大きくしたりして，友達全体を巻き込んじゃうような感じのことがあるんで，そういう大事になるような話とかは絶対に言いません。
	上の立場からの発言や助言	・親のほうは一方的に言ってきて，こっちの発言ができないっていうか ・先生とかは，言い返したりできないような上の立場…
友人への相談における特徴的な結果	同輩としての理解のしやすさ	・…やっぱり親だと言いにくいところもあるし先生でもたまに言いにくいところあるし，友達は一番自分のことをよく知っててくれたりするし，普段生活するのも殆ど学校で友達とだからやっぱり自分のことをよく理解してくれて… ・同じ年頃の人の方が，考えが合う
	秘密の漏洩	・えー，なんか，（他の人に）言われそう，あ，言わないって言ってるけど，何か前，まぁ秘密にしてとかは言ってなかったから，何か，二年生になってからだけど，そのことをたまたまみちゃったみたいな感じで，そのことを黙ってほしかったんだけど，そのことを秘密にしといてって言わなかったことも悪かったけど，何か，それを，友達みたいな人に喋っちゃってそれがどんどん広まってっちゃったから，やっぱり，喋んないほうがいいかなと思ってやめたことはある ・まぁ。なんか，他の人がばらされたとかあるんですよ，そいで，あの人に言うとばらされるみたいな…（中略）…だから，あんまそういう人には言わない方がいいかなーみたいな

Table 6-5 カテゴリー「状況の考慮」の内容

カテゴリー名	概念名	発言の例
状況の考慮	友人との関係	・うーん，やっぱり話す人は仲良かったり…話せない人は，何か仲良くない人かな？ ・やっぱり，あんまり話さない友達とかもいるし，よく話したり遊んだりする友達もいるんで，やっぱよく遊んだり話したりする人
	相手の状態への配慮	・まぁその人の，気分を損ねない程度のことで…例えば，すごい怒ってる時は余り話しかけないようにするとか ・あ，やっぱ，相手も悩み事とかあって，（相手がそれを）考えてる時に自分も言って悩み事は増やしたくない
	プライベートな場面の選択	・あ，殆ど…なんか，口に出したくない時とかあるから，殆ど大半は手紙とかです〈口に出したくないというと？〉うーんと，まず相談するのは，やっぱ好きな人のこととかそういう相談だから，何か，皆に聞こえてたらやだなって思う時が会ったり，後は，別にいじめとかじゃないんですけど，こういう悪口を言ってるとかでちょっと悩んだ時とかがあるんで，そういうのでは，うーんたまに言葉で言うけど，殆どが手紙の方が伝えやすいから ・状況は…皆で遊んだあとに，二人になった時とか，あとは電話でたまたま話してて，時間があった時とか ・まぁ…二人きりだったり，二人で遊んでる時とか，みんなで遊んでるけど二人きりになるときとかにしますね。後学校の休み時間に，少しいったりとか

リー『大人への相談における特徴的な結果』）。

　一方，日ごろから学校生活をともにしている友人に相談する場合，考え方や意見が合い，自分のことも理解してくれているので，「同輩としての理解しやすさ」が得られるということが予期されていた。しかしながら，場合によっては相談した内容を秘密にしてもらえず，他者に告げられてしまうような「秘密の漏洩」の恐れも存在することが明らかになった（小カテゴリー『友人への相談における特徴的な結果』）。

5．状況の考慮

　【状況の考慮】は，どのように悩みを相談するか，どのような場面で選択するかなどに関連するカテゴリーであり，単一の小カテゴリーからなる。

Table 6-6　カテゴリー「相談実行・回避の結果」の内容

カテゴリー名	概念名	発言の例
相談実行の結果	ポジティブな結果	・やっぱ，自分が信頼できる友達に相談するから，自分の気持ちもよくわかってくれるし，結構いい答えが返ってきて，かなり勇気づけられます。 ・相談してよかったこと…やっぱ，理解してくれてる人がいたんだなって，改めてなんだか始めてなんだかわかんないけど，そう思ったね ・それは，僕の考えてることに同情してくれたりすると，ほんと，言ってよかったなぁとか，いい友達がいてよかったなぁとか思う〈他にどんなことがありそう？〉え…っと，その人が，解決するために，何か手助けしてくれたり，「これやってやるよ」ってやってくれたりする ・〈先生に相談してみてどうだった？〉え，あの…少し安心した…え，聞いてくれるから，何か…（笑）…味方になってくれる人がいたんだなって思って…
	ネガティブな結果	・えー，相談して，何か「わかんない」とか，相談したのに「自分で考えれば」みたいに言われちゃうし，えーとか思って，そういうこと言わないでほしいなって… ・…何かの問題を，友達に話した時に，あの…自分と意見が違ったときとか，やだったなって ・うーん，たまに，わかってくれない時あるよね，ほんとにたまにだけど。泣いて説明してる時でも，うちが説明してるのをきいて，相談してるのを見てる時もあるんだけど，そう言う時に多分，冗談半分みたいな感じで意見言ったり
	秘密の漏洩	・部活のこととか，話しちゃうと色々広まったりするから ・うーん，ちゃんとね，話し聞いてくれてね，秘密とか守ってくれる時もあるんだけど，なんかみんなに言いふらされた時もあったかなぁ
相談回避の結果	ネガティブ結果の回避	・やっぱ，話さなくてよかったなぁって…多分（相談すると噂が）広まっちゃう
	充実感	・自分でやってるんで，やったあとの充実感はある ・乗り切れ，ますよ…なんか，ちょっと強くなった感じがする？
	問題の維持	・イライラしますね…えっと，そういう時には，えっと落ち着こうとして，とりあえず自分一人になって，ゲームとかやったりして…何か，そういう関連してるようなことがあると，たまに思い出しちゃうような感じ… ・えーと，自分で抱え込んじゃう方が多いですね…結果的にはやっぱりすぐに忘れるようにして，忘れるんですけど，思い出すときもあって…悪循環ですとか
	後悔	・後悔しますねやっぱり…言った方がよかったなって。 ・うーん，あとで，話しておけばよかったなぁって後悔するときもありますけど…

このカテゴリーは，いずれも友人への相談行動に関連する概念で構成されており，まず，相談相手には，「友人との関係」が考慮され，親しい友人が相談相手として選ばれる。同時に，相手に相談を受ける余裕があるかという「相手の状態への配慮」や，「プライベートな場面の選択」のように，相談に適した場面，状況への配慮がなされることが示された。

6．相談実行・回避の結果

　【相談実行・回避の結果】は，相談の実行・回避によって生じた結果についてのカテゴリーである。これは，『相談実行の結果』『相談回避の結果』という2つの小カテゴリーから構成されている。この【相談実行・回避の結果】には，【結果の予期】と内容の類似した概念が複数含まれている。しかしながら，【結果の予期】が相談の実行・回避の決定段階において予期される結果であるのに対し，【相談実行・回避の結果】は，実際の相談実行・回避によってもたらされた結果であるため，種類の異なるものであると言える。

　まず，悩みを相談した場合，気持ちが楽になったり，共感的な応答やアドバイスをもらったりするといった，「ポジティブな結果」がある一方，悩みを相談すると，話をちゃんと聞いてもらえなかったり，嫌なことを言われるといった「ネガティブな結果」や，相談内容が第三者に伝わってしまうという「秘密漏洩」なども生じていた（小カテゴリー『相談実行の結果』）。

　一方，相談を行わずに自身での対処を行った場合，秘密漏洩や否定的な応答が発生しないという「ネガティブな結果の回避」や，自身で問題に対処することによる充実感や，自分が強くなった感覚を得られるという「充実感」など，ポジティブな結果が発生していた。しかし一方で，なかなか問題の解決ができないという「問題の維持」や，相談をしておけばよかったという「後悔」など，ネガティブな結果も同様に発生していた（小カテゴリー『相談回避の結果』）。

　このように，相談を実行した場合，回避した場合ともに，ポジティブ・ネガティブ両方の結果が生じる可能性が示された。

第4節 考　察

1．中学生における相談生起の影響因

　分析の結果，相談の相手によって異なる部分はあるものの，基本的に，相談行動の実行・回避決定に際しては様々な結果の予期がなされることが明らかになった。予期されるこれらの結果のうち，【結果の予期】の『全般的な結果』における「ネガティブな応答」は，従来の援助不安に関連する概念であると考えられる。しかし一方で，予期される結果には，ネガティブな結果だけでなく，「ポジティブな応答」など，ポジティブな結果に関する概念も多く含まれていた。

　こうした予期される様々な結果は，本研究で扱う利益・コストに相当するものである。従って，相談行動生起の検討には，「援助不安」のような単一の視点でなく，利益・コストという多面的な視点が重要であると考えられる。

　また，【結果の予期】に含まれる概念を構成する発話には，過去の実際の被援助経験に基づいて結果の予期が行われていると理解できる部分も多く見られた（例：なんか，（他の人に）言われそう，あ，言わないって言ってるけど，何か前…（中略）…そのことを秘密にしといてって言わなかったことも悪かったけど，何か，それを，友達みたいな人に喋っちゃってそれがどんどん広まってっちゃったから）。こうした結果は，被援助に対する態度および動機づけは実際の援助・被援助経験の評価によって変容するという高木（1997）の議論と整合するものである。こうした結果からも，友人同士の相談行動を促進する上で，ピア・サポートなどのポジティブな被援助経験がポジティブな結果予期を促進する可能性が示唆される。

　以上のような知見は，悩みを相談したくてもそれを躊躇してしまうような生徒を支援する上で有効であると考えられる。しかしながら一方で，ただ安易な援助要請ばかりが奨励されるべきではない。というのも，援助要請をせずに，独力で問題解決を図ることも同時に重要なことだからである。実際，本研究の結果からも，相談をしないことによって「充実感」が得られることが示された。従って，必要な時には他者の援助を求めることの大切さを伝える一方で，独力での問題対処能力を高めるような援助も，同時に必要であると考えられる。

2．相談相手による結果予期の違い

　『友人への相談における特徴的な結果』として「同輩としての理解のしやすさ」「秘密漏洩」という2つの概念が得られたが，これらの2点はいずれも，同輩同士の援助活動であるピア・サポートにおいて強調されている点である(Cowie & Sharp, 1996)。すなわちこうした「同輩としての理解のしやすさ」は，ピア・サポートの有効性の根拠としてしばしば挙げられることである。

　先生や親など，『大人への相談における特徴的な結果』では，「大人ゆえの解決能力」が期待される一方で，「上の立場からの発言や助言」「大事になる可能性」といったネガティブな部分も予期されていた。人生経験も豊富な大人の視点は，問題解決につながりやすいという認知がある一方で，ともすれば「上の立場からの発言や助言」となる危険性があり，相談を躊躇する要因となっているようである。特に「大事になる可能性」は，『友人への相談における特徴的な結果』における「秘密漏洩」と同様，相談内容が第三者に知られることへの懸念を含むものである。そのため，例え問題解決のための善意であったとしても，相談者以上に大人が問題を重大なことと捉え，他者に情報を伝えることは，中学生にとって好ましくないと判断される危険性がある。

　このように，「上の立場からの発言や助言」にせよ，「大事になる可能性」にせよ，中学生は「対等でない立場」として扱われたり，自身が考えるよりも悩みを過大に扱われたりするなど，自分自身が尊重されないことを好ましくないと感じている。これは何も中学生に限ったことではないであろうが，思春期初期の心性を考えると，中学生においては特に考慮する必要がある点であると考えられる。勿論，実際に年齢も立場も異なる者が，中学生と完全に対等な立場になる必要はないであろう。しかしながら，大人が中学生から悩みの相談を受ける場合，相談者である生徒を一個人として尊重しながら，相談者の視点で悩みに取り組む姿勢が特に求められると言える。従って，教師や親が相談を受けた場合，情報を必要以上に他者に伝えたりはせず，また伝える場合も，本人の了承をとるということは，基本的な事項として徹底する必要があろう。

　また，大人への相談によるネガティブな結果予期を低減させるためには，日ごろから，相談者である生徒を一個人として尊重しながら，相談者の視点で悩

みに取り組む姿勢や，相談を受けた際の秘密の扱い方などを示すことが必要であると考えられる。

第3部　尺度の作成

第7章 研究3 援助要請意図を測定する尺度の作成

第1節 目 的

　研究3の目的は，(a) 中学生の友人に対する援助要請意図を測定する質問紙式の尺度（相談行動尺度）を作成し，尺度の妥当性・信頼性の検討を行い，それに加えて (b) 尺度得点の群間比較を行い，性差や学年差，悩みの経験による差の検討を行うことである。

　作成する尺度は，ISCIやGHSQのように，特定の問題を提示し，その問題が発生した場合に相談をするかどうかを尋ねる形式のものとする。提示する問題としては，研究1と同様石隈・小野瀬（1997）による中学生の抱やすい援助ニーズを用いる。調査の中で石隈・小野瀬（1997）は，援助ニーズの種類として「心理・社会的問題」「学業的問題」「進路的問題」の3種類を挙げているが，この内「学業的問題」「進路的問題」は因子分析の結果一つの因子にまとまっていることから，本研究で作成する尺度も，「心理・社会的問題」と「学業・進路的問題」の2種類を想定する。また作成する尺度については，回答する中学生の負担や実用的な面を考慮し，なるべく簡便なものを作成する。

　尺度の信頼性には，α係数による内的整合性および，再検査信頼性を検討する。また尺度が妥当性をもつものであるためには，尺度の得点が実際の相談の頻度を反映している必要がある。つまり，過去に実際の相談経験をもつ者の方が，そうでない者よりも尺度の得点が高くなければならない。従って項目選定の際には，尺度の得点と過去の相談経験が関連をもつもののみを採用することとする。また，尺度の構成概念妥当性を検討するため，コーピングの一方略であるサポート希求との関連を検討する。第1章でも述べた通りサポート希求と援助要請は非常に近い概念であることから，本研究で作成する援助要請意図の尺度の得点はサポート希求の得点との間に正の相関をもつことが予測される。

　また，実践にあたっての中学生の援助要請傾向の把握や，今後の研究への示

唆を得るために，作成された尺度の得点を用いて性差や学年差，悩みの経験による差の検討を同時に行う。研究1では悩みの経験と相談経験ともに男子より女子の方が得点は高くなっており，相談行動の性差が悩みの経験の性差を反映しているに過ぎない可能性がある。そのため本研究では，悩みの経験を考慮した上で，援助要請意図の性差・学年差を検討する。

第2節　方　法

調査協力者　関東地方の公立中学校5校の中学生251名（1年生：男子28名，女子36名，2年生：男子45名，女子53名，3年生：男子51名，女子38名）が調査に参加した。その内，欠損値の複数あった5名を除く246名（1年生：男子27名，女子36名，2年生：男子44名，女子53名，3年生：男子48名，女子38名）のデータを分析対象とした。

調査時期と手続き　調査時期は2004年6〜7月であった。また，学校への依頼・説明の方法と実施の手続きについては研究1と同様であった。

質問紙の構成（質問紙を資料3に添付）

①：過去の悩みの相談経験　石隈・小野瀬（1997）による「心理教育的援助に対する中学生の抱えるニーズ」の中から，心理社会的問題から10項目，進路的問題と学業的問題からそれぞれ5項目を中学生の悩んだ経験の高い順に選択し，それぞれについて，「過去一年で，以下のようなことで悩み，友達に相談したことはありますか？」と尋ね，それぞれについて，「相談したことがある」「相談したいと思ったがしなかった」「相談したことがない」「このことで悩んだことがない」の4つの項目の中から当てはまるものを選択するよう求めた。

②：相談行動尺度　①と同様の20の悩みを提示し，それぞれにの悩みについて，「もし，あなたが以下のことで悩み，その悩みを自分ひとりでは解決できなかったとしたらその悩みを友達に相談すると思いますか？」と尋ね，「1：相談しないと思う」〜「5：相談すると思う」の5件法で回答を求めた。

③：サポート希求　三浦・坂野（1996）の中学生用コーピング尺度の因子の内，人にサポートを求める程度である「サポート希求」の因子を用いた。中学生用コーピング尺度は，ストレッサーが「学業」である場合と「友人との関係」

である場合のそれぞれで，因子構造が若干異なっている。そのため本研究では，「学業」の因子分析結果と「友人との関係」の因子分析結果の両方で「サポート希求」に分類された項目6項目のみを用い，「1：よくする」～「4：全くしない」の4件法で回答を求めた。

第3節 結　果

1．尺度項目の選定と妥当性

設定した20項目に対し，主因子法プロマックス回転による因子分析を行った結果，3因子解が得られた（Table 7-1）。この内，第3因子に負荷量が高かった項目は，項目5と14のみであったため，この2項目は削除した。また，どの因子にも負荷量が.40に満たない項目15，複数の因子に.40以上の負荷量のある項目16を削除した。第1因子の項目は，全て石隈・小野瀬（1997）の心理・社会的問題に由来することから，第1因子は「心理・社会的問題の援助要請意図」と名づけられた。第2因子の項目は，学業的問題，進路的問題に由来することから，「学習・進路的問題の援助要請意図」と名づけられた。

次に，この相談行動尺度と実際の相談の頻度との関連を検証するため，一度，2つの因子それぞれに対応する項目の回答の平均を算出し，その値と「過去の悩みの相談経験」との関連を検討した。具体的には，「心理・社会的問題の援助要請意図」を構成する悩みの項目における，「過去の悩みの相談経験」への回答を独立変数とし，「心理・社会的問題の援助要請意図」得点を従属変数とする分散分析を，悩みの項目ごとに実施した。

「心理・社会的問題の援助要請意図」得点においては9項目分9回の，「学習・進路的問題の援助要請意図」においては7項目分7回の1要因分散分析を行った。その際，項目を選定する基準として「このことで悩んだことがない」を除く3群において，「相談したことがある」と回答した群の平均点が「相談したいと思ったが，しなかった」「相談したことがない」のいずれかに回答した群の平均点よりも高くなること（基準1）。少なくとも，「相談したことがある」と回答した群の得点が，「相談したことがない」と回答した群の得点よりも有意に高いこと（基準2），という2つを設定した。その結果（Table7-2, 7-3），「心

Table 7-1 相談行動尺度のパターン行列

項目	1回目の分析結果			最終的な結果	
	因子Ⅰ	因子Ⅱ	因子Ⅲ	因子Ⅰ	因子Ⅱ
1．自分の性格や容姿（ようし）で気になることがあるとき	.70	.01	−.05	.66	.03
2．なぜかひどく落ち込んだり逃げ出したい気分におそわれたとき	.79	−.10	.04	.74	−.02
3．友だちとのつき合いがうまくいかなかったり，友だちがいないとき	.75	−.05	.12	.80	.04
4．学校に行くのがつらくなったり，行きたくなくなったりしたとき	.75	−.05	.04	.78	−.05
6．自分の性格や自分の身体の変化などを知りたいとき	.50	.22	−.05		
7．友だちとのつき合いをうまくやれるようにしたいと思うき	.64	.05	.14	.75	.08
8．自分の性や異性との交際のことで悩みがあるとき	.51	−.03	.21	.57	.01
9．学校あるいは学級になじめないとき	.74	.00	.10	.78	−.01
10．自分の家庭のことで心配や悩みがあるとき	.67	−.07	−.03		
11．もっと成績を伸ばしたいとき	−.22	.85	.15	−.03	.85
12．自分にあった勉強方法が知りたいとき	−.27	.96	.09	−.12	1.02
13．意欲がわかず，勉強する気になれないとき	−.02	.71	.06	.17	.57
15．授業の内容がわからなくてついていけないとき	.15	.34	.23		
16．自分の能力，長所，適正を知りたいとき	.47	.43	−.18		
17．自分の将来の職業，自分の生き方，進路に助言がほしいとき	.32	.61	−.18		
18．自分の進学や就職先の選択についてもっと情報がほしいとき	.34	.50	−.04		
19．進学や就職のための勉強や準備にやる気が起きないとき	.13	.71	−.06	.26	.48
20．自分の内申書にどんな内容のことが書かれているのか気になるとき	.35	.46	.00		
5．担任や部活動の先生に対して不満があるとき	.12	−.02	.70		
14．教科の先生の接し方や教え方に不満があるとき	.09	.12	.64		

理・社会的問題の援助要請意図」では，基準1を満たさなかった項目6と，基準2を満たさなかった項目10が，「学習・進路的問題の援助要請意図」では，基準1を満たさなかった項目18と20の計4項目が削除された。

　残った12項目に対し，同様の因子分析を行ったところ，項目17のみどちらの因子にも負荷量が0.4に満たなかった。この項目17を削除して再度因子分

第 3 節 結 果

Table 7-2 相談経験別の尺度得点（心理・社会的問題の援助要請意図）

項目番号	1 相談したことがある Mean SD	2 相談したいと思ったが相談しなかった Mean SD	3 相談しなかった Mean SD	4 このことで悩んだことがない Mean SD	平均点の順位	分散分析結果
1.	3.34 (0.88)	3.11 (0.86)	2.44 (0.88)	2.36 (1.11)	○	1, 2>3, 4**
2.	3.36 (0.75)	2.89 (1.05)	2.57 (0.92)	2.27 (1.01)	○	1>3, 4** 2>4*
3.	3.28 (0.81)	2.75 (0.92)	2.45 (0.93)	2.37 (1.02)	○	1>3, 4** 1>2†
4.	3.32 (0.88)	3.19 (1.08)	2.48 (0.88)	2.47 (1.00)	○	1, 2>3, 4**
6.	3.12 (0.97)	3.23 (0.99)	2.56 (0.83)	2.46 (1.05)	2>1>3>4	1>3, 4** 1>3† 2>4** 2>3†
7.	3.36 (0.90)	3.20 (0.85)	2.40 (0.86)	2.30 (0.99)	○	1, 2>3, 4**
8.	3.40 (0.80)	3.18 (0.94)	2.63 (0.96)	2.30 (0.94)	○	1>3, 4** 2>4**
9.	3.36 (0.97)	3.31 (0.91)	2.53 (0.98)	2.48 (0.97)	○	1>3, 4** 2>4** 2>3*
10.	3.18 (1.13)	3.02 (0.89)	2.68 (0.91)	2.49 (1.01)	○	1>4**

○は平均値の順が1>2>3>4であったことを示す
†p<.10, *p<.05, **p<.01

Table 7-3 相談経験別の尺度得点（学習・進路的問題の援助要請意図）

項目番号	1 相談したことがある Mean SD	2 相談したいと思ったが相談しなかった Mean SD	3 相談しなかった Mean SD	4 このことで悩んだことがない Mean SD	平均点の順位	分散分析結果
11.	3.15 (1.09)	3.08 (0.89)	2.53 (0.95)	2.16 (0.98)	○	1>3, 4** 2>4** 2>3*
12.	3.23 (1.02)	3.14 (0.84)	2.49 (0.94)	2.16 (1.01)	○	1, 2>3, 4**
13.	3.62 (0.99)	2.83 (0.91)	2.66 (0.93)	2.23 (1.06)	○	1>2, 3, 4** 2, 3>4*
17.	3.24 (0.95)	3.47 (0.83)	2.37 (0.96)	2.46 (1.02)	○	1>3* 1>4** 2>4**
18.	3.24 (0.95)	3.47 (0.83)	2.37 (0.96)	2.46 (1.02)	2>1>4>3	1>3, 4** 2>3, 4**
19.	3.81 (0.92)	3.42 (0.80)	2.59 (0.91)	2.50 (1.09)	○	1, 2>3, 4**
20.	3.26 (1.07)	3.40 (0.83)	2.57 (0.99)	2.50 (1.03)	2>1>3>4	1>3* 1>4** 2>3, 4**

○は平均値の順が1>2>3>4であったことを示す
†p<.10, *p<.05, **p<.01

析を行った結果，全ての項目で0.4以上の負荷量が得られた。因子の寄与率，α係数ともに当初の因子分析とほぼ変化がないことから，最終的に「心理・社会的問題の援助要請意図」7項目，「学習・進路的問題の援助要請意図」4項目の計11項目を採用した。また，両因子の因子間相関は.53であった。

最後に，尺度の構成概念妥当性検証のため，尺度の各得点とサポート希求との相関係数を算出した。その結果，「心理・社会的問題の援助要請意図」および「学習・進路的問題の援助要請意図」それぞれのサポート希求との相関係数は.50,.32であり，いずれも1パーセント水準で有意であった。以上の結果は予測を支持するものであった。

2．尺度の信頼性

両下位尺度の最終的なα係数は，「心理・社会的問題の援助要請意図」が.89,「学習・進路的問題の援助要請意図」が.86であり，本尺度は十分な内的整合性をそなえていると言える。また，再検査信頼性を検討するため，別の群73名（1年生：男子11名，女子11名：2年生，男子12名，女子13名，3年生：男子10名，女子16名）を対象に，2週間の間隔をおいてこの尺度を2度実施したところ，再検査信頼性の値は「心理・社会的問題の援助要請意図」が.64,「学習・進路的問題の援助要請意図」が.62であり，一定の値が示された。

3．尺度得点の性差と学年差

最後に，最終的に得られた相談行動尺度の得点について性差及び学年差の検討を行った。また研究1において，相談経験だけでなく悩みの経験も，男子より女子の方高いことが明らかになっている。そこでまず，各回答者が「過去の悩みの相談経験」において「このことで悩んだことがない」を選択しなかった項目数を数え，その合計を各回答者の悩みの経験量とした。Table 7-4に，学年・男女別の悩みの経験の記述統計を示す。「心理・社会的問題の悩みの経験」の平均は3.81（得点範囲：0～7），「学習・進路的問題の悩みの経験」の平均は2.82（得点範囲：0～4）であった。

ここで得られた悩みの経験に対して学年(3)×性別(2)の2要因分散分析を行った。その結果，「心理・社会的問題の悩み経験（$F(1, 241) = 34.34, p < .01$）」

第3節 結　果

Table 7-4　悩みの経験の性差・学年差

	女子 n=127 Mean SD	男子 n=119 Mean SD	1年生 n=63 Mean SD	2年生 n=97 Mean SD	3年生 n=86 Mean SD	全体 N=246 Mean SD
心理・社会的問題	4.68 (2.08)	2.91 (2.52)	3.70 (2.17)	3.96 (2.55)	3.73 (2.60)	3.81 (2.47)
学習・進路的問題	2.93 (1.22)	2.70 (1.48)	2.51 (1.42)	2.99 (1.22)	2.84 (1.41)	2.82 (1.35)

Table 7-5　性別および悩み経験の経験による援助要請意図の差

	女子 Mean SD	男子 Mean SD	悩み高群 Mean SD	悩み低群 Mean SD	全体 Mean SD	分散分析結果
心理・社会的問題	3.08 (1.04)	2.39 (1.01)	3.06 (1.04)	2.36 (1.00)	2.74 (1.08)	高群＞低群　p＜.01 女＞男　p＜.01
学習・進路的問題	2.82 (1.13)	2.74 (1.14)	2.99 (1.10)	2.39 (1.10)	2.78 (1.13)	高群＞低群　p＜.01

において性別の主効果が有意であり，研究1と同様，女子の方が男子より悩みを多く経験していることが示された。また，「学習・進路的問題の悩みの経験」には学年×性別の交互作用が見られ（$F(2, 241)=3.07$, $p<.05$），単純主効果検定の結果，3年生においてのみ，女子の得点が男子よりも高かった（$Mean=3.24$, $SD=1.00$ vs. $Mean=2.55$, $SD=1.60$）。また，女子においてのみ，1年生の得点が，2，3年生よりも低かった（1年生；$Mean=2.33$, $SD=1.37$, 2年生；$Mean=3.11$, $SD=1.12$, 3年生；$Mean=3.24$, $SD=1.00$）。

このように悩みの経験においても性差や学年差が見られたことから，援助要請意図の性差と学年差を検討する上では，悩みの経験量も考慮する必要があると考えられる。そこで，この悩み経験の経験が平均以上である群を悩み高群，平均以下である群を悩み低群とし，心理・社会的問題と学習・進路的問題それぞれにおいて群分けを行った。そしてまず，「心理・社会的問題の援助要請意図」得点を従属変数とし，学年(3)×性別(2)×心理・社会的問題の悩みの高低(2)の3要因分散分析を行った（Table7-5）。その結果，性別と悩みの高低の主効果が有意であり（それぞれ $F(1, 234)=14.67$, 12.63, いずれも $p<.01$），男性よりも女性の方が，また経験する悩みの経験が高い方が得点が高かった。同

様に,「学習・進路的問題の援助要請意図」得点を従属変数とし,学年(3)×性別(2)×学習・進路的問題の悩みの高低(2)の3要因分散分析を行った。その結果,悩みの高低の主効果のみ有意であり($F(1, 234) = 13.43$, $p < .01$),経験する悩みの経験が高い方が得点が高かった。

第4節 考　察

1．相談行動尺度の信頼性・妥当性

　本研究で作成された尺度は,「心理・社会的問題の援助要請意図」と「学習・進路的問題の援助要請意図」という2つの因子から構成されており,石隈・小野瀬（1997）による中学生の援助ニーズと同様の因子構造をもつものであった。また,項目には過去の相談経験を反映したもののみを採用しており,「心理・社会的問題の援助要請意図」得点と,「学習・進路的問題の援助要請意図」得点はいずれも,サポート希求との間に予想された通り正の相関が見られた。また尺度の信頼性を検討した結果,高い内的整合性が示され,再検査信頼性についても一定の値が示された。従って本研究で作成された相談行動尺度は,信頼性・妥当性ともにある程度そなえた尺度であると考えられる。

　本尺度は簡便化を図るため,元々用意した20項目のうち,9項目が削除された。そのため,提示する悩みの種類は,中学生の援助ニーズを網羅したものではない。しかし,20項目全てに対する因子分析と,採用した11項目のみに対する因子分析では,ほぼ同様の因子構造が見られたことから,この11項目で,中学生の援助要請意図を代表させることは不適切ではないと考えられる。

2．各得点の分散分析結果

　各得点に対する分散分析の結果,心理・社会的問題における悩みの経験と援助要請意図は,いずれも男子より女子の方が得点は高く,この結果は研究1と一致するものであった。こうした差は,悩み経験の高低を独立変数として含めた上でも見られたことから,援助要請の性差は悩み経験の性差のみに由来する訳ではないと考えられる。

　一方,「学習・進路的問題の援助要請意図」得点には,有意な性差は見られな

かった。先行研究においても，援助要請に性差が見られないことは時折報告されるが，これには幾つかの可能性が考えられる。第1の可能性としては，学習・進路的問題の相談については女子も男子と同等に程度が低いという可能性である。Newman & Goldin（1990）は，女子は男子よりも成功しようという期待が低く，学業的な援助要請を躊躇すると論じており，実際，算数に関する学業的援助要請において，男子よりも女子の方が，援助要請によるネガティブな反応に関心を示していたことを報告している。現在のわが国での学習に対する社会的な要求については検討が必要であるが，このような要因が援助要請意図の性差に影響している可能性がある。

　もう一つの可能性としては，学習・進路的問題については，男子も女子と同等に相談の傾向が高いという可能性が挙げられる。Addis & Mahalik（2003）は，「何かに困って援助要請をすることは，決して特別なことでなく，誰もが行っている普通のこと」，というように一般的な援助要請の文脈を変化させることで，男性の援助要請を促すことができるのではないかと論じている。学校生活の中では，お互い勉強について苦戦していることは多くの生徒にとって自明のことである。もし，学習・進路的問題で悩むことは心理・社会的問題で悩むことよりも一般的なこととして認識されているならば，それによって，男子も女子と同程度に学習・進路的問題の悩みを相談できるようになっている可能性がある。

第8章 研究4 利益・コストの予期を測定する尺度の作成

第1節 目　的

　本研究では，援助要請における利益・コストの予期を測定するための尺度（相談行動の利益・コスト尺度）を作成し，その信頼性・妥当性を検討する。加えて研究3と同様，今後の資料とするため，得点の性差および学年差を検討する。

　過去の研究で用いられてきた援助要請に関する尺度では，研究者が独自に因子を想定し，項目を作成したものが多い。しかしながら，援助要請者側の視点に基づいた尺度の作成の重要性も，一部では指摘されてきた（Rochlen et al., 1999）。従って尺度の作成に際してはまず，中学生に対する自由記述調査によって項目を収集し，尺度に取り入れる作業を行う。

第2節　予備調査　目的

　予備調査ではまず，自由記述による質問紙調査を実施し，尺度項目の候補を収集する。質問紙では，相談を実行した場合と回避した場合それぞれの，ポジティブな結果，ネガティブな結果それぞれを尋ねる。また，相談の実行・回避の理由も同時に尋ね，相談の実行・回避の結果と，行動決定前の予期との対応を確認する。

第3節　予備調査　方法

　調査協力者　　関東地方の公立中学校の中学生205名（1年生：男子33名，女子35名，2年生：男子40名，女子35名，3年生：男子32名，女子30名）が調査に参加した。

調査時期と手続き　　調査時期は 2004 年 7 月であった。また，学校への依頼・説明の方法と実施の手続きについては研究 1 と同様であった。

質問紙の構成　　質問紙では以下 3 種類を基本的な質問項目として用意した。しかし，中学生に多くの自由記述を要求することは負担となることが考えられたため，研究 1 と同様，調査項目を分割し，複数種の質問紙を用意した。すなわち，質問紙 A，質問紙 B，質問紙 C という 3 種類の質問紙を用意し，質問紙 A では①と②を，質問紙 B では①と③を，質問紙 C では②と③をそれぞれ尋ねた。質問紙 A，質問紙 B，質問紙 C それぞれの回答者数は，67 名（男子 37 名，女子 30 名），67 名（男子 32 名，女子 35 名），71 名（男子 31 名，女子 40 名）であった（資料 4 に質問紙を添付）。

　また，質問紙 C のみ質問項目が 1 つ多くなることから，質問紙 A には，③—1 の「あなたは今までに友達に悩みごとや困ったことを相談しようと思ったが，相談するのをやめたことはありますか？　その経験がある人は，どのような理由で悩みを相談するのをやめましたか？」という質問を追加した。質問紙 B には，②—1 の「あなたは今までに友達に悩みごとや困ったことを相談したことはありますか？　その経験がある人は，どのような理由で悩みを相談しようと思いましたか？」という質問を追加した。

　①：相談に対するポジティブな面，ネガティブな面の認知　　相談に対するポジティブな面については「①—1：友達に悩みごとや困ったことを相談すると，何か「よいこと」があると思いますか？」と尋ねた。また，ネガティブな面については「①—2：友達に悩みごとや困ったことを相談すると，何か「いやなこと」があると思いますか？」と，自由記述で尋ねた。

　②：友人への相談経験の有無とその理由・結果　　過去の友人に対する実際の相談経験とその結果を尋ねた。まず，「あなたは今までに友達に悩みごとや困ったことを相談したことはありますか？」と尋ね，相談した経験のある場合は，「②—1：あなたは，どのような理由で相談しようと思いましたか？」という相談をした理由と，「②—2：相談した結果，何か「いいこと」や「相談してよかったと思うこと」はありましたか？」「②—3：相談した結果，何か「いやなこと」や「相談しなければよかったと思うこと」はありましたか？」という相談行動の結果を自由記述で尋ねた。

③：友人への相談回避経験の有無とその理由・結果　過去の友人に対する実際の相談回避の経験とその結果を尋ねた。まず,「あなたは今までに友達に悩みごとや困ったことを相談しようと思ったが,相談するのをやめたことはありますか?」と尋ね,相談をやめた経験のある場合は,「③―1：あなたは,どのような理由で相談するのをやめましたか?」という相談をやめた理由と,「③―2：相談するのをやめた結果,何か「いいこと」や「相談しなくてよかったと思うこと」はありましたか?」「③―3：相談するのをやめた結果,何か「いやなこと」や「相談すればよかったと思うこと」はありましたか?」という相談回避の結果を自由記述で尋ねた。

第4節　予備調査　結果

1．分類の方法

得られた記述を集計した結果,①―1では121項目,①―2では86項目,②―1では88項目,②―2では85項目,②―3では55項目,③―1では90項目,③―2では27項目,③―3では24項目,計576の記述が得られた。この内,「②―1：あなたは,どのような理由で相談しようと思いましたか?」の項目では,相談した悩みの内容に関する記述が54項目あり,これらは直接の理由ではないとして,分析の対象から除外した。

残された522項目を分類の対象とし,筆者を含まない大学院生4名による分類を行った。分類は,(a) ほぼ同じ内容の記述をまとめる,(b) 非常に個別的な内容の記述は削除する,という2つの基準に基づいて行われた。また,そうして洗練されていった記述に対し,(a) 類似した内容同士をまとめ,一つの小カテゴリーを作る,そして,(b) 関係する小カテゴリー同士をまとめ,さらに大カテゴリーを作る,という方法で分類を進めていった。

2．分類の結果

分類の結果,得られた記述は『相談行動に対するポジティブな側面』『相談行動に対するネガティブな側面』『相談回避の結果』という大きく3種類に分類された。

『相談行動に対するポジティブな側面』は，「①—1：友達に悩みごとや困ったことを相談すると，何か「よいこと」があると思いますか？」「②—1：あなたは，どのような理由で相談しようと思いましたか？」「②—2：相談した結果，何か「いいこと」や「相談してよかったと思うことはありましたか？」の3つの項目の記述が含まれており，大きく『相談する理由には含まれていたが，相談の結果には含まれていなかったもの』『相談する理由，相談の結果の両方に含まれていたもの』『相談の結果には含まれていたが，相談する理由には含まれていなかったもの』という3つの大カテゴリーから構成されていた（Figure 8-1）。

『相談する理由には含まれていたが，相談の結果には含まれていなかったもの』には，「口が堅くて信頼できる」といった記述からなる『秘密の保持』というカテゴリーが含まれていた。『相談する理由，相談の結果の両方に含まれていたもの』には，「真剣に考えてくれた」といった記述からなる『情緒的サポート』，「気持ちがスッキリする」といった記述からなる『情緒的結果』，「よい意

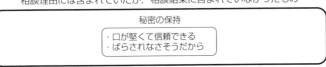

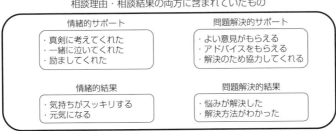

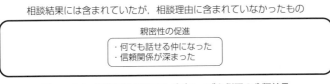

Figure 8-1　相談行動に対するポジティブな側面の分類結果

見がもらえる」といった記述からなる『問題解決的サポート』,「悩みが解決した」といった記述からなる『問題解決的結果』という4つのカテゴリーが含まれていた。そして,『相談の結果には含まれていたが,相談する理由には含まれていなかったもの』には,「何でも話せる仲になった」といった記述からなる『親密性の促進』というカテゴリーが含まれていた。

　『相談行動に対するネガティブな側面』は,「①─2:友達に悩みごとや困ったことを相談すると,何か「いやなこと」があると思いますか?」「②─3:相談した結果,何か「いやなこと」や「3:相談しなければよかったと思うこと」はありましたか?」「③─1:あなたは,どのような理由で相談するのをやめましたか?」の3つの項目の記述が含まれており,大きく『相談回避の理由には含まれていたが,相談の結果には含まれていなかったもの』『相談回避の理由,相談の結果の両方に含まれていたもの』という2つの大カテゴリーから構成されていた(Figure 8-2)。

　この『相談行動に対するネガティブな側面』は,記述の種類が最も多く,カテゴリーの数も多かったため,大カテゴリーと小カテゴリーの間に中カテゴリーが設定された。『相談回避の理由には含まれていたが,相談の結果には含まれていなかったもの』は,大きく分けて『文脈要因』と『その他の要因』という2つの中カテゴリーから成り,『文脈要因』には,「話しづらい内容だった」といった記述からなる『悩みの特性』,「相手の機嫌が悪かった」といった記述からなる『状況』という2つの小カテゴリーが含まれていた。『その他の要因』は,「うまく説明できるか不安」といった記述からなる『スキルの問題』「相手に迷惑な気がした」といった記述からなる『相手への気遣い』,「言うのが恥ずかしい」といった記述からなる『恥ずかしさ』,「自分で解決しようと思った」といった記述からなる『自助努力』という4つの小カテゴリーが含まれていた。

　『相談回避の理由,相談の結果の両方に含まれていたもの』は,大きく分けて『対他的要因』と『無効性』という2つの中カテゴリーからなり,『対他的要因』には「嫌なことを言われる」といった記述からなる『否定的応答』,「真剣に聞いてもらえない」といった記述からなる『関心の低さ』,「秘密にしてもらえない」といった記述からなる『秘密漏洩懸念』,「意見が合わないことがある」といった記述からなる『意見の相違』という4つのカテゴリーが含まれていた。

相談回避理由には含まれていたが，相談結果に含まれていなかったもの

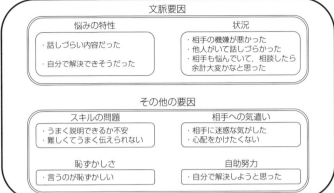

相談回避理由・相談結果の両方に含まれていたもの

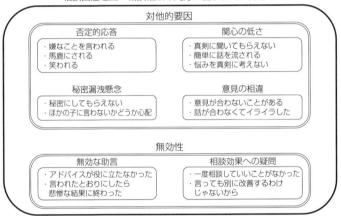

Figure 8-2　相談に対するネガティブな側面の分類結果

『無効性』には，「アドバイスが役に立たなかった」といった記述からなる『無効な助言』，「一度相談していいことがなかった」といった記述からなる『相談効果への疑問』という2つのカテゴリーが含まれていた。

また，『相談回避の結果』は，「③—2：相談するのをやめた結果，何か「いいこと」や「相談しなくてよかったと思うこと」はありましたか？」「③—3：相談するのをやめた結果，何か「いやなこと」や「相談すればよかったと思うこと」はありましたか？」の2つの項目の記述が含まれており，『相談回避のポ

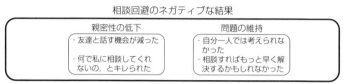

Figure 8-3　相談回避の結果に対する分類結果

ジティブな結果』と『相談回避のネガティブな結果』という2つの大カテゴリーから構成されていた（Figure 8-3）。

『相談回避のポジティブな結果』には，「噂にならずにすんだ」といった記述からなる『秘密漏洩の回避』，「心配をかけずにすんだ」といった記述からなる『気遣いの回避』，「一人で解決できた」といった記述からなる『問題の解決』という，3つのカテゴリーが含まれていた。そして，「相談回避のネガティブな結果」には，「友達と話す機会が減った」といった記述からなる『親密性の低下』，「自分一人では考えられなかった」といった記述からなる『問題の維持』という，2つのカテゴリーが含まれていた。

第5節　予備調査　考察

1．分類の結果について

研究2で得られたカテゴリー（Figure 6-1）で，友人への相談に関するものは，全て今回の調査においても得られた。一方，今回得られた『相談相手との親密化』『スキルの問題』といったカテゴリーは，研究2の面接調査では得られなかったものである。もともと研究2には，対象となる人数が少なかったことや，希望者のみを調査の対象としたことなど，結果に対する限界点があったが，今回は多くの人数を調査の対象としたことから，比較的出現頻度の少ない要因についてもカテゴリーとして現れたのだと考えられる。

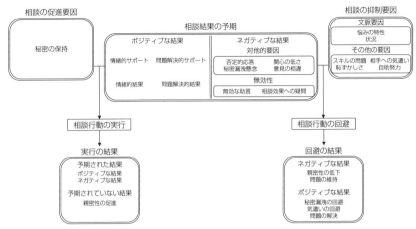

Figure 8-4　分類結果の全体図

　本研究において分類されたカテゴリーを一つの図に表すと Figure 8-4 のように示すことができる。すなわち，相談の前には「相談行動の促進要因」「相談行動の抑制要因」「相談結果の予期」の3つが意識され，相談行動の実行，あるいは相談行動の回避がなされるというものである。

　相談行動を実行する理由と示されたものは，「秘密を守ってもらえそうだから」という『秘密の保持』と，ポジティブな結果予期であった。また，相談行動を実行することによって実行前には予期されなかったような，『親密性の促進』という要因も示された。

　一方，相談回避の理由として得られたものは，『文脈要因』『その他の要因』と相談実行によるネガティブな結果である『対他的要因』『無効性』という2種類の結果の予期であった。また，相談を回避することによって，ネガティブ，ポジティブ併せて5種類の結果が生じていた。

　現れる要因のバリエーションは多少異なるものの，以上の結果は概ね研究2の結果と同様のものである。すなわち，相談実行・回避の結果を予期することは相談実行・回避の決定に影響していた。また，相談実行のコストの中の『対他的要因』に含まれる『否定的応答』や『秘密漏洩』などは研究2における結果の予期の中でも見られたものと同様の要因である。

　高木（1997）のモデルでは，援助要請の意思決定において「援助要請実行の

利益・コスト」「援助要請回避の利益・コスト」が考慮されるとされている。調査の結果をこのモデルにあてはめてみると，「援助要請実行の利益」には，相談によるポジティブな結果があてはまり，「援助要請実行のコスト」には，相談によるポジティブな結果があてはまると考えられる。「援助要請回避の利益」には，相談行動回避のポジティブな結果，および相談行動抑制要因の内の『自助努力』があてはまり，「相談回避のコスト」には，相談行動回避のネガティブな結果があてはまると考えられる。つまり，この調査の結果は，概ね高木（1997）がモデルで仮定したものと同様の結果であると言える。

2．尺度に使用する項目

　作成する利益・コスト尺度の項目の候補はこれら分類の結果を基本として用いる。すなわち「相談結果の予期」の記述は，「援助要請実行の利益・コスト」として用いる。また，相談回避の結果である『問題の維持』は，相談行動の実行，回避の理由には挙げられていなかったが，高木（1997）における「援助要請回避のコスト」に対応するものであることから，項目の候補として用いることにする。

　ただし，「相談行動の抑制要因」内の『自助努力』の記述は，厳密には援助要請回避の利益とは呼ぶことができない。「悩んでも，人に相談するより自分で解決したい」「困った時は人に頼るより，自分で何とかする方がよい」といった記述は，いずれも援助要請を回避の方向へ動機づける要因ではあるものの"結果の予期"ではない。そのため，より具体的に「援助要請回避によるポジティブな結果予期」を尋ねる項目に変更する必要がある。具体的には研究2で得られたような「充実感」のように，相談しないことによる満足感や充実感などが，援助要請回避によるポジティブな結果に該当すると考えられる。そこで，援助要請回避の利益については，「自助努力による充実感」に該当する項目を新たに作成して用いる。

　また援助要請実行のコストについては，先行研究（Table 2-3）で見られた『評価の低下』が得られていない。勿論，本研究では「中学生の実態に即した視点」から研究を行うことを目的としているため，あえて『評価の低下』を加える必要がある訳ではない。しかしながら悩みを相談することによる自己評価の

低下は，第2章1節で述べたセルフスティグマに類する要因であると考えられ，こうした変数は援助要請を抑制するというという報告も多い (e. g., Vogel et al., 2006)。そのため，先行研究における知見との比較という意味で，補助的に『評価の低下』に関する要因を尺度に含めることは，意義があると考えられる。以上に基づき，自由記述で得られた項目に，理論上想定される項目を若干追加し，利益・コスト尺度の項目候補として尺度の作成を行う。

第6節　本調査　目的

　本調査では，予備調査の結果に基づいて利益・コスト尺度を作成し，信頼性，妥当性を検討する。また，研究3と同様，作成された尺度の得点について，性差および学年差を検討する。

　尺度の信頼性としては，α係数による内的整合性を検討する。尺度の妥当性としては，研究3で作成した相談行動尺度，研究3でも使用したサポート希求（三浦・坂野，1996），被援助志向性尺度（田村・石隈，2001）との関連を検討し，構成概念妥当性を検討する材料とする。

　具体的に想定される仮説は以下の通りである。まず，援助要請を理論上促進すると考えられる「援助要請実行の利益」および「援助要請回避のコスト」は，過去に援助要請を行った経験のある者の方が高く，「援助要請意図」「サポート希求」「被援助志向性」と正の関連を示すと考えられる。また，援助要請を理論上抑制すると考えられる「援助要請実行のコスト」および「援助要請回避の利益」は，過去に援助要請を回避した経験のあるものの方が高く，「援助要請意図」「サポート希求」「被援助志向性」と負の関連を示すことが予想される。

　さらに，尺度を評価する観点として，尺度の下位尺度同士が，理論上整合する関連を示すかどうかという視点がある（Messick, 1995）。そこで本研究においても，利益・コスト尺度の因子間の関連を検討し，尺度を評価する材料とする。本尺度で想定している要因は「援助要請実行の利益」「援助要請実行のコスト」「援助要請回避の利益」「援助要請回避のコスト」の4つであるが，この内，「援助要請実行の利益」「援助要請回避のコスト」はそれぞれ援助要請に対しポジティブな方向性をもっている。一方，「援助要請実行のコスト」「援助要請回

避の利益」はともに援助要請に対しネガティブな方向性をもっている。そのため，「援助要請実行の利益」と「援助要請回避のコスト」とは互いに正の相関をもち，同様に，援助要請に対するネガティブな方向性をもつ「援助要請実行のコスト」と「援助要請回避の利益」も互いに正の相関をもつと考えられる。また，「援助要請実行の利益」と「援助要請回避のコスト」の2つは，「援助要請実行のコスト」と「援助要請回避の利益」の2つとの間に負の相関をもつと考えられる。

第7節 本調査 方法

対　　象　関東地方の公立中学校4校の中学生792名（1年生：男子128名，女子136名，2年生：男子147名，女子134名，3年生：男子123名，女子124名）。分析には，記入に不備のあった63名を除外した計729名（1年生：男子114名，女子134名，2年生：男子129名，女子128名，3年生：男子107名，女子117名）のデータを用いた。

調査時期と手続き　調査時期は2005年9～10月であった。また，学校への依頼・説明の方法と実施の手続きについては研究1と同様であった。

質問紙の構成（資料5に質問紙を添付）

①：援助要請意図　研究3で作成した相談行動尺度を用いた。計11項目について，「1：相談しないと思う」～「5：相談すると思う」の5件法で尋ねた。

②：利益・コスト　予備調査で得られた項目に加え，独自に作成した項目を追加して用いた。追加された項目は，内容的妥当性を確保するために，以下の手順で作成された。まず，筆者が概念に合わせ，項目を作成した。次に，作成された項目に対して，第三者による評定を行った。評定者には，援助要請を研究する大学院生3名が選ばれ，作成された項目が，概念に照らして適切なものであるかについて評定を行った。そして，3名ともが適切であると評価した項目のみを使用した。合計32項目を「1：そう思わない」～「5：そう思う」の5件法で尋ねた。

③：サポート希求　研究3と同様，三浦・坂野（1996）の中学生用コーピ

ング尺度のうち,「サポート希求」因子を構成する6項目を用い,「1：よくする」～「4：全くしない」の4件法で尋ねた。

　④：被援助志向性　　田村・石隈（2001）の被援助志向性尺度を使用した。「援助に対する欲求と態度」「援助関係に対する抵抗感の低さ」の2因子から成る11項目を,「1：全くそう思わない」～「5：非常にそう思う」の5件法で尋ねた。

第8節　本調査　結果

1．相談行動尺度の因子構造の確認

　相談行動尺度に対し,主因子法プロマックス回転による因子分析を行った。その結果,研究3と同様の2因子構造が示された。各項目が対応する因子への負荷量は.54～.87であり,逆に,対応しない因子への負荷量の絶対値は.03～.17であった。また,「心理・社会的問題の援助要請意図」と「学業・進路的問題の相談行動」それぞれのα係数は.85,.83であり,ここでも十分な内的整合性が確認された。

2．尺度項目の因子分析

　利益・コストの32項目に対し,主因子法プロマックス回転による因子分析を行った。その結果,固有値1以上の6因子が得られた。また,第1因子は「ポジティブな結果」と「無効性」の項目から構成される因子であり,「ポジティブな結果」の項目には正の,「無効性」の項目には負の負荷量が見られた。第2因子は,予備調査における「対他的要因」のうち,「秘密漏洩」を除く項目で構成されていた。第3因子は予備調査における「自助努力」および今回作成された「自助努力による充実感」のみで構成されていた。第4因子,第5因子,第6因子は,それぞれ「秘密漏洩」「自己評価の低下」「問題の維持」の項目のみで構成されていた。

　このうち,第1因子では「ポジティブな結果」と「無効性」の項目が混在しており,負荷量もそれぞれ正負が逆であったことから「ポジティブな結果」と「無効性」は,非常に類似した概念であると考えられる。従って,「無効性」の

項目を「ポジティブな結果」因子の一部として扱うことも可能ではあるが，その場合，第1因子のみ極端に項目が多くなることから，「無効性」の4項目は削除した。

また「自助努力による充実感」は，援助要請回避の利益という概念をより適切に捉えることができると考え，作成された項目である。また第3因子において「自助努力」と「自助努力による充実感」がともに含まれていたことから，両者は類似したまとまりであり，「自助努力」のみを削除することは，大きな情報の損失にはつながらないと考えられた。そこで「自助努力」の2項目は削除した。

残る26項目に対して再度因子分析い，得られたパターン行列をTable 8-1に，因子間相関をTable 8-2に示す。各因子を構成する項目に基づき，第1因子は「ポジティブな結果」，第2因子は「否定的応答」，第3因子は「秘密漏洩」，第4因子は「自己評価の低下」，第5因子は「問題の維持」，第6因子は「自助努力による充実感」と名づけられた。そして，各因子で負荷の高かった項目の回答の加算平均を下位尺度得点とした。

3．尺度の信頼性と妥当性

各得点のα係数は，.81〜.95であり，高い値が示された。続いて，妥当性検討のため，利益・コスト尺度の各下位尺度得点と，相談行動尺度，サポート希求，被援助志向性尺度における各得点との相関係数を算出した（Table 8-3）。その結果，概ね有意な値が示され，有意であった相関係数の正負は，全て予測を支持するものであった。また，各因子間の関連をFigure 8-5に示す。「自己評価の低下」と「問題の維持」との間の相関係数のみ，値は-.07であり，有意水準は$p<.10$傾向であったが，その他の相関係数は，絶対値が.11〜.50と全て1％水準で有意であった。また，各相関係数の符号は，全て予測に一致するものであった。

4．利益・コストの性差および学年差

利益・コスト尺度の各下位尺度得点の記述統計をTable 8-4に示す。各下位尺度得点を従属変数として，性別(2)×学年(3)の分散分析を行った。その結果，

Table 8-1 相談行動の利益・コスト尺度の最終的なパターン行列

項 目	因子Ⅰ	因子Ⅱ	因子Ⅲ	因子Ⅳ	因子Ⅴ	因子Ⅵ
相談すると，悩みの解決法がわかる	.84	.12	.04	−.13	−.03	.09
相談すると，相手が悩みの解決のために協力してくれる	.84	.03	.01	.03	−.03	−.06
相談すると，悩みが解決する	.79	.15	.00	−.10	−.01	−.02
相談すると，よい意見やアドバイスをもらえる	.78	.06	−.02	−.01	.04	−.06
相談すると，気持ちがスッキリする	.74	−.03	−.01	.05	.05	.03
相談すると，相手が真剣に相談に乗ってくれる	.73	−.14	−.08	.12	−.10	−.03
相談すると，気持ちが楽になる	.70	−.05	−.01	.04	.09	.05
相談すると，相手が励ましてくれる	.68	−.22	.07	.03	.01	.05
相談をしても，相手に嫌なことを言われる	.11	.90	−.01	.04	−.01	−.02
相談をしても馬鹿にされる	.03	.85	−.01	−.02	.01	−.02
相談をしても，相手に話を真剣に聞いてもらえない	−.08	.83	.00	−.02	.02	.00
相談をしても，相手に話を簡単に流される	−.08	.73	.01	.04	.00	.00
友達に相談をしても意見が合わない	.05	.51	.01	−.01	.00	.03
相談をしても，相手が別の意見を言ってくる	−.09	.44	.03	.10	−.03	.06
相談したことを他の人にばらされる	−.02	−.03	.98	−.02	.02	.00
相談をすると，相手が悩みの内容を他の人に言ってしまう"	.03	.02	.92	.03	.00	.01
悩みを相談しても，それを秘密にしてもらえない	−.01	.04	.86	.01	−.02	−.02
悩みを相談すると，自分の弱い面を相手に知られてしまう"	.00	.01	.03	.88	.01	−.05
悩みを相談することは，自分の弱さを認めることになる"	−.01	.03	−.01	.80	−.03	.02
悩みを相談すると，自分を弱い人間のように感じてしまう"	.00	.03	−.01	.78	.03	.03
一人で悩んでいても，いつまでも悩みをひきずることになる	−.06	−.03	−.05	.02	.94	.06
悩みを誰にも相談しないと，ずっと悩みから抜け出せないと思う	.07	.01	.02	.04	.80	−.04
相談しないで一人で悩んでいても，よけい悪くなると思う	.04	.03	.03	−.05	.76	−.03
一人で悩みに立ち向かうことで，強くなれると思う"	.06	−.01	−.05	.05	−.01	.89
人に相談するよりも，自分で何とかすることで，成長できる"	.02	.00	.02	−.06	.05	.88
人に相談するよりも，自分で悩みにとりくむ方が，充実感がある"	−.11	.06	.05	.05	−.08	.51
α係数	.92	.87	.95	.87	.88	.81

" 予備調査の項目に加えて新たに追加された項目

Table 8-2 相談行動の利益とコスト尺度の因子間相関

	1	2	3	4	5	6
1 ポジティブな結果		−.54	−.43	−.31	.50	−.26
2 否定的応答			.55	.42	−.20	.28
3 秘密漏洩				.43	−.12	.21
4 自己評価の低下					−.07	.43
5 問題の維持						−.23
6 自助努力による充実感						

Table 8-3 各変数間の相関係数

変数名		相談行動		サポート希求	被援助志向性		利益・コスト					
		心理	学習		欲求	抵抗感	ポジ	否定	秘密	評価	自助	維持
相談行動	心理・社会的問題		.33**	.53**	.58**	.15**	.53**	−.26**	−.21**	−.19**	−.27**	.33**
	学習・進路的問題			.33**	.25**	−.05	.25**	−.02	−.09*	−.03	.03	.14**
サポート希求					.56**	.12**	.44**	−.19**	−.12**	−.09*	−.14**	.30**
被援助志向性	欲求と態度					.40**	.65**	−.34**	−.23**	−.27**	−.48**	.51**
	抵抗感の低さ						.35**	−.40**	−.28**	−.44**	−.42**	.17**
相談行動の利益・コスト	ポジティブな結果							−.50**	−.40**	−.30**	−.37**	.47**
	否定的応答								.52**	.43**	.36**	−.18**
	秘密漏洩									.43**	.29**	−.11**
	自己評価の低下										.45**	−.07†
	自助努力による充実感											−.29**
	問題の維持											

$N=729$
† $p<.10$, * $p<.05$, ** $p<.01$

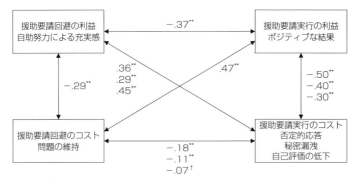

†$p<.10$, *$p<.05$, **$p<.01$
相関係数が3つ記載されている箇所は，上からそれぞれ「否定的応答」
「秘密漏洩」「自己評価の低下」との相関係数を示している

Figure 8-5　尺度の下位尺度間における相関

Table 8-4　各下位尺度得点の記述統計

	女子 $n=379$		男子 $n=350$		1年生 $n=248$		2年生 $n=257$		3年生 $n=224$		全体 $N=729$	
	Mean	SD	Mean	SD	Mean	SD	Mean	SD	Mean	SD	Mean	SD
ポジティブな結果	3.73	(0.82)	3.15	(0.93)	3.54	(0.94)	3.37	(0.91)	3.45	(0.91)	3.45	(0.92)
否定的応答	2.18	(0.80)	2.59	(0.89)	2.33	(0.91)	2.41	(0.90)	2.39	(0.78)	2.38	(0.87)
秘密漏洩	2.79	(1.24)	3.01	(1.22)	2.99	(1.26)	2.89	(1.22)	2.79	(1.22)	2.89	(1.23)
自己評価の低下	2.43	(1.18)	2.61	(1.11)	2.49	(1.19)	2.45	(1.13)	2.61	(1.12)	2.52	(1.15)
自助努力による充実感	2.76	(0.99)	3.04	(1.03)	2.89	(1.04)	2.85	(1.01)	2.95	(1.01)	2.89	(1.02)
問題の維持	3.43	(1.08)	2.96	(1.11)	3.35	(1.14)	3.20	(1.10)	3.04	(1.10)	3.20	(1.12)

全ての下位尺度に対して性別の主効果が見られた。性別の主効果は，「ポジティブな結果」「否定的応答」「秘密漏洩」「自己評価の低下」においては1％水準で有意であり（$F(1, 723) = 13.61〜80.38, p<.01$），「自助努力による充実感」「問題の維持」においては5％水準で有意であった（$F(1, 723) = 4.42〜6.24, p<.05$）。各下位尺度の得点は，援助要請実行の利益である「ポジティブな結果」と援助要請回避のコストである「問題の維持」は女子の方が得点が高く，援助要請実行のコストである「否定的応答」「秘密漏洩」「自己評価の低下」と援助要請回

避の利益である「自助努力による充実感」男子の方が得点が高かった。

学年の主効果は「問題の維持」にのみ見られ（$F(2, 723) = 3.92$, $p < .05$），多重比較の結果，1年生の得点が3年生の得点よりも1％水準で高かった。また，交互作用はいずれの下位尺度においても有意ではなかった（$F(2, 723) = 0.03 \sim 1.71$ n.s.）。

第9節 本調査 考察

1．尺度について

本研究で作成した尺度は，多くの項目を中学生の自由記述調査から得ており，独自に追加された項目についても，援助要請を専門とする大学院生による評定を受けていることから，中学生対象の質問紙としては一定の内容的妥当性をもつものであると考えられる。尺度を構成する因子は，事前に想定したカテゴリーと対応するものであり，各下位尺度同士の相関についても予測通りの結果であった。また，各下位尺度と援助要請意図，サポート希求，被援助志向性との相関は概ね予測を支持するものであった。以上から，ある程度の構成概念妥当性も確認された。さらに，各下位尺度においてある程度のα係数が得られ，尺度の信頼性についても概ね問題がないと言える。このように，本尺度は一定の信頼性と妥当性を有していると考えられる。そこで本尺度を，利益・コストの予期を測定する尺度として用いることにする。

2．平均値の差について

性差については援助要請実行の利益と援助要請回避のコストは女子が高く，援助要請実行のコストと援助要請回避の利益は男子が高いという結果であった。すなわち，理論上相談行動を促進するとする要因は女子の方が高く，相談行動を抑制する要因は男子の方が高いという結果であった。相談行動においては，単に行動そのものだけでなく，相談行動に影響する利益・コストの予期の段階から性差が存在することが明らかになった。

一方学年差については，本研究では「問題の維持」に有意な主効果が見られた。すなわち，本研究では1年生における「問題の維持」の得点が3年生より

も高くなっていた。これは，中学生の発達と問題解決スキルとの関連が反映されているものと考えられる。すなわち，年齢が低い方が，問題解決スキルが十分に獲得されておらず，友人に相談を行わなかった場合に維持される問題が大きく評価されているという可能性が考えられる。

第4部　援助要請の生起

第9章 研究5 利益・コストと援助要請意図との関連

第1節 目　的

　研究3と研究4において，援助要請意図および利益・コストを測定する尺度が作成された。本研究ではこれらの尺度を用い，利益・コストが援助要請意図に与える影響を検討する。またその際，第2章で述べたその他の変数，すなわち性別，悩みの経験，相談相手の有無，IWMの影響を同時に検討し，これらの影響が利益・コストによってどのように媒介されるかを検討する。具体的には先行研究に従い，性別とIWMが，相談相手の有無，悩みの経験に影響を与え，それらが利益・コストに影響し，最終的に援助要請意図に影響するというモデルを仮定し，共分散構造分析を用いて検討を行う。

第2節 方　法

　対象　関東地方の公立中学校2校の中学生400名（1年生：男子79名，女子73名，2年生：男子79名，女子81名，3年生：男子52名，女子36名）。なお，分析に際しては，記入に不備のあった31名を除外した計369名を分析の対象とした。

　調査時期と手続き　調査時期は2008年5～6月であった。また，学校への依頼・説明の方法と実施の手続きについては研究1と同様であった。

　質問紙の構成（質問紙を資料6に添付）

　①：悩みの経験　研究3で作成した相談行動尺度における11項目の悩みについて，「今年の四月から今までのあいだ，このようなことで悩んだことがありますか？」と尋ね，「1：悩んだことはない」～「5：悩んだことがある」の5件法で回答を求めた。

　②：援助要請意図　研究3で作成した相談行動尺度を用いた。計11項目に

ついて,「1:相談しないと思う」～「5:相談すると思う」の5件法で尋ねた。

③:利益・コスト　研究4において作成した利益・コスト尺度を用いた。計26項目を「1:そう思わない」～「5:そう思う」の5件法で尋ねた。

④:相談相手の存在　相談できる友人の有無を1項目で尋ねた。「悩みを相談できるような友達がいる」という項目に対し,「1:そう思わない」～「5:そう思う」の5件法で回答を求めた。

⑤:内的ワーキングモデル　中学生用IWM尺度(粕谷・河村,2005)を用いた。これはHazan & Shaver (1987) の尺度に対応する3つの下位尺度で構成されている。具体的には,親密さを心地良く感じ良好な対人関係を築きやすい「安定(6項目)」,親密さに対して両価的であり,見捨てられ不安を伴う「不安(6項目)」,親密さに居心地の悪さを感じ距離を置こうとする「回避(5項目)」という,愛着の3特性を測定する17項目から成る。各項目の内容がどれ位あてはまるかについて,「1:あてはまらない」～「4:あてはまる」の4件法で回答を求めた。

第3節　結　果

1. 尺度の因子構造の確認

悩みの経験に対し,主因子法プロマックス回転による因子分析を行った。その結果,相談行動尺度と同様の2因子構造が示された。各項目が対応する因子への負荷量は.43～.76であり,逆に,対応しない因子への負荷量の絶対値は.02～.10であった。また,「心理・社会的問題の悩みの経験」と「学習・進路的問題の悩みの経験」それぞれのα係数は.83,.79であった。

続いて相談行動尺度に対し,主因子法プロマックス回転による因子分析を行った。その結果,これまでと同様「心理・社会的問題の援助要請意図」と「学習・進路的問題の援助要請意図」の2因子構造が示された。各項目が対応する因子への負荷量は.59～.84であり,逆に,対応しない因子への負荷量の絶対値は.01～.12であった。

最後に,利益・コスト尺度に対し,主因子法プロマックス回転による因子分析を行った。その結果,研究4と同様の6因子構造が得られた。各項目が対応

第3節　結　果

Table 9-1　各変数間の相関

	IWM 安定	IWM 不安	IWM 回避	相談相手	悩み 心理社会	悩み 学習進路	ポジティブな結果	否定的応答	秘密漏洩	自己評価	自助努力	問題の維持	援助要請意図 心理社会	援助要請意図 学習進路
IWM 安定		-.22**	-.17**	.34**	-.14**	-.02	.32**	-.30**	-.22**	-.16**	-.11**	.20**	.19**	.15**
IWM 不安			.20**	-.28**	.56**	.20**	-.08	.31**	.29**	.24**	.05	.13*	.01	-.06
IWM 回避				-.30**	.10†	.06	-.35**	.33**	.31**	.37**	.23**	-.24**	-.22**	-.09†
相談相手の存在					-.05	.13*	.56**	-.48**	-.41**	-.27**	-.24**	.33**	.41**	.24**
心理・社会的問題の悩みの経験						.35**	.02	.14**	.13*	.05	-.05	.13*	.19**	.07
学習・進路的問題の悩みの経験							.16**	-.01	-.06	.03	-.10†	.15*	.15*	.38**
ポジティブな結果								-.50**	-.46**	-.33**	-.28**	.44**	.53**	.36**
否定的応答									.59**	.36**	.29**	-.23**	-.38**	-.18**
秘密漏洩										.40**	.32**	-.17**	-.33**	-.19**
自己評価の低下											.44**	-.12*	-.30**	-.18**
自助努力による充実感												-.25**	-.33**	-.25**
問題の維持													.28**	.18**
援助要請意図 心理・社会的問題														.49**
援助要請意図 学習・進路的問題														

$N=369$
*$p<.05$, **$p<.01$

する因子への負荷量は.48～.98であり，逆に，対応しない因子への負荷量の絶対値は.00～.22であった。また，調査で用いた各変数のα係数を算出した所，各変数のα係数は.78～.94であり，いずれの尺度においても高い内的整合性が確認された。全変数間の相関係数をTable 9-1に示す。

2．モデルの設定

続いて，利益・コストをはじめとする各変数が援助要請意図に影響する過程を検討するため，Figure 9-1に示すようなモデルを設定した。まず，性別（男子＝0，女子＝1）とIWMの3因子を外生変数として設定し，次に性別とIWMの各因子から「相談相手の存在」「心理・社会的問題の悩みの経験」および「学習・進路的問題の悩みの経験」に対してパスを設定した。さらに，性別とIWMの3因子，「相談相手の存在」，および各悩みの経験から各利益・コストに対して直接のパスを設定した。そしてそれらの全ての変数から，「心理・社会的問題の援助要請意図」および「学習・進路的問題の援助要請意図」に対するパスを設定した。また，性別とIWMの3因子の間，「心理・社会的問題の悩みの経験」および「学習・進路的問題の悩みの経験」との誤差変数間，利益・コストの各下位尺度の誤差変数間，そして「心理・社会的問題の援助要請意

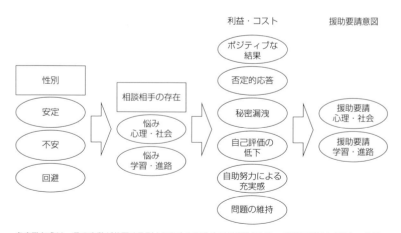

各変数からは，その変数が位置する列よりも右にある全ての変数に対し，直接のパスを仮定してある。

Figure 9-1　本研究で仮定したモデル

図」および「学習・進路的問題の援助要請意図」の誤差変数間に相関を仮定した。なお，1項目である性別と「相談相手の存在」のみ観測変数を用い，残る尺度得点については，各変数における構成概念として潜在変数を設定し，豊田(2003)による希薄化の修正を行った。

3．共分散構造分析の結果

設定されたモデルに対し共分散構造分析を行い，有意でないパスを削除しながら分析を繰り返していった結果，最終的に適合度が $\chi^2 = 47.74$ (n.s.)，df = 47，GFI = .98，AGFI = .96，RMSEA = .01 となるモデルが得られた。

本研究で得られたパス図は扱われる変数が多く，図が煩雑となるため，各変数間の関連を Table 9-2 に示す。まず「心理・社会的問題の悩みの経験」は「心理・社会的問題の援助要請意図」に，「学習・進路的問題の悩みの経験」は「学習・進路的問題の援助要請意図」に影響を与えていた。また「相談相手の存在」も，「心理・社会的問題の援助要請意図」に影響を与えていた。そして両援助要請意図に対して，利益・コストにおける「ポジティブな結果」が正の，「自助努力による充実感」が負の影響を与えていた。

性別は，「問題の維持」と「学習・進路的問題の援助要請意図」を除く全ての変数に対して有意な影響を与えていた。女性であることが，「相談相手の存在」「心理・社会的問題の悩みの経験」と「学習・進路的問題の悩みの経験」「ポジティブな結果」「心理・社会的問題の援助要請意図」をそれぞれ高め，「否定的応答」「秘密漏洩」「自己評価の低下」「自助努力による充実感」を低下させていた。

IWM における「安定」は，一貫して援助要請を高める方向の影響を示した。すなわち「安定」は，相談相手の存在，援助要請実行の利益である「ポジティブな結果」および援助要請回避のコストである「問題の維持」に正の影響を示し，援助要請実行のコストである「否定的応答」に対しては負の影響を示した。一方 IWM における「回避」は，「安定」とは逆に一貫して援助要請を抑制する方向での影響を示した。具体的には，相談相手の存在，援助要請実行の利益である「ポジティブな結果」および援助要請回避のコストである「問題の維持」に負の影響を示し，援助要請実行のコストである「否定的応答」「秘密漏洩」「自

己評価の低下」および援助要請回避の利益である「自助努力による充実感」に対して正の影響を示していた。最後に「不安」は，援助要請に対して両価的な影響を示した。すなわち，援助要請の促進要因である「相談相手の存在」には負の影響を示したものの，援助要請実行の利益である「ポジティブな結果」および援助要請回避のコストである「問題の維持」に対しては，「安定」と同様に正の影響を示した。しかしその一方で，援助要請実行のコストである「否定的応答」「秘密漏洩」「自己評価の低下」に対しても同様に正の影響を示していた。また IWM の各変数の内，この「不安」のみ「心理・社会的問題の悩みの経験」と「学習・進路的問題の悩み」の経験に対して正の影響を示した。

第 4 節　考　察

1．利益・コストが援助要請意図に与える影響

　共分散構造分析の結果，利益・コストの各因子のうち，援助要請実行の利益である「ポジティブな結果」と援助要請回避の利益である「自助努力による充実感」が援助要請意図に影響していた。つまり，相談を行った場合の良い結果が予想される場合は，相談は促進されるが，相談をしないことによる良い結果の予期は，逆に相談を抑制する可能性が示唆されたと言える。

　一方，援助要請実行のコストである「否定的応答」「秘密漏洩」「自己評価の低下」はいずれも援助要請意図に対して影響を示さなかった。このように，援助要請実行のコストではなく利益の予期が援助要請意図を促進するという結果は，先行研究と同様の結果である（Komiya et al., 2000；Vogel & Wei, 2005）。また，援助要請回避の利益が援助要請意図を抑制するという点は新たな知見である。こうしたことから，援助要請を説明する際は，援助要請実行・回避それぞれの結果予期をポジティブ，ネガティブの両側面から捉えることが有効である可能性が示された。

　特に本研究では，「ポジティブな結果」の予期が最も大きな影響を示していたことから，こうした変数を介入の対象とすることが，援助要請の促進において有効である可能性が考えられる。すなわち，友人に相談することの有効性の認知を高めることが，援助要請を促進する上で有効な方略になり得ると考えられ

Table 9-2　IWM および利益・コストが援助要請意図に与える影響

	相談相手の存在	悩みの経験 心理・社会	悩みの経験 学習・進路	利益・コスト ポジティブな結果	利益・コスト 否定的応答	利益・コスト 秘密漏洩	利益・コスト 自己評価の低下	利益・コスト 自助努力による充実感	利益・コスト 問題の維持	援助要請意図 心理・社会	援助要請意図 学習・進路
性別 (男子=0, 女子=1)	.19**	.23**	.16**	.12**	-.25**	-.20**	-.28**	-.25**	—	.15**	—
IWM 安定	.25**	—	—	.16**	-.11*	—	—	—	—	—	—
IWM 不安	-.23**	.63**	.22**	.12**	.25**	.25**	.25**	—	.17**	—	—
IWM 回避	-.22**	—	—	-.26**	.22**	.22**	.38**	.24**	.36**	—	-.14*
相談相手の存在	—	—	—	.46**	-.28**	-.25**	—	-.13*	-.24**	.15**	—
心理・社会的問題の悩みの経験	—	—	—	—	—	—	—	—	.32**	.15**	—
学習・進路の悩みの経験	—	—	—	—	—	—	—	—	—	—	.46**
ポジティブな結果	—	—	—	—	—	—	—	—	—	.40**	.27**
否定的応答	—	—	—	—	—	—	—	—	—	—	—
秘密漏洩	—	—	—	—	—	—	—	—	—	—	—
自己評価の低下	—	—	—	—	—	—	—	—	—	—	—
自助努力による充実感	—	—	—	—	—	—	—	—	—	-.18**	-.15*
問題の維持	—	—	—	—	—	—	—	—	—	—	—
R^2	.26	.53	.09	.45	.41	.30	.30	.17	.27	.45	.36

「―」とある部分は，もともとパスが設定されなかったもの。空白の部分はパスが有意でないために削除されたものである
*$p<.05$，**$p<.01$

る。
　一方，利益・コストの変数の内「自助努力による充実感」も援助要請意図を抑制していた。「ポジティブな結果」と同様に考えれば，この「自助努力による充実感」を低減させることが，結果的に援助要請の促進につながる可能性が考えられる。しかしながら，自分自身で悩みに取り組むことの有益性を低下させるということは，中学生の心理的発達上望ましいとは考えられない。勿論「相談相手の存在」が「自助努力による充実感」に対して負の影響を与えていたことから，「自助努力による充実感」が部分的には援助資源の不足に由来するという消極的な意味あいもある可能性も考えられる。しかし一方で，自分自身で問題に取り組むことの意義（e.g., 佐藤，2008）についても尊重されるべきであり，この「自助努力による充実感」のもつ意味あいについては今後も検討する必要があると考えられる。
　さらに，IWMの「安定」や「不安」「相談相手の存在」といった変数は，援助要請意図との間に有意な単相関が示されたものの，共分散構造分析においてはこうした関連は多くが有意でなくなっていた。これは，IWMや「相談相手の存在」が援助要請に対してもつ影響が，利益・コストによって媒介された可能性がある。つまり，援助要請に影響するとされる変数の一部は，「自分には相談をできるだけの友人がいる」従って，「相談すれば共感やアドバイスなど，ポジティブな結果が生じるだろう」というように，利益・コストを高める変数として捉えることが可能であると考えられる。
　しかし本研究では，悩みの種類に関係なく，同一の利益・コストを測定している。第3章2節でも述べた通り，問題の種類に関わりなく，同一の利益・コストの想定が妥当か否かについても検討する必要がある。この点については，次章で扱うこととする。

2．援助要請意図へのその他の影響因

　その他の関連としてはまず，悩みの経験と「相談相手の存在」が援助要請意図に対して正の影響を与えていた。これは，第2章1節で述べたような，サポート資源の存在や援助ニーズの存在が援助要請を促進するとする知見と一致するものである。また，性別は「心理・社会的問題の援助要請意図」に対しての

み有意な影響を与えていた。これは，「心理・社会的問題の援助要請意図」でのみ性差が見られた研究3の結果と一致する。

IWMにおける「安定」は，利益・コストを介して援助要請を高める傾向をもつことが示された。安定したIWMをもつ者は，他者への安定した信頼感をもち，適切に他者と関わることがしやすい傾向にある（Hazan & Shaver, 1987）。そのため，「安定」が高い者は，日頃から相談できるような仲間関係を構築し，それによって，相談によるポジティブな結果を高く，否定的応答を低く予期する傾向があると考えられる。

一方「回避」は，「安定」とは逆に，利益・コストを介して援助要請を抑制する傾向をもつことが示された。親密性や依存に対する恐れに関連し，親密さを回避する特徴をもち（Hazan & Shaver, 1987），ソーシャル・サポートが低いことが報告されている（Mikulincer & Shaver, 2007）。そのため「回避」の高い者はこのように日頃から他者と相談できるような関係の構築をしにくく，相談の結果もネガティブに予測しやすい傾向にあると考えられる。

「不安」は，悩みの経験を高め，さらに援助要請の利益・コスト双方の予期を促進するという両価的な影響を示した。IWMの「不安」は見捨てられ不安や，問題に対して脅威を感じやすい特徴をもち，脅威に対して情緒的な反応をしやすく，様々な心的苦痛を報告することが一貫して報告されている（Lopez, 2001；Wei, Vogel, Ku, & Zakalik, 2005）。つまり「不安」は，脅威の過剰な認知によって，援助要請のニーズが高まる一方，相手からの応答も否定的に予期してしまうなど，援助要請を抑制する傾向も有しており，援助要請に対して両価的な影響を与えることが示された。

このように，IWMの3因子はいずれも，利益・コストなどの様々な変数を媒介しながら，理論的に整合する形で援助要請に影響を与えていた。以上からIWMおよび利益・コストは，中学生が援助要請の実行・回避を選択する上で重要な役割を果たしている可能性が示唆された。

第10章 研究6 悩みの種類による利益・コストの差異

第1節 目　的

　研究5において，利益・コストが援助要請意図に対して一定の影響をもつことが示された。次に研究6では，予期される利益・コストの程度や，それが援助要請意図へ与える影響が，悩みの種類によって異なるかどうかを明らかにすることを目的とする。検討する悩みの種類としては，これまで扱ってきた心理・社会的問題と学習・進路的問題の中で代表的な悩みを提示する。学習・進路的問題については，「学業の悩み」を提示する。一方，心理・社会的問題については，多様な内容が想定されるため，研究1において約半数の中学生が悩んだ経験を報告した対人関係の悩みと自分自身の性格の悩みの2つを用いる。

第2節 方　法

　調査協力者　関東地方の公立中学校8校の中学生1503名（1年生：男子296名，女子274名，2年生：男子281名，女子275名，3年生：男子191名，女子185名，不明1名）が調査に参加した。その内，記入に不備のあった163名を除く1340名のデータを分析の対象とした。有効回答者の内，対人関係条件への回答者は455名（男子228名，女子227名），性格条件への回答者は451名（男子231名，女子220名），学業条件への回答者は434名（男子211名，女子223名）であった。

　調査時期　調査時期は2006年10～12月であった。また，学校への依頼・説明の方法と実施の手続きについてはこれまでと同様であった。

　質問紙の構成　調査では「対人関係の悩み」について尋ねる対人関係条件，「自分自身の性格の悩み」について尋ねる性格条件，「学業の悩み」について尋ねる学業条件という3種類の質問紙を用意し，ランダムに配布した（資料7に

対人関係条件の質問紙を添付)。

　①：悩みの経験　まず，質問紙条件ごとに，該当する悩みを提示し，その悩みについて，今年の4月から今までの間に悩んだことがあるかを「1：悩んだことはない」～「5：悩んだことがある」の5件法で尋ねた。

　②：援助要請意図　各質問紙で提示された悩みについて，もしこのことで悩み，自分ひとりで解決できないとしたら，友だちに相談すると思うかを「1：相談しないと思う」～「5：相談すると思う」の5件法で尋ねた。

　③：利益・コスト　研究4において作成した利益・コストの尺度計26項目を用いた。各質問紙で提示された悩みについて，もしこのことで友達に相談するとしたら，各項目の内容がどれ位あてはまるかを「1：そう思わない」～「5：そう思う」の5件法で尋ねた。

　④：全般的な悩みの経験　これは，本研究の目的とは直接関連はしないが，3種類の質問紙間で，回答者に偏りがないかを確認するために用いた。これまでと同様，相談行動尺度で用いられる悩みの11項目を提示し，「今年の4月から現在まで，このようなことで悩んだことがありますか？」と尋ね，「1：悩んだことはない」～「5：悩んだことがある」の5件法で回答を求めた。

　⑤：全般的な援助要請意図　全般的な悩みの経験と同様，質問紙間の偏りを確認するために使用した。研究3で作成した相談行動尺度を用い，計11項目について，「1：相談しないと思う」～「5：相談すると思う」の5件法で尋ねた。

第3節　結　果

1．尺度の因子構造の確認

　全般的な悩みの経験に対し，主因子法プロマックス回転による因子分析を行った。その結果，これまでと同様の2因子構造が示された。各項目が対応する因子への負荷量は.45～.80であり，逆に，対応しない因子への負荷量の絶対値は.01～.14であった。また，「心理・社会的問題の悩み」と「学業・進路的問題の悩み」それぞれのα係数は.84，.80であった。

　続いて相談行動尺度に対し，主因子法プロマックス回転による因子分析を行

った。その結果，これまでと同様の2因子構造が示された。各項目が対応する因子への負荷量は.72～.83であり，逆に，対応しない因子への負荷量の絶対値は.03～.07であった。また，「心理・社会的問題の援助要請意図」と「学業・進路的問題の相談行動」それぞれのα係数は.90，.85であった。

　最後に，利益・コストの各項目に対し，3種類の質問紙条件ごとに因子分析を行った。その結果，3つの質問紙間でほぼ同様の因子構造が確認された。ただし学業条件でのみ，.40を下回る項目が2つ存在した。しかしながら，残る各項目が対応する因子への負荷量は.45～.96であり，逆に，対応しない因子への負荷量の絶対値は.00～.21であった。また，各質問紙における下位尺度のα係数は.81～.95であった。以上から，利益・コストの尺度は3つの質問紙条件で，ほぼ同様の因子構造を持つと判断された。従って，3つの質問紙でこれまでと同様の因子構造を採用し，下位尺度得点を算出した。

2．質問紙間の偏りの確認

　悩みの経験および相談行動尺度における各下位尺度に対し，質問紙の条件を要因とした分散分析を行った。その結果，心理・社会的問題と学習・進路的問題の悩みおよび相談行動のいずれの得点においても有意な効果は見られず（$F(2, 1337) = 0.22 \sim 1.17$, n.s.），質問紙によって回答者に偏りのないことが確認された。また，各質問紙条件における変数間の相関係数をTable 10-1に示す。

3．悩みの種類による各変数の得点差

　各得点の記述統計をTable 10-2に示す。各下位尺度得点に対し，質問紙（3）×性別（2）の分散分析を行った。その結果，「悩みの経験（$F(2, 1334) = 11.56$, $p < .01$）」と「援助要請意図（$F(2, 1334) = 3.46$, $p < .05$）」ではそれぞれ交互作用が有意であった。「悩みの経験」に対して単純主効果検定を実施した結果，対人関係条件と性格条件において，女子の得点が男子の得点よりも高かった（いずれも$p < .01$）。また，女子においては，学業条件における得点が性格条件における得点よりも高く（$p < .01$），男子においては，学業条件における得点が対人関係条件および性格条件における得点よりも高かった（いずれも$p < .01$）。「援助要請意図」に対して単純主効果検定を実施した結果，学業条件と対人関

Table 10-1　各変数間の相関

	悩みの経験	援助要請意図	利益・コスト ポジ	否定	秘密漏洩	自己評価	自助努力	維持
悩みの経験		.19**	−.01	.11*	.16**	.08	−.07	.12*
		.11*	−.04	.03	.11*	.17**	.08	.15**
		.24**	.06	.08	.10	.08	.02	.05
援助要請意図			.61**	−.37**	−.26**	−.36**	−.39**	.24**
			.47**	−.30**	−.22**	−.25**	−.27**	.29**
			.36**	−.13**	−.08	−.13**	−.18**	.16**
利益・コスト ポジティブな結果				−.52**	−.44**	−.43**	−.38**	.29**
				−.45**	−.42**	−.40**	−.35**	.30**
				−.46**	−.29**	−.33**	−.23**	.32**
否定的応答					.63**	.52**	.38**	−.12*
					.49**	.36**	.21**	−.15**
					.50**	.45**	.27**	−.10
秘密漏洩						.52**	.32**	.01
						.38**	.23**	−.04
						.39**	.21**	−.14**
自己評価の低下							.47**	−.04
							.41**	.00
							.37**	−.11*
自助努力による充実感								−.28**
								−.30**
								−.28**
問題の維持								

相関係数は上段が対人関係条件，中段が性格条件，下段が学業条件における値を示している
*$p<.05$, **$p<.01$

係条件では女子の得点が男子の得点よりも1％水準で高く，性格条件では女子の得点が男子の得点よりも5％水準で高かった。また，女子においては学業条件と対人関係条件における得点が，性格条件における得点よりも高かった（いずれも $p<.01$）。

各利益・コストのうち，「ポジティブな結果」「否定的応答」「秘密漏洩」「自己評価の低下」では，性別の主効果のみ有意であり（$F(1, 1334) = 13.02 \sim 86.00$, $p<.01$），「ポジティブな結果」の得点は女子の方が男子よりも高く，逆に「否

第10章 研究6 悩みの種類による利益・コストの差異

Table 10-2 各得点の記述統計

		対人関係 女子 n=227 男子 n=228		性格 女子 n=220 男子 n=231		学業 女子 n=223 男子 n=211		全体 女子 n=670 男子 n=670		分散分析結果	
		Mean	SD	Mean	SD	Mean	SD	Mean	SD	性差	悩みによる差
悩みの経験	女子	3.58	(1.47)	3.41	(1.29)	3.86	(1.26)	3.41	(1.29)	対人&性格	女子:学業>性格
	男子	2.64	(1.49)	2.52	(1.36)	3.72	(1.40)	2.52	(1.36)	女子>男子	男子:学業>対人・性格
援助要請意図	女子	3.59	(1.43)	3.01	(1.48)	3.44	(1.40)	3.35	(1.45)	女子>男子	女子のみ
	男子	2.78	(1.37)	2.68	(1.39)	2.97	(1.43)	2.80	(1.40)		学業&対人>性格
ポジティブな結果	女子	3.74	(0.91)	3.63	(0.92)	3.77	(0.86)	3.71	(0.90)	女子>男子	
	男子	3.21	(0.94)	3.24	(0.93)	3.30	(0.90)	3.25	(0.92)		
否定的応答	女子	2.09	(0.95)	2.11	(0.86)	2.04	(0.80)	2.08	(0.87)	男子>女子	
	男子	2.43	(0.96)	2.34	(0.92)	2.36	(0.92)	2.38	(0.93)		
秘密漏洩	女子	2.38	(1.28)	2.55	(1.33)	2.35	(1.21)	2.43	(1.28)	男子>女子	
	男子	2.76	(1.26)	2.66	(1.24)	2.60	(1.15)	2.68	(1.22)		
自己評価の低下	女子	2.14	(1.15)	2.32	(1.15)	2.05	(1.09)	2.17	(1.14)	男子>女子	
	男子	2.57	(1.15)	2.49	(1.15)	2.48	(1.12)	2.51	(1.14)		
自助努力による充実感	女子	2.58	(1.06)	2.69	(1.02)	2.62	(1.03)	2.63	(1.04)	男子>女子	男子のみ
	男子	3.13	(1.03)	2.93	(1.07)	2.87	(1.07)	2.98	(1.06)		対人>学業
問題の維持	女子	3.48	(1.15)	3.42	(1.08)	3.53	(1.11)	3.48	(1.11)	女子>男子	学業>性格
	男子	3.01	(1.05)	2.93	(1.17)	3.19	(1.11)	3.04	(1.12)		

定的応答」「秘密漏洩」「自己評価の低下」の得点は男子の方が女子よりも高かった。また,「自助努力による充実感」では,質問紙×性別の交互作用が有意であった（$F(2, 1334) = 3.14$, $p < .05$）。単純主効果検定の結果,対人関係条件では男子の得点が女子の得点よりも1％水準で高く,学業条件と性格条件では男子の得点が女子の得点よりも5％水準で高かった。また,男子においては,対人関係条件における得点が学業条件における得点よりも高かった（$p < .05$）。「問題の維持」では質問紙の主効果が有意であり（$F(2, 1334) = 3.05$, $p < .05$）,多重比較の結果,学業条件における得点が性格条件における得点よりも高かった（$Mean = 3.36$, $SD = 1.12$ vs. $Mean = 3.17$, $SD = 1.15$, $p < .05$）。また,性別の主効果も同様に有意であり（$F(1, 1334) = 51.26$, $p < .01$）,女子の得点が男子の得点よりも高かった。

4．利益・コストの予期が援助要請意図に与える影響

質問紙条件ごとに援助要請意図を従属変数とし,性別（男子＝0,女子＝1),悩みの経験,各利益・コストの得点を独立変数とした重回帰分析行った（Table 10-3）。その結果,全ての質問紙条件において,悩みの経験と「ポジティブな結果」が援助要請意図に対して正の影響を与えていた。逆に性別と「否定的応答」「秘密漏洩」は全ての質問紙条件において有意な影響が見られなかった。また,「自己評価の低下」は対人関係悩みの援助要請意図に対して負の影響を与えていた。援助要請回避の利益・コストの内「自助努力による充実感」は対人関係

Table 10-3 重回帰分析の結果

	対人関係	性格	学業
性別（男子＝0,女子＝1)	.04	－.06	.06
悩みの経験	.17**	.14**	.22**
ポジティブな結果	.50**	.35**	.32**
否定的応答	－.06	－.10	.05
秘密漏洩	.06	.01	.00
自己評価の低下	－.09*	－.08	－.01
自助努力による充実感	－.13**	－.08	－.11*
問題の維持	.01	.13**	.00
R^2	.44	.28	.20

*$p < .05$, **$p < .01$

の悩みの援助要請意図と学業の悩みの援助要請意図に対して負の影響を，「問題の維持」は性格の悩みの援助要請意図に対して正の影響を与えていた。

第4節　考　察

1．悩みの種類による各変数の得点差

　悩みの経験，援助要請意図，利益・コストに対する分散分析の結果，性差については，これまでと同様の傾向が示された。悩みの種類による差を検討したところ，利益・コストについては，援助要請回避の利益である「自助努力による充実感」と，援助要請回避のコストである「問題の維持」において，悩みによる得点の差が見られた。すなわち「自助努力による充実感」では，男子のみ対人関係の悩みにおける得点の方が，学業の悩みにおける得点よりも高かった。従って，学業の悩みに比べ，対人関係の悩みの方が，自ら悩みを克服することによる充実感などが得られるという可能性が示唆された。

　「問題の維持」は，学業の悩みにおける得点が性格の悩みにおける得点よりも高かった。一般に，ある時点での勉強でのつまずきは，その後の勉強の遅れにつながるなど，直接的な問題をもたらす。そのため，学業の悩みについて援助を求めずに放置しておくことは，問題の維持につながると意識されやすいと考えられる。

　しかしながら，援助要請実行の利益およびコストである「ポジティブな結果」「否定的応答」「秘密漏洩」「自己評価の低下」には，いずれも悩みの種類による得点の差は見られなかった。このことから，援助要請実行による利益・コストの予期は，少なくとも本研究で扱った悩みの内容によってあまり変動することはなく個人の中である程度一貫した認知として存在していると考えられる。むしろ，研究5において相談相手の有無やIWMが利益・コストの予期に影響したように，援助要請実行の結果予期には，相談可能なリソースに対する認知，あるいは相談する主体の個人内特性などが，より影響する可能性が考えられる。

　悩みの経験については，男女とも学業の悩みをより多く経験していた。このように，中学生においては，対人関係，自分の性格のような心理・社会的問題についての悩みよりも，学業の悩みの方が経験されやすい傾向が示された。

一方援助要請意図では，女子において悩みの種類による差が見られ，性格の悩みの援助要請意図のみが低いという結果であった。学業や対人関係についての悩みが，外的な状況に影響されやすい悩みであるのに対し，性格の悩みは，自身の内面に直接関係する内容である。この点については，性格の悩みについての相談はアドバイスがもらいにくく，自身の弱さを露呈するような結果につながりやすいため，援助要請がためらわれるといった，直観的解釈は可能である。しかしながら，利益・コストの予期における各得点のほとんどが悩みによって大きな差をもたなかったことを考えると，この援助要請意図の差については，別の要因によるものと考えられる。そのため，このような差が生じる原因について今後，さらに検討が必要であると考えられる。

2．利益・コストの予期が援助要請意図に与える影響

各質問紙条件における重回帰分析の結果，研究5と同様，「ポジティブな結果」と「悩みの経験」が援助要請意図に対して正の影響を与えていた。また研究5では，「自助努力による充実感」が一貫して援助要請意図に対して負の影響を与えていたが，本研究でも，性格の悩みの援助要請意図を除く援助要請意図に対して，有意な影響が示された。

以上のように，悩みの種類別に利益・コストを扱った場合であっても，その差は決して大きなものではなく，援助要請意図との関連も研究5の結果に近いものであった。このことから，中学生は悩みの種類に関係なく，ある程度一貫した利益・コストの予期を行う傾向がある可能性が示唆された。そのため，悩みの種類を特定せずに利益・コストの予期を扱うことの有用性が示されたと考えられる。

ただし，利益・コストと援助要請意図との関連については，若干研究5と異なる部分も示された。まず，「自助努力による充実感」が性格の悩みの援助要請意図に影響を示さなかったことに加え，「問題の維持」は性格の悩みの援助要請意図に対して正の影響を与えていた。性格の悩みは，対人関係や学業の悩みよりも抽象性が高い事柄である。そのため，自分自身で悩みに取り組むことの手ごたえが得にくく，「自助努力による充実感」が援助要請意図に影響しなかった一方，「問題の維持」が援助要請意図に影響を与えた可能性が考えられる。また

「自己評価の低下」は，対人関係悩みの援助要請意図に対して負の影響を与えていた。対人関係の悩みを友人に相談するということは，対人関係が上手くいかないということをまさに，対人関係の中で露呈することにつながる。そのため，こうした自らの弱さが露呈するような「自己評価の低下」の予期は，援助要請を抑制する可能性が考えられる。とはいえ，こうした解釈はいずれも推測の域を出ないため，今後詳細に検討を行うべきであると考えられる。

第5部　発展的検討

第11章 研究7　発生した利益・コストが援助の評価に及ぼす影響

第1節　目　的

　研究7では,「援助要請と適応」に関する課題として，相談によって生じた実際の結果（利益・コスト）が援助評価に与える影響を明らかにすることを目的とする。その際，生じる利益・コストの先行要因として研究5でも扱ったIWMを仮定する。IWMは，援助者の反応を引き出す援助要請者の要因として機能すると考えられる。例えば安定したIWMを有する者は，外向的で適切な感情表現や対人葛藤時の適切な対処など，総じて良好な対人相互作用を行いやすいことが多くの研究で明らかになっている（Mikulincer & Shaver, 2007）。そのため，安定したIWMを有する者は，「援助の要請」の段階において適切な相互作用を行い，有効な援助を引き出すことが可能であると考えられる。従って，IWMが提供される利益・コストに影響し，それが最終的な援助評価につながる可能性が考えられる。またそれに加え，補助的な分析として，(a) 相談実行・回避によって，実際にどの程度利益・コストが発生するのか，(b) 相談経験者と相談回避者とでは，IWMがどのように異なるのかを検討する。

第2節　方　法

　調査協力者　関東地方の公立中学校8校の中学生1331名（1年生：男子237名，女子227名，不明1名，2年生：男子215名，女子206名，3年生：男子229名，女子215名，不明1名）が調査に参加した。その内，記入に不備のあった401名を除く930名（1年生：男子158名，女子167名，2年生：男子158名，女子146名，3年生：男子165名，女子138名）のデータを分析の対象とした。

　調査時期　調査時期は2006年10～12月であった。また，学校への依頼・説

明の方法と実施の手続きについてはこれまでと同様であった。

質問紙の構成　質問紙では，まずこれまでの悩みと相談経験の有無を尋ねた（以下の①）。そして，相談経験がある者にはその時期や結果を尋ね（以下の②〜⑤），相談回避の経験がある者に対しては，回避の結果を尋ねた（以下の⑥）。また最後に，全ての回答者に対してIWMを尋ねた（以下の⑦）。また，以下の質問以外にも，相談経験がある者には悩みの深刻さや友人以外の相談相手を尋ねたが，本研究では分析に用いなかった（資料8に質問紙を添付）。

①：友人への相談経験の有無　「あなたは中学校に入学してから今までの間に，悩みを友だちに相談したことはありますか？」と尋ね，「はい」「いいえ」のいずれかに回答を求め，「はい」と回答した者に対しては，続いて②〜⑤の項目への回答を求めた。「いいえ」と回答した者に対しては，「悩みはあったが，誰にも相談しなかったためでしょうか，それとも別に悩んだことがないためでしょうか」と尋ね，「悩んだが相談しなかった」に回答した者に対しては⑥への回答を，「悩んだことがない」に回答した者に対しては⑦への回答を求めた。

②：相談した悩みの種類　「一番最近相談したことは，どのような悩みですか？」と尋ね，「勉強や成績など」「自分の性格など」「人間関係など」「進路など」「身体や健康など」「それ以外」の6項目から1つ選択してもらい，「それ以外」と回答した場合は，悩みの内容を自由記述で求めた。

③：相談時期　「その悩みを相談したのはどのくらい前のことですか？」と尋ね，自由記述で回答を求めた。

④：相談の実行によって発生した利益・コスト　研究4で作成した利益・コストの尺度における援助要請実行の利益である「ポジティブな結果」と，援助要請実行のコストである「否定的応答」「秘密漏洩」「自己評価の低下」の各下位尺度を用いた。「あなたがその悩みを相談した結果どうなりましたか？」と尋ね，「1：そう思わない」〜「5：そう思う」の5件法で回答を求めた。

⑤：援助評価　本田・石隈（2008）の作成した援助評価尺度を用いた。これは，ポジティブな評価である「他者からの支え（6項目）」「問題状況の改善（6項目）」と，ネガティブな評価である「対処の混乱（6項目）」「他者への依存（5項目）」の全23項目からなる尺度である。「あなたがその悩みを相談したときのことをふりかえってみて下さい。あなたがその悩みを相談したときやその

後で，次のことをどの程度思ったり考えたりしましたか？」と教示し「1：あてはまらない」～「4：あてはまる」の4件法で回答を求めた。

⑥：相談の回避によって発生した利益・コスト　研究4で作成した利益・コストの尺度における援助要請回避の利益である「自助努力による充実感」と，援助要請回避のコストである「問題の維持」の各下位尺度を用いた。「悩みを相談しなかった結果，どうなりましたか？」と尋ね，「1：そう思わない」～「5：そう思う」の5件法で回答を求めた。

⑦：内的ワーキングモデル　研究5と同様中学生用IWM尺度（粕谷・河村，2005）を用いた。計17項目について「1：あてはまらない」～「4：あてはまる」の4件法で回答を求めた。

第3節　結　果

1．分析対象者の選択と基礎的分析

有効回答者の内，友人に悩みを相談したと回答した者は518名であった。その内，相談時期が1年以上前の者4名分のデータを分析から除外し，合計514名（男子176名，女子338名）を相談経験者のデータとした。一方，悩みを相談しなかった403名のうち，悩みは経験したにもかかわらず相談をしなかったと回答した73名（男子50名，女子23名）を相談回避者のデータとした。また，各変数のα係数は各利益・コストが.77～.92，援助評価が.69～.82，IWMが.78～.86であり，いずれも概ね高い値が示された。

2．悩みの種類による結果および評価の差

各得点の記述統計をTable 11-1に示す。第13章に示す利益・コストの予期のデータと，本研究における実際に発生した利益・コストとの比較を行ったところ，「ポジティブな結果」は，相談経験者において高く（$t(689)=7.85, p<.01$），「否定的応答（$t(737)=15.43, p<.01$），」「秘密漏洩（$t(748)=21.55, p<.01$），」「自己評価の低下（$t(650)=2.45, p<.05$）」は，いずれも相談経験者において低かった。

次に，悩みの種類によって，発生する利益・コストや援助評価が異なるかど

Table 11-1 各変数の記述統計

		勉強や成績 $n=92$		自分の性格 $n=21$		人間関係 $n=290$		進路 $n=63$		身体や健康 $n=17$		全体 $n=483$	
		Mean	SD	Mean	SD	Mean	SD	Mean	SD	Mean	SD	Mean	SD
利益・コスト	ポジティブな結果	3.77	(0.77)	3.89	(0.70)	3.86	(0.77)	3.82	(0.79)	3.13	(0.74)	3.81	(0.78)
	否定的応答	1.73	(0.73)	1.52	(0.50)	1.59	(0.66)	1.76	(0.58)	1.96	(0.96)	1.65	(0.67)
	秘密漏洩	1.48	(0.80)	1.14	(0.45)	1.56	(1.00)	1.50	(0.79)	1.92	(1.27)	1.53	(0.94)
	自己評価の低下	1.93	(0.95)	2.14	(1.38)	2.07	(1.12)	1.90	(1.07)	2.22	(1.38)	2.03	(1.10)
援助評価	他者からの支え	3.30	(0.63)	3.35	(0.54)	3.37	(0.61)	3.20	(0.64)	2.97	(0.69)	3.32	(0.62)
	問題状況の改善	2.95	(0.65)	2.79	(0.68)	2.75	(0.69)	2.78	(0.72)	2.64	(0.68)	2.79	(0.69)
	対処の混乱	1.51	(0.56)	1.43	(0.35)	1.44	(0.55)	1.50	(0.53)	1.50	(0.73)	1.47	(0.55)
	他者への依存	2.33	(0.61)	2.31	(0.63)	2.33	(0.69)	2.28	(0.76)	2.18	(0.88)	2.32	(0.69)

うかを検討した。この分析では，相談経験者のうち，相談した悩みの種類に「その他」を選択した31名を除外し，残る483名分のデータを用いた。悩み（5）を要因とした1要因分散分析の結果，「ポジティブな結果（$F(4, 478) = 3.78$, $p<.01$）」「否定的応答（$F(4, 478) = 2.43$, $p<.05$）」「他者からの支え（$F(4, 478) = 2.49$, $p<.05$）」のそれぞれに有意な効果が見られた。多重比較の結果，「ポジティブな結果」においては，「身体や健康」の問題における得点が，「人間関係」の問題における得点よりも1％水準で，「勉強や成績」「自分の性格」「進路」の問題における得点よりも5％水準で低かった。「否定的応答」と「他者からの支え」については，多重比較の結果，有意な平均値の差は見られなかった。以上から，相談によって発生する利益・コストおよび援助評価は，悩みの種類にかかわらず概ね同様であると判断されたため，これらをまとめて分析を行うこととした。

3．相談経験者のモデルの検討

相談経験者における各変数間の相関係数を Table 11-2 に示す。IWMと利益・コストが援助評価に与える影響を検討するため，まずIWMの3因子を外

生変数として設定し，それらが利益・コストの発生を媒介し，援助評価に対して影響を与えるというモデルを設定した (Figure 11-1)。外生変数である IWM の 3 因子の間，発生した利益・コストの 4 因子の誤差変数間，援助評価の 4 因子の誤差変数間にはそれぞれ相関を仮定した。また各尺度得点に対してはこれまでの分析と同様，構成概念となる潜在変数を設定し，希薄化の修正を行った。設定されたモデルに対し，共分散構造分析を行い，有意でないパスを削除しながら分析を繰り返した結果，最終的に適合度が $\chi^2 = 20.47$ (n.s.), df = 18, GFI = .99, AGFI = .97, RMSEA = .02 となるモデルが得られた。

　最終的に得られた変数間の関連を Table 11-3 に示す。まず利益・コストは，それぞれが概ね対応する援助評価に対して影響していた。すなわち，援助要請実行の利益である「ポジティブな結果」は，ポジティブ評価である「他者からの支え」および「問題状況の改善」に正の影響を与えていた。また，援助要請実行のコストである「否定的応答」「秘密漏洩」「自己評価の低下」はいずれも，ネガティブ評価である「対処の混乱」に影響を与えていた。また，「秘密漏洩」は「他者からの支え」と「他者への依存」に負の影響を与えていた。加えて，「自己評価の低下」はネガティブ評価である「他者への依存」に対して正の影響を与えていた。ただしこれに加え，援助要請実行の利益である「ポジティブな結果」はネガティブ評価である「他者への依存」に正の影響を与えていた。

　IWM の各変数も，利益・コストおよび援助評価それぞれに対して様々な影響を与えていた。まず「安定」は，「ポジティブな結果」に正の，援助要請実行のコストである「否定的応答」「自己評価の低下」に対して負の影響を与えていた。そして，ポジティブ評価である「他者からの支え」に対しても正の影響を与えていた。「回避」は，援助要請実行の利益である「ポジティブな結果」に負の，援助要請実行のコストである「否定的応答」「秘密漏洩」「自己評価の低下」に対して正の影響を与えていた。また，ポジティブ評価である「他者からの支え」に負の，ネガティブ評価である「対処の混乱」に対して正の影響を与えていた。「不安」は，援助要請実行のコストである「自己評価の低下」に対して正の影響を与えていた。また，ポジティブ評価である「問題状況の改善」に負の，ネガティブ評価である「他者への依存」に対して正の影響を与えていた。

Table 11-2 相談経験者における各変数間の相関

		IWM			利益・コスト				援助評価			
		安定	不安	回避	ポジティブ	否定	秘密漏洩	自己評価	支え	改善	混乱	依存
IWM	安定		−.24**	−.04	.24**	−.14**	−.03	−.21**	.27**	.26**	−.18**	−.14**
	不安			.24**	−.12**	.09*	.11*	.36**	−.10*	−.21**	.16**	.38**
	回避				−.16**	.11*	.16**	.24**	−.19**	−.12*	.22**	.13**
利益・コスト	ポジティブな結果					−.33**	−.21**	−.25**	.55**	.65**	−.32**	.01
	否定的応答						.41**	.41**	−.30**	−.17**	.57**	.14**
	秘密漏洩							.47**	−.26**	−.12**	.55**	.11*
	自己評価の低下								−.24**	−.18**	.51**	.44**
援助評価	他者からの支え									.53**	−.32**	.06
	問題状況の改善										−.21**	.06
	対処の混乱											.27**
	他者への依存											

$n = 514$
† $p < .10$, * $p < .05$, ** $p < .01$

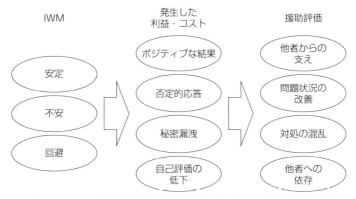

Figure 11-1　相談経験者において仮定したモデル

Table 11-3　IWM および利益・コストの発生が援助評価に与える影響

		発生した利益・コスト				援助評価			
		ポジティブな結果	否定的応答	秘密漏洩	自己評価の低下	他者からの支え	問題状況の改善	対処の混乱	他者への依存
IWM	安定	.27**	−.18**		−.15**	.16**			
	不安				.31**		−.18**		.27**
	回避	−.17**	.14*	.19**	.21**	−.11*		.10*	
利益・コスト	ポジティブな結果	—	—	—	—	.52**	.78**		.18**
	否定的応答	—	—	—	—			.48**	
	秘密漏洩	—	—	—	—	−.17**		.28**	−.18**
	自己評価の低下	—	—	—	—			.21**	.58**
	R^2	.10	.05	.04	.22	.67	.45	.69	.43

「—」とある部分は，もともとパスが設定されなかったもの，空白の部分はパスが有意でないために削除されたものである
*$p<.05$, **$p<.01$

4．援助要請回避者のモデルの検討

次に，相談回避者における各変数間の相関係数と記述統計を Table 11-4 に

示す。相談経験者と同様，第13章に示す利益・コストの予期のデータとの比較を行った結果，「問題の維持」のみ，相談回避者において低いことが示された ($t(75)=6.33$, $p<.01$)。

そして相談回避の際の利益・コストの発生における IWM の役割を検討するため，IWM の各変数が「自助努力による充実感」および「問題の維持」に対して影響を与えるモデルを設定した。IWM の各変数間には相関を設定し，「自助努力による充実感」の誤差変数と「問題の維持」の誤差変数の間にも相関を設定した。また各尺度得点はこれまでの分析と同様，構成概念となる潜在変数を設定し，希薄化の修正を行った。設定されたモデルに対し，共分散構造分析を行い，有意でないパスを削除しながら分析を繰り返した結果，最終的に適合

Table 11-4　相談回避者における各変数間の相関と記述統計

		IWM			利益・コスト		記述統計	
		安定	不安	回避	自助努力	維持	Mean	SD
IWM	安定		−.28*	−.03	.50**	−.27*	2.50	(0.71)
	不安			.35**	−.32**	.47**	2.01	(0.73)
	回避				−.01	.28*	1.77	(0.72)
利益・コスト	自助努力による充実感					−.43**	3.07	(1.18)
	問題の維持						2.27	(1.30)

$n=73$
*$p<.05$, **$p<.01$

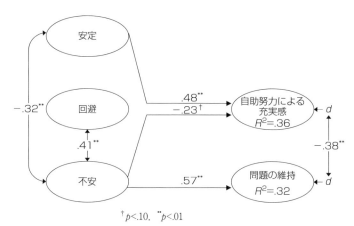

†$p<.10$, **$p<.01$

Figure 11-2　相談回避者における共分散構造分析結果

第4節　考　察　145

Table 11-5　相談経験者と回避者における IWM の差

	相談経験者 $n=514$		相談回避者 $n=73$		t 検定結果
	Mean	SD	Mean	SD	
安定	2.68	(0.67)	2.44	(0.68)	2.86**
不安	2.60	(0.78)	2.40	(0.75)	2.01*
回避	1.81	(0.71)	2.08	(0.74)	−3.01**

*$p<.05$, **$p<.01$

度が $\chi^2=4.08$ (n.s.), df＝4, GFI＝.98, AGFI＝.92, RMSEA＝.02 となるモデルが得られた (Figure11-2)。IWM の各変数のうち「安定」は「自助努力による充実感」に対して正の影響を与えていた。一方,「不安」からは「自助努力による充実感」に対して負の影響が有意傾向であり,「問題の維持」に対しては正の影響が有意であった。また「回避」からは,いずれの変数に対しても有意な影響は見られなかった。

5．相談経験者と相談回避者における IWM の差異

最後に,相談経験者と相談回避者の IWM の傾向の違いを検討するため,IWM の「安定」「不安」「回避」の各変数の平均値に対して t 検定を行った(Table 11-5)。その結果,「安定 ($p<.01$)」および「不安 ($p<.05$)」は相談経験者の得点が有意に高く,「回避 ($p<.01$)」は相談回避者の得点が有意に高かった。

第4節　考　察

1．相談経験者における利益・コストのおよび援助評価の得点

　分散分析の結果,悩みの深刻さ,利益・コスト,援助評価の得点において悩みの種類による平均値の有意差が見られたのは「ポジティブな結果」においてのみであった。すなわち,「身体や健康」についての悩みを相談した群が,他の悩みを相談した群よりも「ポジティブな結果」が低かった。これは,「身体や健康」についての悩みが,勉強や人間関係などの悩みに比べ,実際的な問題解決が難しく,援助者もその他の悩みよりも十分に「ポジティブな結果」をもたら

すことができなかった可能性がある。その他の得点については，悩みの種類による有意な平均値の差は見られなかった。

　また，単純な平均値を見た場合，援助評価における「問題状況の改善」を除けば，ポジティブな結果および評価についての平均値は3を上回り，ネガティブな結果および評価についての平均値は3を下回っていた。また，相談経験者の利益・コストと13章に示す利益・コストの予期（Table 13-3）の平均値を比較すると，実際に相談を行った者は，多くの中学生が予期する結果よりも，利益を多く，コストを少なく経験していた。この結果は，中学生が友人に相談した場合，予想されるよりも好ましい結果を体験しているという可能性が考えられるが，一方で，ポジティブな結果が得られ，ネガティブな結果が少ないであろうと予期した場合に，中学生が相談行動を実行しているという可能性の両方が考えられる。

2．相談経験者における各変数間の関連

　共分散構造分析の結果，ポジティブな結果である利益はポジティブな評価に，ネガティブな結果であるコストはネガティブな評価につながることが確認された。このことから，援助要請が良い結果をもたらすためには，当然ではあるが「ポジティブな結果」等の利益が多いこと，「否定的応答」「秘密漏洩」「自己評価の低下」等のコストが少ないことが重要であると言える。

　ただしこうした傾向とは逆に，「ポジティブな結果」は「他者への依存」というネガティブな評価にも正の影響を示した。過剰な援助を受けることは，援助者に対する申し訳なさを喚起するとされている（相川，1984，1988）。またソーシャル・サポート研究では，ある2者間での相互のサポート量は，相互に同程度の互恵的な関係が，最も適応的であるといった報告がある（Taniguchi & Ura, 2002）。そのため「ポジティブな結果」の多さは，却って他者の援助に頼ってしまっているという感覚が生じ，「他者への依存」という評価が高まった可能性が考えられる。しかしながら，援助を受けることで「他者に依存してしまった」という気持ちをもつことは，ある程度であれば自然な反応であるとも考えられる。また，「ポジティブな結果」が「他者への依存」に与える影響は，ポジティブ評価である「他者からの支え」および「問題状況の改善」に対する影

響よりも弱いものであった。そのため,「ポジティブな結果」による「他者への依存」への影響を大きく問題視する必要はない可能性も考えられる。

　またIWMは,援助要請による利益・コストの発生およびその後の援助評価にそれぞれ影響を示した。全体としては概ね,「安定」傾向の高い者は,援助要請がポジティブな評価につながりやすいが,「回避」および「不安」の傾向が高い者は,ネガティブな評価につながりやすいことが明らかになった。

　こうした結果は,援助要請によって得られる成果に,潜在的な個人差があるということを示している。こうした個人差の理由については大きく以下の2つのメカニズムが考えられる。第1の可能性は,IWMによって援助要請の際の方略が異なる可能性である。すなわちIWMの違いによって,援助要請者の具体的な行動が異なり,その結果生起する相互作用や得られる成果が異なる可能性が考えられる。例えば援助要請に際しては,自分自身の困っている問題状況を適切に開示することが必要である。しかし,「回避」傾向の高い者は自己開示を行いにくい (Collins & Read, 1990 ; Simpson, 1990)。そのため,援助要請はしたものの,自分の気持ちや要求を十分に相手に伝えることができず,その結果援助者からの適切な応答が得られないといったことが起きている可能性が考えられる。こうした点を検討するためには,援助要請スタイル（永井,2013）や援助要請スキル（本田・石隈・新井,2010）など,援助要請の行い方に注目し,IWMとの関連を検討していく必要もあると考えられる。

　もう一つの可能性は,IWMが援助要請時の具体的な行動ではなく,成果に対する主観的評価に影響するという可能性である。IWMは,利益・コストだけでなく援助評価に対しても直接の影響を与えていたように,IWMは,対人相互作用における情報処理に作用する要因である。そのためIWMは,援助要請によって発生した利益・コストの内容だけ関係なく,援助を受けたという事実自体への評価にも影響を与えている可能性が考えられる。

3. 相談回避者におけるIWMと利益・コスト

　相談回避者における「問題の維持」の経験の平均値は,13章 Table 13-3 に示す利益・コストの予期の平均値よりも低かった。これは相談経験者と同様,相談をしなかった場合でも,コストである「問題の維持」がそこまで多く発生

する訳ではない可能性と，問題が悪化しないことが見込まれたからこそ相談を実行しなかったという両方の可能性が考えられる。

また相談経験者と同様，各利益・コストの発生には個人のIWMが影響していた。すなわち，「安定」は「自助努力による充実感」を高めていた。つまり，「安定」の傾向が高い者はコンピテンスが高いため（Mikulincer & Shaver, 2007），自信をもって問題に取り組み「自助努力による充実感」を体験しやすいと考えられる。

逆に「不安」は「自助努力による充実感」を低下させ，「問題の維持」を高めていた。「不安」の傾向が高い者は，先行研究（Lopez, 2001；Wei et al., 2005）や研究5にみられたように，問題への脅威を体験しやすい。そのため，悩みに自ら取り組む体験が，困難に挑戦した努力の体験というよりも，苦痛な体験として経験される可能性が考えられる。こうした結果は，個人のIWMによってその体験が異なるため，個人に自助努力を奨励する場合でも，配慮が必要となることを示唆している。

4．「援助要請と適応」における利益・コストおよびIWMの役割

相談経験者と相談回避者の各IWMを比較した結果，相談経験者の方が「安定」が高く，「不安」と「回避」が低くなっており，安定したIWMを有している者の方が，友人に悩みを相談していることが示された。これは，研究5の援助要請意図とIWMとの関連と整合するものである。IWMは援助要請意図だけでなく，実際の行動の有無とも関連する変数であることが示されたと言える。

本研究では，これまで相談の前に予期される結果として扱ってきた利益・コストが，実際の相談実行後のプロセスにおいても重要な意味をもつことが明らかになった。すなわち，相談によって発生する実際の利益・コストは，適応に影響する援助評価へとつながる要因であることが示された。このように，利益・コストの視点は，相談行動の実行前から実行後までの一連のプロセスの中で大きな意味をもつことが示されたと考えられる。

第12章 研究8　援助要請および利益・コストの予期に対する介入

第1節　目　的

　研究8では，「援助要請の促進」として援助要請および利益・コストの予期の変容可能性について検討する。具体的には，ピア・サポートトレーニングを実施し，相談におけるポジティブな経験をロールプレイによって体験することで，援助要請意図および予期される利益・コストの促進が可能かを検討する。

　ただし，こうしたグループワークの効果は，研究の条件によって非常に変動しやすい。例えば，学級集団を対象としたソーシャルスキルトレーニングにおいては，その効果に個人差があるとされており（金山・佐藤・前田，2004），生徒の特性によってその効果が異なることが報告されている（飯田・石隈，2001；江村・岡安，2003）。また，一度に対象とする集団の規模が大きくなる場合，人数の多さから十分な対応ができず，効果が十分に上がらない可能性も考えられる。そのため，本研究で得られる結果を適切に評価する上では，研究が実施された際の諸条件にも留意しておく必要がある。

　特に本研究では，自主的に参加を志望した者を調査対象とするため，対象者の特性が，一般的な中学生を代表していない可能性も考えられる。例えば，本活動が学校主催のものであることから，学校適応状態のよい生徒が多く含まれる可能性も考えられる。大島・新井（2005）は，学校生活満足度によって，ソーシャルスキルの獲得動機が異なることを明らかにしている。そしてこうしたスキル獲得動機の個人差は，スキル訓練の成果に対しても影響を及ぼすことが明らかになっている（Chiaburu & Marinova, 2005）。そこで，一般化可能性の検討材料として，中学生の学級における適応状態を把握するために多く用いられる学校生活満足度尺度および，これまでに収集した相談行動尺度と利益・コスト尺度の得点（第13章参照）を用い，参加者の特性を検討する。加えて，トレーニングが参加する生徒自身にとっても有意義と感じられるものであるかを

検討するために，各セッションについて簡単な評価を行う。

第2節　方　法

調査協力者　茨城県の中学校1校で実施されたピア・サポート活動のトレーニングへ，参加を希望した生徒を対象とした。まず2007年7月中旬に，当該中学校の生徒指導主事が全生徒に対してピア・サポーター募集の呼びかけを行った。その結果25名（1年生：男子1名，女子5名，2年生：男子2名，女子5名，3年生：男子5名，女子7名）から応募があった。このうち9名は，部活などスケジュールの都合でプログラムに1回以上欠席があった。そのため本研究では，全てのトレーニングに参加し，フォローアップ時までのデータが得られた16名（2年生：男子2名，女子4名，3年生：男子4名，女子6名）を分析の対象とした。

トレーニング活動の概要

①：トレーニングの期間　トレーニングは2007年8月の夏休み期間を利用して行われた。トレーニングは全3回，1回2時間の構成であった。

②：トレーニングの内容　ピア・サポートプログラムは，目標によってその活動および実際のトレーニング内容は様々であり（Cole, 1999; Cowie & Sharp, 1996; Naylor & Cowie, 1999），トレーニング内容も基本的に目的に合わせて構成されるべきであるとされている（Cowie & Wallace, 2000）。そのため，ピア・サポートの統一的なプログラムが存在する訳ではないが，Cowie & Sharp (1996)によれば，大きく(a)友達づくりのための訓練，(b)ピア・カウンセリングのための訓練，(c)調停と葛藤解決のための訓練という3種類が挙げられる。この内，「調停と葛藤解決のための訓練」については，Cowie & Sharp (1996)やCole (1999)などが紹介する生徒同士のいじめ，葛藤の仲裁活動を想定したものである。しかしながら本活動では，こうしたいじめ，葛藤の仲裁活動は，学校の活動計画に含まれていないため，実施しないことになっていた。そのため，「調停と葛藤解決のための訓練」については，トレーニングから除外した。

またトレーニングでは，カウンセリング関係で問題となり得る「境界」や秘

密の保持といった，活動における倫理と責任について明確にする必要がある(Cowie & Sharp, 1996)。そこで本活動では，「友達づくりのための訓練」「ピア・カウンセリングのための訓練」に「倫理と責任の明確化」を加えた3つを，トレーニングの柱とした。具体的な内容は，Cole (1999), Cowie & Sharp (1996), Cowie & Wallace (2000), 中野 (2006), 永井・松尾・新井 (2004) などを参考に，活動の責任者である生徒指導主事と協議しながら計画した。また，相談場面における援助スキルを高めるためのロールプレイを毎回必ず行い，その他アイスブレーキングとしての活動や，ディスカッションを行うこととした。

3日間の活動の概要はTable12-1に示す通りである。1日目は，参加者同士が互いに知りあい，関係をつくるための『アイスブレーキング（友達づくりのための訓練）』を実施し，その後『ピア・サポートとは（倫理と責任の明確化）』というテーマで講義を行った。そして，『仲間を援助するために必要なこと（ピア・カウンセリングのための訓練）』についてディスカッションと講義を行った。最後に，『気持ちの良い聴き方（ピア・カウンセリングのための訓練）』に聞き方についての基本的な態度，スキルをロールプレイ形式で学習した。

2日目はまず，言語コミュニケーションおよび非言語コミュニケーションを活用した『アイスブレーキング（友達づくりのための訓練）』を行った。その後，ロールプレイを実施し，傾聴のための『応答技法（ピア・カウンセリングのための訓練）』訓練を行った。

Table 12-1 本研究で行ったトレーニングの内容

			内容	トレーニングの分類
1日目	導入	30分	アイスブレーキング	友達づくりのための訓練
	討論・講義	15分	ピア・サポートとは	倫理と責任の明確化
	討論・講義	30分	仲間を援助するために必要なこと	友達づくりのための訓練
	実技	45分	気持ちの良い聴き方	ピア・カウンセリングのための訓練
2日目	導入	45分	アイスブレーキング	友達づくりのための訓練
	実技	75分	応答技法	ピア・カウンセリングのための訓練
3日目	実技	60分	問題解決スキル	ピア・カウンセリングのための訓練
	討論・講義	30分	守秘義務と限界について	倫理と責任の明確化
	討論・講義	30分	トレーニングを活かすためのディスカッション	倫理と責任の明確化

3日目は，ワークシートとロールプレイを用いた『問題解決スキル（ピア・カウンセリングのための訓練）』の学習を行った。そして最後に，『守秘義務と限界について（倫理と責任の明確化）』および『トレーニングを活かすためのディスカッション（倫理と責任の明確化）』についてディスカッションと講義を行った。

　なお，トレーニングは著者が実施し，補助者として当該学校の生徒指導主事が参加した。また3日目のみ，学校に配置されているスクールカウンセラーも補助として参加した。

　③：各セッション後の評価　各セッションの終了時にふりかえりシートを配布し，セッションに対する評価および，感想や質問の記入を求めた。評価には「今日の内容は，おもしろかったですか？」「今日の内容は，理解できましたか？？」「今日勉強したことは，日常生活で使えそうですか？？」の3項目を設定した。各項目はいずれも，「1：つまらなかった」〜「5：面白かった」，「1：内容はよくわからなかった」〜「5：内容は理解できた」，「1：使えなさそう」〜「5：使えそう」と5件法による回答を求めた（ふりかえりシートを資料9に添付）。

使用尺度

　①：相談行動尺度　研究3で作成した相談行動尺度を用いた。計11項目について，「1：相談しないと思う」〜「5：相談すると思う」の5件法で回答を求めた。

　②：相談行動の利益・コスト尺度　研究4において作成した利益・コスト尺度を用いた。計26項目を「1：そう思わない」〜「5：そう思う」の5件法で回答を求めた。

　③：学校生活満足度尺度　河村（1999）による学校生活満足度尺度（中学生用）を使用し，「1：まったくない」〜「5：よくある」まで5件法で回答を求めた。

　調査時期　データの収集は，トレーニング開始前（Time1），トレーニング後（Time2），約3ヶ月後となる12月のフォローアップ時（Time3）の3度にわたって行った。Time1では，学校生活満足度尺度，相談行動尺度，相談行動の利益・コスト尺度を実施し，Time2とTime3では，相談行動尺度，相談行動の利

益・コスト尺度を実施した。

第3節 結　果

1．参加者の特性

各得点の記述統計を Table 12-2 に示す。まず参加者の特性を把握するため，Time1 における尺度得点の平均値を，一般的な中学生の平均値と比較した。具体的には，先行研究で報告されている平均値および標準偏差を母集団のデータと仮定し，Time1 における平均値との間の z 値を算出した。なお，学校生活満足度尺度には河村（1999）による中学生 5071 名分のデータを，相談行動尺度および，相談行動の利益・コスト尺度には，第 13 章で示す中学生 2694～7266 名分のデータを用いた。その結果，「心理・社会的問題の援助要請意図」では $z=2.55$（$p<.01$）であり，本研究における調査対象者の Time1 における「心理・社会的問題の援助要請意図」の平均値の方が高いことが示された。また「問題の維持」の平均値も同様に，一般の中学生に比べ高いことが示された（$z=1.96$, $p<.05$）。

学校生活満足度尺度は，承認得点と被侵害・不適応得点の高低によって，中学生を 4 群に分類することができる。すなわち，承認得点が高く，被侵害・不適応得点の低い学校生活満足群，承認得点と被侵害・不適応得点がいずれも低い非承認群，承認得点と被侵害・不適応得点がいずれも高い侵害行為認知群，承認得点が低く，被侵害・不適応得点の高い学校生活不満足群の 4 つである。本研究でもまず，河村（1999）の方法に従い，参加者を 4 群に分類した。その結果，学校生活満足群が 7 名（43.75％），非承認群が 5 名（31.25％），侵害行為認知群が 3 名（18.75％），学校生活不満足群が 1 名（6.25％）であった。河村（1999）の報告した各群の割合は，学校生活満足群が 35.00％，非承認群が 15.40％，侵害行為認知群が 17.20％，学校生活不満足群が 32.40％となっている。そこで，両サンプルにおける各群の割合を比較するため，χ^2 検定を行った。その際，各群の観測度数が 10 を下回っていたことから，イェーツの補正を行った。その結果，有意な関連は見られず（$\chi^2(3)=4.45$, n.s.），河村（1999）の報告における各群の割合と，本研究における参加者の各群の割合との間には，有意な

Table 12-2 各得点の記述統計

		Time1 Mean	Time1 SD	Time2 Mean	Time2 SD	Time3 Mean	Time3 SD	比較のために母集団と仮定したデータ Mean	SD	n	対象データとTime1の値の比較 z
学校生活満足度	承認	33.56	(8.66)					32.86	(7.61)	5071	0.37
	被侵害・不適応	20.31	(5.83)					22.03	(7.87)	5071	−0.87
援助要請意図	心理・社会的問題	3.54	(0.72)	3.41	(0.98)	3.48	(1.11)	2.82	(1.13)	7243	2.55**
	学習・進路的問題	2.80	(1.05)	3.30	(1.53)	3.33	(1.19)	2.78	(1.20)	7266	0.07
利益・コスト	ポジティブな結果	3.46	(0.68)	4.06	(0.49)	4.08	(0.54)	3.47	(0.94)	4523	−0.06
	否定的応答	2.09	(0.61)	2.11	(0.57)	2.22	(0.73)	2.30	(0.90)	4523	−0.87
	秘密漏洩	2.48	(1.31)	2.10	(0.86)	2.38	(1.07)	2.77	(1.27)	4523	−1.05
	自己評価の低下	2.38	(0.82)	1.90	(0.80)	2.02	(0.97)	2.43	(1.18)	2964	−0.75
	自助努力による充実感	2.69	(1.06)	2.60	(1.13)	2.50	(0.85)	2.88	(1.03)	2964	−0.80
	問題の維持	3.77	(0.92)	3.63	(1.02)	3.38	(1.14)	3.25	(1.12)	2964	1.96*

*$p<.05$, **$p<.01$

差は示されなかった。

2．トレーニングによる得点の変化

次に，トレーニングによる得点の変化を検討するため，測定時期を独立変数とし，相談行動尺度および相談行動の利益・コスト尺度の下位尺度得点をそれぞれ従属変数とした1要因分散分析を行った。その結果，援助要請実行の利益である「ポジティブな結果」にのみ有意な効果が見られ（$F(2, 30) = 7.31$, $p < .01$），多重比較の結果，Time2の得点とTime3の得点がともに，Time1の得点よりも1％水準で有意に高かった。しかしながら，残る下位尺度得点では，いずれも有意な効果は見られなかった（$F(2, 30) = 0.26 \sim 2.26$, n.s.）。

続いて，各尺度得点の変化の程度を検討するため，平均値の差の効果量（Cohen, 1988）を算出した（Table 12-3）。その結果，「心理・社会的問題の援助要請意図」については，いずれの時期の間の効果量も非常に低いものであったが，「学習・進路的問題の援助要請意図」は，Time1の得点とTime3の得点との間に，中程度の効果量が示された（$d = 0.51$）。また，分散分析において有意差の示された「ポジティブな結果」でも同様に，Time2およびTime3の得点は，Time1の得点との間に中程度の効果量が示された（Time1-Time2: $d = 0.70$；Time1-Time3: $d = 0.70$）。また，援助要請回避のコストである「問題の維持」は，Time1の得点とTime3の得点との間に，中程度の効果量が示された（$d = 0.50$）。

Table 12-3　各平均値差の効果量

		平均値差の効果量		
		Time1 vs Time2	Time1 vs Time3	Time2 vs Time3
援助要請意図	心理・社会的問題	0.18	0.08	0.16
	学習・進路的問題	0.41	0.51	0.02
利益・コスト	ポジティブな結果	0.70	0.70	0.09
	否定的応答	0.03	0.15	0.22
	秘密漏洩	0.31	0.27	0.08
	自己評価の低下	0.49	0.36	0.16
	自助努力による充実感	0.08	0.10	0.18
	問題の維持	0.16	0.50	0.28

3．介入の効果に関する補助的分析

　本研究では，実施の制約上から，同学校内では統制群が設定できなかった。そこで，トレーニングを受けていない生徒を対象に，相談行動尺度および相談行動の利益・コスト尺度を2度実施し，そこで得られたデータを，トレーニングを実施した群のTime1-Time2に対する統制群として仮に用い，得点比較を行った。質問紙実施の対象となったのは，トレーニングを実施した中学校と同県内にある別の中学校に所属する中学生85名（男子48名，女子37名）である。質問紙の実施時期は2006年の7月であり，実施の間隔は，トレーニングを実施した群におけるTime1とTime2の間隔とほぼ同じ長さとなる2週間である。

　各変数に対し，時期および群を独立変数とした2要因分散分析を行った。その結果，「学習・進路的問題の援助要請意図（$F(1, 99) = 5.97$, $p<.05$）」と「ポジティブな結果（$F(1, 99) = 13.02$, $p<.01$）」において有意な交互作用が示された。

　単純主効果の検定の結果「学習・進路的問題の援助要請意図」では，実験群ではTime2の得点が，Time1の得点よりも10％水準で高くなる傾向が見られた（$Mean=2.80$, $SD=1.05$ vs. $Mean=3.30$, $SD=1.53$）。一方統制群では，Time1に比べTime2の得点が5％水準で低下していた（$Mean=2.98$, $SD=1.24$ vs. $Mean=2.68$, $SD=1.18$）。実験群と統制群との比較では，Time1では有意な差が見られなかったのに対し，Time2では実験群の得点が統制群の得点よりも高い傾向が示された（$p<.10$）。

　「ポジティブな結果」では，統制群でTime1とTime2との差が見られなかったのに対し（$Mean=3.50$, $SD=0.90$ vs. $Mean=3.39$, $SD=1.01$），実験群ではTime2の得点が，Time1の得点よりも1％水準で高くなっていた（$Mean=3.46$, $SD=0.68$ vs. $Mean=4.06$, $SD=0.49$）。また，実験群と統制群との比較では，Time1では有意な差が見られなかったのに対し，Time2では実験群の得点が統制群の得点よりも高くなっていた（$p<.01$）。

　最後に，有意差が見られた「学習・進路的問題の援助要請意図」の変化と「ポジティブな結果」の変化との関連を検討するため，各得点の変化量を算出した。そして，「ポジティブな結果」の変化量と「問題の維持」の変化量を算出し

Table 12-4 各セッションへの評価

	1回目	2回目	3回目
今日の内容は，おもしろかったですか？	4.25 (0.58)	4.67 (0.65)	4.60 (0.74)
今日の内容は，理解できましたか？	4.50 (0.63)	4.92 (0.29)	4.73 (0.46)
今日勉強したことは，日常生活で使えそうですか？	4.88 (0.34)	4.75 (0.45)	4.80 (0.41)

た。その結果，両変化量の相関係数は $r=.63$ （$p<.01$）であり，有意な正の相関が示された。

4．各セッションの評価

最後に，各セッション後に行ったセッションの評価の結果を Table12-4 に示す。「今日の内容は，おもしろかったですか？」については4.0以上，「今日の内容は，理解できましたか？」については4.5以上，「今日勉強したことは，日常生活で使えそうですか？」については4.7以上の平均値が各セッションにおいて得られた。このように，いずれの項目も，各セッションにおいて高い平均値が示された。

第4節 考　察

1．トレーニングによる得点の変化

1要因分析の結果，援助要請実行の利益である「ポジティブな結果」は活動前に比べ得点が有意に上昇し，3ヵ月後のフォローアップ時も得点は維持されていた。また，Time1 と Time2 とほぼ同時期に収集した一般の中学生のデータと比較を行った場合でも，トレーニングを実施した群は，一般の中学生に比べて有意な得点の上昇を示していた。このように，トレーニングを行うことで援助要請実行の利益の予期が継続的に高まるという変化が示された。

また「学習・進路的問題の援助要請意図」は，分散分析の結果は有意でなかったものの，効果量の検討からは，Time2 および Time3 の値が，Time1 の値よりも実質的に高くなっていることが示された。「ポジティブな結果」と同様，トレーニングに参加していない一般の中学生のデータと比較を行った結果，トレーニングを実施した群は，一般の中学生に比べて有意傾向であるものの，得点

の上昇を示した。ただし，トレーニングを実施した群の「学習・進路的問題の援助要請意図」の得点変化は，1要因分散分析では有意でなかった。加えて，2要因分散分析によって示された一般の中学生との間の得点差が，一般の中学生における得点低下に一部起因していると考えられるため，「学習・進路的問題の援助要請意図」の上昇については，過大評価しないようにする必要がある。

　最後に，一定の変化を示した「ポジティブな結果」と「学習・進路的問題の援助要請意図」における各変化量の間には，有意な正の関連が示された。この結果のみから因果関係を断定することはできないが，援助要請意図の変化が，結果予期を変容させるとは考えにくい。そのため，介入の結果見られた援助要請意図の上昇は，援助要請における「ポジティブな結果」の予期が高まることによってもたらされた可能性が考えられる。これは，ポジティブな結果の予期が援助要請に影響するというこれまでの先行研究の知見とも一致するものである。

　以上から，本研究で実施したピア・サポートトレーニングは，援助要請実行における利益の予期を高めることにより，援助要請をある程度促進する効果をもつものと考えられる。しかし，「学習・進路的問題の援助要請意図」の得点が上昇したのに対し，「心理・社会的問題の援助要請意図」の得点にほとんど変化は見られなかった。この点については，参加者の初期条件が影響している可能性がある。すなわち本トレーニングへの参加者は，比較対象に用いた中学生に比べ，「学習・進路的問題の援助要請意図」が同程度の平均値であったのに対し，「心理・社会的問題の援助要請意図」は高い平均値を示していた。つまり，本トレーニングへの参加者の「心理・社会的問題の援助要請意図」はもともと高く，そのためにトレーニングの効果が見られなかった可能性が考えられる。この点については，今後同様の調査を重ねることによって，明らかにしていく必要がある。

2．本研究で実施されたトレーニングの特徴

　本研究で実施されたトレーニングは，各セッションとも参加者から高い評価を得た。そのため本トレーニングは，単に援助要請の促進につながるだけでなく，同時に，参加者にとっても有意義と感じられるものであったと考えられる。

ただし，本研究で実施されたトレーニングの外的条件と，対象となったトレーニング参加者の特徴については十分に留意しておく必要がある。本研究で行ったトレーニングは，25名という比較的小人数のグループを対象とし，夏休みという時期を使って集中的に行われたものである。そのため，ある程度まとまった時間が確保された上で，小人数に対するきめ細かな活動の実施が可能であったと考えられる。

また，希望者のみを対象としていることから，参加者の特徴にも留意する必要がある。調査対象者における学校生活満足度尺度の得点は概ね平均的であり，4群の比率にも大きな偏りは見られなかった。このことから，本トレーニングへの参加者は，学級内において標準的な適応状況にあったと言える。しかしながら，援助要請意図および利益・コストの予期については，トレーニング開始時における「心理・社会的問題の援助要請意図」と「問題の維持」の得点の平均値が，比較対象となっている中学生に比べて高い値であった。そのため，本トレーニングへの参加者は，集団としての適応状況自体は標準的であるものの，援助要請への親和性が高く，トレーニングへの動機づけも高かった可能性がある。

このように，本研究で実施したトレーニングは，通常の授業時間に，クラス全体に対して実施されることが多い一般の介入プログラムと比べると，実施のしやすい条件が揃っていたと言える。本研究で得られた結果，すなわち「ポジティブな結果」や「学習・進路的問題の援助要請意図」が上昇したことや，「心理・社会的問題の援助要請意図」が見られなかったことなどは，こうした要因が影響している可能性は否定できない。

そのため今後も，様々な条件を考慮しながら調査を継続し，トレーニングの結果に影響を与える参加者の要因や，トレーニング構造の要因について明らかにしていく必要があると考えられる。

3．今後の研究への検討課題と留意事項

先に述べた通り，本研究のトレーニングは，様々な外的条件および参加者の特性の上に実施された。そのため，本研究で得られた結果の一般化については，様々な制限があることも留意しておかねばならない。勿論このことは，本研究

結果の一般化可能性を即座に否定する訳ではない。しかしながら，その他の条件のもとでも同様の結果が得られるかについては，改めて検討する必要がある。

また，実験デザインに関するいくつかの課題も存在する。まず，フォローアップ時における比較の必要性が挙げられる。補助的に統制群として用いた縦断データとの比較では，「学習・進路的問題の援助要請意図」と「ポジティブな結果」が，トレーニングによって高くなっている可能性が示唆された。しかしこの統制群は，フォローアップ時の比較データが得られていない。そのため今後は，フォローアップ時においても統制群との比較を行うことが必要である。

また，「学習・進路的問題の援助要請意図」は，介入前の平均値とフォローアップ時の平均値の間に 0.51 という中程度の効果量が示されたが，有意な検定結果は示されなかった。これは，サンプル数の少なさが原因の一つであると考えられる。対応のある t 検定において平均値差の効果量が 0.50 の時，5％の有意水準に 0.8 の検定力を得るには，27 のサンプル数が必要になる。そのため，同様の調査を再度行う場合は，27 名以上を調査対象者とする必要がある。

第6部　全体のまとめ

第13章 中学生の援助要請における基礎データの検討

第1節 目　的

　前章までが，第1部で提示した8つの目的に対応する研究である。最後に，中学生の援助要請に関連する各変数についての基礎データを資料として提示する。第1部でも述べたように，援助要請は年齢や性別などのでもグラフィック要因との関連が指摘されることが多い。また研究8で用いたように，研究で対象としたサンプルのおおよその傾向を把握するためには，比較対象となるデータが重要である。ここで提示するデータは，適正なサンプリングに基づくものではないため，標準データと言えるものではないが，一定の資料としては使用可能であると考えられる。

第2節 方　法

　分析対象となったデータ　分析対象としたデータは研究3～7で得たデータに永井・新井（2007）および永井（2012）のデータを加えたものである。データは関東地方の公立中学校55校で実施された調査から得られており，調査に参加した総計8902名分のデータの内，データに不備のあった566名分のデータを除く，8336名分のデータを用いた。ただし調査によって，使用された尺度は異なっているため，変数によって利用可能なデータの数は異なっている（Table 13-1）。各変数のうち，最もデータ数の少ない下位尺度は2964名，最もデータ数の多い下位尺度は7266名であった。
　分析対象となった変数　研究3において作成した相談行動尺度および，相談行動尺度の項目を用いた「悩みの経験」，研究4において作成した利益・コストの尺度のデータを分析対象とした。

Table 13-1 分析に用いた各変数のサンプル数

			1年生	2年生	3年生	全体
悩みの経験	心理・社会的問題	女子	1036	1020	846	2902
		男子	1066	977	869	2912
		全体	2102	1997	1715	5814
	学習・進路的問題	女子	1031	1030	864	2925
		男子	1067	969	877	2913
		全体	2098	1999	1741	5838
援助要請意図	心理・社会的問題	女子	1279	1274	1071	3624
		男子	1291	1227	1101	3619
		全体	2570	2501	2172	7243
	学習・進路的問題	女子	1274	1283	1089	3646
		男子	1292	1219	1109	3620
		全体	2566	2502	2198	7266
利益・コスト	ポジティブな結果 否定的応答 秘密漏洩	女子	799	785	699	2283
		男子	793	751	696	2240
		全体	1592	1536	1395	4523
	自己評価の低下 自助努力による充実感 問題の維持	女子	549	536	446	1531
		男子	510	493	430	1433
		全体	1059	1029	876	2964

第3節 結　果

1．各尺度の基礎的分析

　まず，各尺度のそれぞれ利用可能なデータに対し，主因子法プロマックス回転による因子分析を行った。その結果，いずれの尺度においても先行研究同様の因子構造が得られた。また，各項目が対応する因子への負荷量は .42〜.99 であり，逆に，対応しない因子への負荷量の絶対値は .00〜.20 であった。そこで，各項目に最も負荷量の高かった項目の加算平均を，各下位尺度得点とした。最後に，各下位尺度得点におけるα係数を算出したところ，それぞれ「心理・社会的問題の悩みの経験」が .83，「学習・進路的問題の悩みの経験」が .78，「心理・社会的問題の援助要請意図」が .89，「学習・進路的問題の援助要請意図」が .85，「ポジティブな結果」が .91，「否定的応答」が .88，「秘密漏洩」が .92，「自己評価の低下」が .87，「自助努力による充実感」が .81，「問題の維持」が .86 であり，いずれも高い内的整合性が示された。

2. 悩みの経験および援助要請意図の性差・学年差

悩みの経験および援助要請意図の各下位尺度に対し，性別×学年の2要因分散分析を行った (Table 13-2)。まず，「心理・社会的問題の悩みの経験」において，性別の主効果 ($F(1, 5808) = 710.77$, $p<.01$) および学年の主効果 ($F(2, 5808) = 28.90$, $p<.01$) が有意であったが，交互作用は有意ではなかった ($F(2, 5808) = 0.50$, n.s.)。「心理・社会的問題の悩みの経験」については，男子よりも女子の方が得点が高く，平均値の差について Cohen's d を算出したところ，$d = 0.69$ であり，中程度の効果量が示された。学年の主効果については，Tukey の多重比較の結果，1年生，2年生，3年生の順に得点が高くなっており，全ての平均値の差は全て1％水準で有意であった。続いて，有意であった各学年間の差についても同様に効果量を算出した。その結果，1年生 - 3年生間の得点差についてのみ，弱い効果量が示されたが ($d=0.24$)，1年生 - 2年生間，2年生 - 3年生間の平均値の差の効果量はそれぞれ 0.10, 0.14 であり，弱い効果とされる (Cohen, 1988) 0.20 を下回っていた。

「学習・進路的問題の悩みの経験」においては，性別の主効果 ($F(1, 5832) = 73.29$, $p<.01$) および学年の主効果 ($F(2, 5832) = 104.32$, $p<.01$) が有意であったが，交互作用 ($F(2, 5832) = 2.16$, n.s.) は有意ではなかった。平均値の差については，「心理・社会的問題の悩みの経験」と同様，性差については男子よりも女子の方が得点が高く，学年差については，1年生，2年生，3年生の順に得点が高くなっていた (全て $p<.01$)。性差についての効果量は $d=0.22$ と，弱い効果量が示されたが，学年差については，1年生 - 3年生間の得点差についてのみ，ある程度の効果量が示されたものの ($d=0.46$)，1年生 - 2年生間，2年生 - 3年生間の平均値の差の効果量はそれぞれ 0.16, 0.14 であり，0.20 を下回っていた。

「心理・社会的問題の援助要請意図」については，性別の主効果 ($F(1, 7237) = 665.80$, $p<.01$) のみ有意であり，学年の主効果 ($F(2, 7237) = 0.76$, n.s.)，交互作用 ($F(2, 7237) = 0.56$, n.s.) ともに有意ではなかった。性差については，男子よりも女子の方が高い得点が示され，効果量も 0.61 と，中程度の値が示された。

最後に，「学習・進路的問題の援助要請意図」については，性別の主効果

第13章 中学生の援助要請における基礎データの検討

Table 13-2 悩みの経験および援助要請意図の記述統計

			記述統計								分散分析結果			
			1年生		2年生		3年生		全体		性差		学年差	
			Mean	SD	Mean	SD	Mean	SD	Mean	SD	平均値の比較	d	平均値の比較	d
悩みの経験	心理・社会的問題	女子	2.92	(0.99)	3.02	(0.98)	3.18	(0.96)	3.03	(0.99)	男子＜女子**	0.69	1年＜2年**	0.10
		男子	2.27	(0.93)	2.35	(0.96)	2.48	(0.94)	2.36	(0.95)			2年＜3年**	0.14
		全体	2.59	(1.01)	2.69	(1.03)	2.83	(1.01)	2.69	(1.02)			1年＜3年**	0.24
	学習・進路的問題	女子	3.44	(1.02)	3.65	(1.00)	3.98	(0.94)	3.68	(1.02)	男子＜女子**	0.22	1年＜2年**	0.16
		男子	3.28	(1.08)	3.39	(1.10)	3.70	(1.08)	3.45	(1.10)			2年＜3年**	0.14
		全体	3.36	(1.06)	3.53	(1.06)	3.84	(1.02)	3.56	(1.06)			1年＜3年**	0.46
援助要請意図	心理・社会的問題	女子	3.16	(1.06)	3.14	(1.07)	3.15	(1.08)	3.15	(1.07)	男子＜女子**	0.61	n.s.	
		男子	2.49	(1.09)	2.47	(1.06)	2.53	(1.10)	2.49	(1.08)				
		全体	2.82	(1.13)	2.81	(1.12)	2.84	(1.13)	2.82	(1.13)				
	学習・進路的問題	女子	2.83	(1.16)	2.80	(1.18)	2.99	(1.23)	2.87	(1.19)	男子＜女子**	0.15	2年＜3年**	0.17
		男子	2.64	(1.19)	2.62	(1.16)	2.83	(1.23)	2.69	(1.20)			1年＜3年**	0.15
		全体	2.73	(1.18)	2.71	(1.18)	2.91	(1.23)	2.78	(1.20)				

効果量が 0.20 を上回るものには，アンダーバーを付した。
*p＜.05, **p＜.01

($F(1, 7260) = 39.77$, $p < .01$) および学年の主効果 ($F(2, 7260) = 19.45$, $p < .01$) が示されたが，交互作用 ($F(2, 7260) = 0.12$, n.s.) は有意ではなかった。性差についてはこれまでの変数同様男子よりも女子の方が得点が高かったが，効果量は 0.20 を下回っていた ($d = 0.15$)。一方学年差については，3 年生が 1 年生および 2 年生よりも 1 ％水準で高い値を示した。しかしながらいずれの平均値差も効果量は 0.20 を下回っていた（それぞれ 0.15，0.17）。

　以上のように，効果量が 0.20 を上回った平均値差についてまとめると，悩みの経験については，「心理・社会的問題の悩みの経験」および「学習・進路的問題の悩みの経験」ともに男子よりも女子の方が得点が高く，1 年生よりも 3 年生の方が高い得点を示した。一方で援助要請意図については，「心理・社会的問題の援助要請意図」において男子よりも女子の方が得点が高いという差が見られたのみであった。

3．利益・コストの性差・学年差

　続いて，利益・コストの各下位尺度に対し，性別×学年の 2 要因分散分析を行った（Table 13-3）。まず，援助要請実行の利益である「ポジティブな結果」においては，性別の主効果（$F(1, 4517) = 327.77$, $p < .01$）および学年の主効果（$F(2, 4517) = 9.72$, $p < .01$）が有意であったが，交互作用（$F(2, 4517) = 0.87$, n.s.）は有意ではなかった。性差については男子よりも女子の方が得点が高く，中程度の効果量が示された（$d = 0.53$）。一方学年差については，2 年生が最も低く，1 年生よりも 5 ％水準で，3 年生よりも 1 ％水準で得点が低かったが，効果量はそれぞれ 0.09，0.15 であり，0.20 を下回っていた。

　「否定的応答」においては，性別の主効果（$F(1, 4517) = 161.24$, $p < .01$）のみ有意であり，女子よりも男子の方が得点が高く，効果量は 0.38 であった。残る学年の主効果（$F(2, 4517) = 2.47$, n.s.）および交互作用（$F(2, 4517) = 0.01$, n.s.）は有意ではなかった。

　「秘密漏洩」においては，性別の主効果（$F(1, 4517) = 56.54$, $p < .01$）および学年の主効果（$F(2, 4517) = 7.03$, $p < .01$）が有意であったが，交互作用（$F(2, 4517) = 2.00$, n.s.）は有意ではなかった。性差については女子よりも男子の方が得点が高く，効果量は 0.22 であった。一方学年差については，3 年生が最も

Table 13-3 相談行動の利益・コストの記述統計

			記述統計								分散分析結果			
			1年生		2年生		3年生		全体		性差		学年差	
			Mean	SD	Mean	SD	Mean	SD	Mean	SD	平均値の比較	d	平均値の比較	d
実行－利益	ポジティブな結果	女子	3.72	(0.89)	3.66	(0.85)	3.77	(0.86)	3.71	(0.87)	男子＜女子*	0.53	2年＜1年*	0.09
		男子	3.25	(0.99)	3.12	(0.93)	3.30	(0.93)	3.22	(0.96)			2年＜3年**	0.15
		全体	3.49	(0.97)	3.40	(0.93)	3.54	(0.93)	3.47	(0.94)				
	否定的応答	女子	2.13	(0.89)	2.17	(0.84)	2.09	(0.79)	2.13	(0.84)	女子＜男子**	0.38	n.s.	
		男子	2.47	(0.95)	2.50	(0.95)	2.43	(0.87)	2.47	(0.93)				
		全体	2.30	(0.94)	2.33	(0.91)	2.26	(0.85)	2.30	(0.90)				
実行－コスト	秘密漏洩	女子	2.65	(1.26)	2.70	(1.23)	2.51	(1.26)	2.63	(1.25)	女子＜男子**	0.22	3年＜2年*	0.10
		男子	3.01	(1.32)	2.88	(1.25)	2.82	(1.21)	2.91	(1.26)			3年＜1年**	0.13
		全体	2.83	(1.30)	2.79	(1.24)	2.66	(1.24)	2.77	(1.27)				
	自己評価の低下	女子	2.25	(1.20)	2.27	(1.17)	2.37	(1.15)	2.29	(1.17)	女子＜男子**	0.26	n.s.	
		男子	2.53	(1.18)	2.61	(1.14)	2.63	(1.17)	2.59	(1.17)				
		全体	2.39	(1.20)	2.43	(1.17)	2.50	(1.17)	2.43	(1.18)				
回避－利益	自助努力による充実感	女子	2.67	(1.02)	2.72	(1.00)	2.82	(0.98)	2.73	(1.00)	女子＜男子**	0.31	1年＜3年*	0.11
		男子	3.00	(1.08)	3.03	(1.00)	3.09	(0.99)	3.04	(1.03)				
		全体	2.83	(1.07)	2.87	(1.01)	2.95	(0.99)	2.88	(1.03)				
回避－コスト	問題の維持	女子	3.54	(1.13)	3.46	(1.06)	3.26	(1.03)	3.43	(1.08)	男子＜女子**	0.34	3年＜2年**	0.12
		男子	3.10	(1.17)	3.05	(1.08)	2.99	(1.12)	3.05	(1.13)			3年＜1年**	0.18
		全体	3.33	(1.17)	3.26	(1.09)	3.13	(1.09)	3.25	(1.12)				

効果量が 0.20 を上回るものには，アンダーバーを付した。
*p<.05. **p<.01

低く，2年生よりも5％水準で，1年生よりも1％水準で得点が低かったが，効果量はそれぞれ0.10, 0.13であり，0.20を下回っていた。

「自己評価の低下」においては，性別の主効果（$F(1, 2958) = 46.68$, $p < .01$）のみ有意であり，女子よりも男子の方が得点が高く，効果量は0.26であった。残る学年の主効果（$F(2, 2958) = 2.03$, n.s.）および交互作用（$F(2, 2958) = 0.23$, n.s.）は有意ではなかった。

「自助努力による充実感」においては，性別の主効果（$F(1, 2958) = 65.05$, $p < .01$）および学年の主効果（$F(2, 2958) = 3.14$, $p < .01$）が有意であったが，交互作用（$F(2, 2958) = 0.16$, n.s.）は有意ではなかった。性差については女子よりも男子の方が得点が高く，効果量は0.31であった。一方学年差については，3年生が1年生よりも5％水準で高かったが，効果量は0.11であり，0.20を下回っていた。

「問題の維持」においては，性別の主効果（$F(1, 2958) = 84.91$, $p < .01$）および学年の主効果（$F(2, 2958) = 7.49$, $p < .01$）が有意であったが，交互作用（$F(2, 2958) = 1.57$, n.s.）は有意ではなかった。性差については男子よりも女子の方が得点が高く，効果量は0.34であった。一方学年差については，3年生が1年生より1％水準で，2年生より5％水準で得点が低くなっていた。しかしながら，1年生-3年生間，2年生-3年生間の平均値の差の効果量はそれぞれ0.18, 0.12であり，0.20を下回っていた。

第4節 考　察

1．各下位尺度の性差

各変数に対する分散分析の結果，全ての得点に有意な性差が見られた。また，各援助要請意図において確認された性差も，従来の知見と一致するものであった。しかしながら，「心理・社会的問題の援助要請意図」では，中程度の効果量が示されたのに対し，一方の「学習・進路的問題の援助要請意図」における性差の効果量は非常に弱いものであり，0.20を下回っていた。このことから，援助要請意図における性差の程度は，援助要請を行う問題の種類によって異なると言える。水野・石隈（1999）は，援助要請における性差の報告は多いものの，性

差が示されないとされる結果も複数存在することを指摘している。先行研究におけるこのような性差の存在の有無は，援助要請を行う問題の種類による違いが影響している可能性も考えられる。そのため今後，問題の種類という視点から援助要請を捉えることは，援助要請の性差に関する知見の整理に役立つ可能性がある。

また，悩みの経験と利益・コストの内，女子の方が高い得点を示した悩みの経験，援助要請実行の利益および援助要請回避のコストは，いずれも理論上は援助要請を促進するものである。一方で，男子の方が高い得点を示した援助要請実行のコストと援助要請回避の利益は，いずれも理論上は援助要請を抑制するものである。すなわち援助要請意図の性差は，このように援助要請意図に影響する要因のレベルから既に存在していると考えられる。従って，援助要請における性差のメカニズムを検討する場合，単に援助要請の性差のみを検討するだけでなく，これら援助要請に対して影響する要因の性差も同時に検討することが，援助要請の性差のメカニズムを解明する上で有用であると考えられる。

2．各下位尺度の学年差

学年差についても，多くの尺度で有意な結果が示された。全体的に，悩みの経験と援助要請意図は学年の上昇とともに高くなっており，こうした結果は，思春期以降多くの課題に直面し，同時に仲間同士で深い自己開示をしあえるような親密な関係を形成していく過程を反映しているものと考えることができる。

しかしながら本研究での学年差は，ほとんどの効果量の値が0.20を下回っており，0.20以上の効果量が示されたのは，心理・社会的問題と学習・進路的問題の悩みの経験における，1年生-3年生間の差のみであった。そのため，学年の上昇に伴うこうした得点の変化は，1年単位で比較した場合，わずかな差しか存在しないと言える。実際，中学生の自己開示（渋谷・伊藤，2004）や同輩とのコミュニケーションスキル（飯田・石隈，2002）についても同様に，学年差は存在するものの，その差はあまり大きいものではないことが明らかになっている。以上から，こうした学年差は存在しない訳ではないものの，中学生という年齢の範囲内で見た場合，その差はわずかなものであることが示唆される。

第14章 総合的考察

第1節 本研究の知見のまとめ

本研究では，中学生の友人に対する相談行動を援助要請行動として捉え，8つの研究を行った。まず研究1において，悩みを「相談したいができない」中学生が相当数存在し，研究2において，中学生は悩みの相談実行・回避の選択に際して結果の予期を行っていることが明らかになった。そして，研究3では相談行動尺度を，研究4では利益・コスト尺度を作成した。そして研究5～8において，「援助要請の生起」「援助要請と適応」「援助要請の促進」という各課題に対応する検討を行った。

1．援助要請の生起

研究5と研究6の結果から，利益・コストのうち「ポジティブな結果」の予期が援助要請意図に正の影響をもつことが示された。またこの結果は，悩みの種類を特定した場合としない場合の両条件で一貫して得られた。ただしその他の利益・コストのうち，援助要請意図に対して概ね影響をもつと言えそうな因子は「自助努力による充実感」のみであった。悩みの種類を特定して関連を検討した場合には，若干の違いも見られるものの，その他の因子が援助要請意図に対してもつ影響はほとんど見られなかった。

その他の要因としては，悩みの量や相談相手の存在が援助要請意図を促進することが示された。性別については，援助要請意図にはほぼ一貫して性差が見られたものの，その他の要因も考慮した上で援助要請意図への影響を検討した結果，性別から援助要請意図に対する直接の影響はほとんど見られなかった。またパーソナリティ変数として扱ったIWMの「安定」は援助要請意図を促進し，逆に「回避」は援助要請意図を抑制し，「不安」は援助要請意図に対して両価的な影響をもつことが示された。

2. 援助要請と適応

研究7において，実際の相談によって発生する利益・コストが，援助要請を適応に結びつける上で重要となる可能性が示唆された。援助要請後には，「援助を受ける（具体的応答）」段階と「援助を評価する（主観的評価）」段階を経て，適応への影響がもたらされるとされているが（高木，1997）。前者の具体的応答を，実際に発生した利益・コストとして，後者の主観的評価を援助評価（本田・新井，2008）として捉え，両者の関連を検討したところ，ポジティブな結果は概ねポジティブな評価に，ネガティブな結果は概ねネガティブな評価に影響することが明らかになった。このことから実際の相談場面においては，利益・コスト尺度の各項目に示されるような具体的内容に留意することが重要であると示唆される。

またこうした成果には，個人のIWMが影響することが明らかになった。すなわち，IWMの「安定」が高い者は，援助要請後にポジティブな成果を得やすく，「不安」や「回避」が高い者は，援助要請後にネガティブな成果を得やすかった。さらに「安定」と「不安」は援助要請回避を行った後の成果にも同様の影響を及ぼしていた。

3. 援助要請の促進

研究8において，自発的に参加を希望した少人数の中学生を対象としてピア・サポートのトレーニングを実施した。その結果，利益・コストのうち，特に「ポジティブな結果」の予期に変化が見られ，トレーニングの終了した3ヶ月後も変化は持続していた。また，「学習・進路的問題の援助要請意図」も得点の上昇が見られ，この変化は「ポジティブな結果」の上昇に伴ったものであることが示唆された。今回用いたトレーニング内容がもつ効果の一般化可能性については今後検討の余地があるものの，援助スキルの獲得やロールプレイを通した援助・被援助体験が，援助要請の促進をもたらす可能性が示された。

第2節　本研究がもたらす示唆

1．援助要請研究における意義

　本研究において，利益・コストという概念が「援助要請の生起」や「援助要請と適応」を説明する上で有効な概念であり，かつ「援助要請の促進」のための介入対象としての役割ももつことが示された。つまり利益・コストは，援助要請の過程全体を通して重要な役割を果たす変数であり，利益・コストに注目することで，援助要請についての統合的な理解が促進されると考えられる。

　また利益・コストは，問題の種類に関係なくある程度安定した傾向がある可能性が示された。研究6における，問題の種類による比較は個人間比較のため，個人内の一貫性を断定することはできないが，中学生全体で見た場合，悩みの種類による利益・コストの予期や利益・コストが援助要請意図に与える影響には，大きな差はないことが示された。そのため利益・コストは，少なくとも友人に対する援助要請の範囲においては，そうした問題の種類を問わない一貫した傾向を想定することができる可能性が考えられる。

　ただし，「ポジティブな結果」と「自助努力による充実感」を除く各変数は，援助要請意図に対してほとんど影響を与えていなかった。つまり，全ての利益・コストが援助要請生起において重要という訳ではないと考えられる。こうした結果は，先行研究の結果からも予め想定されるものであるが（第2章2節），本研究において利益・コストを包括的に扱い，改めて確認されたという点で意義があると考えられる。

　そもそも援助要請実行のコストの予期が，援助要請生起にあまり大きな役割をもたないという知見自体，重要なものであると言える。通常，「なぜ相談をしないのだろうか」という問題意識をもった場合，何か相談を妨げるような要因があるのではないかと考えることは，自然な発想である。これまでの研究で，援助に対する恐怖（Kushner & Sher, 1991）や，援助要請のバリア（Stefl & Prosperi, 1985）など抑制要因に注目するものが多かったのも，こうした発想が背景にあると考えられる。しかしながら実際は，援助要請はコストの予期によって抑制されている訳ではなく，利益の予期の不足が促進を妨げていると理解することができる。

また，全てではないものの，いくつかの変数が援助要請意図に与える影響は，利益・コストによって媒介されている可能性が示された。そのため，第2章2節で述べたように，従来援助要請との関連を検討されてきた様々な要因の一部は，利益・コストとの関連で位置づけることが可能になると考えられる。

　本研究ではさらに，援助要請におけるIWMの重要性も示された。IWMは援助要請意図と関連するだけでなく，援助要請後のプロセスに対しても影響を与えていた。すなわち，安定したIWMをもつ者の方が，仲間に相談をしやすく，かつその後にポジティブな経験をしやすいことが示された。IWMと援助要請との関連についてはわが国ではほとんど検討されてこなかったが，IWMのこうした作用を考えると，注目すべき重要な変数であると考えられる。

　ただし，IWMそのものを変容させることは容易ではない。そのためIWMを変容させることで援助要請を促進する，といった介入を行うことはあまり現実的とは言えない。しかしIWMの視点は，学校現場における心理・教育的援助を捉えなおすための重要な示唆を与えると考えられる。研究7で見られたように，援助要請の成果はIWMによって異なる可能性がある。そのため，そうした援助要請の促進をただ行うだけでは，安定したIWMをもたない生徒にとっては，却って望ましくない結果を招く可能性がある。従って個人のIWMの状態に応じ，どのような介入・支援を行うことが望ましいのかを検討する必要があると考えられる。

　また，例えば大学生の援助要請意図促進とスティグマ低減を試みた介入研究では，介入の効果の現れ方が個人の愛着によって異なっていたことが報告されている（Nam, Choi, & Lee, 2015）。そのため，介入によって援助要請の指標の平均値が上昇したとしても，個別で見た場合，本当に援助を必要としている者に十分な変容が見られないといった可能性もある。従って，援助要請促進のための介入の成果を検討する上でも，IWMのような個人特性に注目する必要性があると考えられる。

2．より良い相談関係構築のために

　これまで見てきた通り，援助要請意図に対しては，援助要請実行の利益が一貫して影響を与えていた。そのため，少なくとも友人に対する相談行動の場合，

「相談をすると嫌なことがある」というよりは「相談しても助けになると思えない」といった認識が，相談の抑制により強く影響していると考えられる。つまり，抵抗感による相談の躊躇だけでなく，成果が期待できないために相談意図が高まらない可能性も十分に考慮する必要がある。そのため，相談行動を促進する際も「相談しても嫌なことはない」という抵抗感の低減に注目するよりも，「人に相談することは助けになる」という利益の予期の促進に注目した働きかけを行うことが有効であると考えられる。

また研究7において示された，発生した利益・コストが援助評価に影響を与えるという結果は，中学生が仲間の相談に乗る際に，具体的にどのような対応をすることが望ましいかを示すものである。すなわち，中学生が仲間の援助をする際は，「否定的応答」「秘密漏洩」など援助要請実行のコストに含まれるような対応は避け，援助要請実行の利益である「ポジティブな結果」の項目に含まれるような対応を行うことが望ましい。中学生を対象としたスキル教育の中では，仲間への援助スキルの訓練が行われることがあるが，そのような際は，利益・コストの内容に留意した上で，適切な援助ができるようなスキル獲得のための指導を行うことが重要であると考えられる。

研究8で行ったピア・サポートトレーニングは，まさにこのような活動に該当する。すなわち，援助スキル獲得のためのトレーニングによって，理論上は実際にポジティブな援助，被援助経験をすることで，被援助経験に際する「ポジティブな結果」の予期が高まること，そしてトレーニングを通して相互にある程度の援助スキルを獲得できたという認識が，「ポジティブな結果」の予期を高めるという，相談促進のための効果が期待できる。

またこうしたトレーニングを通して生徒たちが援助スキルを獲得することで，実際に相談をされた場面において，より適切な援助を行いやすくなる。すなわち，相談を促進するだけでなく，相談を効果的なものにするという機能も有していると考えられる。今回実施したような活動は，Cowie & Sharp（1996）らのピア・サポート活動のような形で，ある程度学校現場で実施されている。そのため，こうした活動を行っていない学校においても，新たに導入しやすいという利点がある。

第3節　今後の課題

1．本研の限界と今後の課題

　本研究は，「援助要請の生起」「援助要請と適応」「援助要請の促進」という一連の研究課題を，利益・コストという視点から統合的に扱い，一定の示唆を得たという点で意義のあるものと考えられる。しかしながら，今回の研究で得られた知見は，まだ基礎的なものに過ぎない。そこで以下に，今後検討すべき課題や限界点を挙げる。

　まず，研究全体を通した留意点について述べる。本研究では，学校単位での偏りを避けるため，出来るだけ多くの学校を対象として調査を行ったが，対象となったのは関東首都圏に位置する中学校のみである。研究1で見られたように，首都圏の中学校の悩みの経験率や相談経験などは，全国平均と有意に異なっていた。そのため今後，様々な地域の中学生を対象とした研究を行い，この点について吟味する必要があると考えられる。また，本研究の研究のほとんどは横断的調査であり，各要因と相談行動との間の因果関係について断定することはできない。仮定したような各変数間の影響をより詳細に検討するためには，縦断的な調査の実施も必要であると考えられる。

　次に，「援助要請の生起」について今後の課題を述べる。本研究では，各利益・コストの内，援助要請実行の利益である「ポジティブな結果」が最も重要な要因であり，これは，先行研究とも一致する結果である。しかし，本研究では健康な中学生も含めた一般の中学生全体を対象としており，「深刻な悩みを抱えながらも相談しない生徒」のみに焦点をあてて詳細に検討を行った訳ではない。そのため，こうした全般的な中学生の傾向が，本当にニーズを有している個別の事例でどの程度適用可能であるかは，結論づけることができない。例えば，いじめによる自殺の事例では，生徒が一度先生に相談をしたものの，十分に対応してもらえなかったというようなケースが報道されることもある。こうした実例を見聞きしていたとしたら，自分自身も相談による「ポジティブな結果」を期待できず，結果として相談をしなくなるということも十分に考えられる。しかしながらこうした説明が，本当に深刻な困難を抱える生徒においてどの程度成立するのか，あるいは他にも援助要請を抑制するような要因が存

在するのかについて，今後検討を行う必要があると考えられる。

次に「援助要請と適応」について述べる。本研究では，援助要請後の過程として援助評価までのみを扱ったが，援助評価は，援助要請後の適応水準の変化にも影響を与える変数である（本田・新井, 2008）。そのため今後，IWMと利益・コストの発生が援助評価を通してどのように適応に結びつくかを明らかにする必要があると考えられる。

また実際に助けを求めた後の2者間の相互作用を明らかにするためには，援助要請者および援助者双方の視点から検討を行う必要がある。近年では実際の相談場面を実験的に用意し，両者の相互作用を評価するような研究も行われている（Takegahara & Ohbuchi, 2011）。勿論，中学生を対象に実際に友人との相談を行わせるような実験の実施は，手続き的，倫理的に様々な課題が存在する。しかしながら，援助要請を理解する上では，援助者の視点も取り入れた検討を，何らかの形で行っていく必要がある。

一方援助要請者側の視点としては，援助要請の方法についてより詳細な検討が必要であると考えられる。例えば近年，必要なサポートを得るための援助要請のためのスキルが扱われるようになっている（阿部・水野・石隈, 2006；本田・新井・石隈, 2010）。また専門家に対する援助要請研究では，援助要請者の情緒的コンピテンスが，ポジティブな結果につながることが明らかになっている（Ciarrochi & Deane, 2001）。このように，援助要請を行うには，援助要請者も"上手な援助要請"を行う必要がある。

そもそも安易に人に頼ろうする傾向は，依存性と呼ばれ，従来から好ましくない特性と考えられてきた（Bornstein, 1992）。実際，援助要請研究の初期には，不必要な援助要請が依存性の指標として扱われてきた経緯もある（Cotler, Quilty, & Palmer, 1970）。例えば小学生対象の研究においては，教師に頻繁に援助要請しすぎる者が，却って周囲から否定的評価を受けるといった報告もある（Coie, Dodge, & Coppotelli, 1982）。また，他者に何度も承認や安心を求める再確認傾向（reassurance-seeking）は，かえって他者からの拒絶につながり，対人不適応や抑うつの増加をもたらすとされている（Joiner, Metalsky, Katz, & Beach, 1999）。

学業的援助要請の領域では，以前からこうした視点の重要性が注目されてお

り(e.g., 中谷, 1998), 援助要請をスタイルに分類する考えが存在する（Butler, 1998; Nelson-LeGall, 1981; Ryan & Pintrich, 1997）。そして心理的問題の援助要請でも近年, こうした視点からの検討が行われるようになっている（Butler, 2007; 永井, 2013）。今後はこのような視点を取り入れ, どのような者がどのようなスタイルの援助要請を行うのか, またそうしたスタイルが, 適応にどのような影響を及ぼすのかなど, 「援助要請と適応」について詳細な検討を行う必要があると考えられる。

　最後に「援助要請の促進」についての課題を述べる。研究8では, 少なくとも動機づけが高い少人数の生徒を対象とし, 集中的なトレーニングを実施した場合, ピア・サポートのトレーニングは, 援助要請および, 利益・コストに対してある持続的な変容をもたらすことが示唆された。またトレーニングの実施は, これまでの基礎的な研究や理論を背景としており, 理論的には妥当な内容であると言える。今後, 望ましい効果がより効率的に得られるよう, トレーニングの内容そのものについても検討していくべきであろう。すなわち, 対象や活動の形式, 行うトレーニングの種類など, 条件を変えながらその成果を検討し, 援助要請を促す適切な方法について, 明らかにしていく必要があると考えられる。またその際は, 「援助要請と適応」の課題で述べたような, より良い形での援助要請がなされるよう, 援助要請の方法や援助者側の視点を取り入れた介入を検討する必要があるであろう。

　また研究法上は, 当初に理論上想定した変容のメカニズムが妥当であるのかを検討する必要がある。本研究においてピア・サポートを介入の手段に設定したのは, トレーニングにおけるポジティブな援助・被援助経験や, 援助スキルの獲得が, 援助要請を促進すると考えられたためである。そのため, 活動の効果を厳密に検証していくためには, 変化の背後でこうしたポジティブな援助・被援助経験や, 援助スキルの獲得が得られているのかについても明らかにする必要がある。

2. 対象の一般化へ向けた検討課題

　以上のように援助要請研究においては, 今後各課題についてより深く研究を行っていく必要がある。また, 個別のテーマを深めると同時に, 研究の範囲を

広げていくことも重要である。本研究では，日本人を対象とし，中学生の友人に対する相談を扱ったが，今後は友人以外の相手に対する援助要請との比較を行う必要があると考えられる。例えば，教師や専門家などフォーマルな対象への援助要請意図と，友人や家族などインフォーマルな対象へのへの援助要請意図とでは，影響する要因が異なることが報告されている（永井，2009，2010）。そのため本研究で得られたような関連が，別の対象に対する援助要請においても見られるかどうかを確認する必要がある。

また援助要請の対象が変わった場合，本研究で扱った利益・コストの内容も異なったものとなる可能性がある。例えば研究2では，教師や親への相談行動には「大事にされてしまう可能性」という大人特有の結果が予期されていた。勿論，利益・コストの予期自体は，どのような相手に対する援助要請においても見られると考えられるが，利益・コストの中身は，援助要請の相手によって異なったものが含まれる可能性も考えられるため，今後こうした検討が必要であると考えられる。

また，中学生以外の発達段階を対象とした調査も重要であると考えられる。個人の問題解決スキルや，友人関係の質，サポート提供のスキルなどは発達段階によって異なると考えられる。そのため，発達段階によっても援助要請のあり方やメカニズムは異なると考えられる。例えば中学生を対象とした本研究の注目すべき結果の一つとして性差が挙げられる。援助要請にはほぼ一貫して性差が示されることは第2章で述べた。本研究の第13章でも，援助要請意図の性差が見られたが，研究5や研究6のように，利益・コストなどの変数を媒介させた場合，性別から援助要請意図への直接的な影響はほとんど見られなかった。

こうした媒介変数による影響の有無は，発達段階によって異なる。例えば高校生（岡本ら，2014）や大学生（永井，2010）を対象とした調査では，悩みや援助資源の量をモデルに含めると，性別から援助要請意図への直接的な影響が見られなくなったことが報告されている。一方小学生対象の調査では，悩みやソーシャル・サポートの変数を媒介に設定した場合でも，性別から援助要請意図への影響が見られている（永井，2009；永井・松田，2014）。つまり，小学生から大学生へと発達していく過程で，性別から援助要請に対する影響が，直接

的なものから，他の変数を介した間接的なものへと推移していく可能性が考えられる。そのような観点から見た場合，本研究で扱った中学生という時期は，この推移の間に位置する段階であると考えることができ，今後，こうした推移のメカニズムについても検討していく必要がある。

さらに，本研究が日本人を対象としていたという点を踏まえれば，本研究で得られた知見が他の文化においてどの程度適用可能かという点の検討も重要であろう。わが国でも近年では，援助要請を文化の視点から考えることの重要性が指摘されている（e.g., 橋本，2015a, 2015b）。望ましい関係性のあり方や規範は，文化によって様々に異なっている。そのため援助要請のあり方も，文化によって異なると考えられる。今後は，こうした比較文化的な検討も必要であると考えられる。

3．おわりに

以上のように，我が国での本格的な援助要請研究はまだ始まったばかりであり，今後検討すべき点も非常に多く残されている。援助要請研究の適用範囲を広げていくことは，結局，人はどのようにして日々の困難を乗り越えながら生きていくのか，という大きな問いへつながる。

これまでも述べた通り，援助要請は常に選択されるべき問題解決方略である訳ではなく，時に人に頼り，時に自ら問題に向き合うことを選択しながら，自律的に生きていくことこそが重要である。そのような視点をもつためには，援助要請と接点をもつ様々な研究領域との視点を統合させながら，理論を構築してく必要があると考えられる。

例えば序論でも述べた通り，コーピングの視点から見れば，援助要請はその一方略に過ぎない。実際，援助要請はコーピングの視点から広く捉えるべきであるといった指摘もある（Rickwood et al., 2005）。そのため援助要請を，その他のコーピング方略との関連性の中で捉えることも重要であると考えられる。また援助要請の促進についても，社会心理学的な態度・行動の変容アプローチと見るのか，臨床心理学的な心理教育的介入と見るのか，あるいはコミュニティ風土の改善と見るのかなどによって，参照できる理論や知見も異なったものになるであろう。

こうした様々な視点を踏まえ，統合しながら，人間の「助けを求める行動」への理解を深めると同時に，一人一人がより良く助け合っていくことのできる道を今後も模索していくことが重要であると考えられる。

謝　辞

　本書は，2008年に筑波大学院人間総合科学研究科に提出した博士論文に，一部データや分析の追加・変更を行い再構成したものである。学位審査の際は，筑波大学人間総合科学研究科の新井邦二郎先生（現：東京成徳大学），櫻井茂男先生，徳田克己先生，濱口佳和先生，佐藤純先生（現：茨城県立医療大学大学）に，審査，ご指導を賜った。先生方からの厳しくも暖かいご指導に，心から感謝申し上げる。

　その中でも何より，論文主査であり指導教官である新井邦二郎先生にお礼を申し上げなくてはならない。新井先生には，大学院より筑波大学に進学し，つくばの新しい地で右往左往している自分を，研究のことから生活のことまで，様々な形の温かいサポートをいただいた。本書を完成させることができたのも，大学院生活の5年間を何とか全うできたのも何より新井先生のおかげである。重ねて深く感謝申し上げる。

　さらに，筑波大学の研究会で多くのご指導をいただいた，櫻井茂男先生，服部環先生，濱口佳和先生，佐藤純先生，大川一郎先生をはじめ，筑波大学の多くの先生方にも，厚くお礼申し上げる。先生方には，折に触れ貴重なご意見・ご指導をいただくと同時に，心理学の幅広さ，奥深さ，そして面白さを教えていただいた。

　また，私の現在のキャリアがあるのは，東京学芸大学在学時の指導教官である松尾直博先生のおかげである。学部生時代，私が研究者を志そうと思ったのも，臨床・研究・教育全てに力を抜くことなく取り組む松尾先生の姿を見て学ぶことができたからである。松尾先生は，そんな無謀な志をもった私に筑波大学進学を勧めてくださった。松尾先生にはいくら感謝しても足りない思いである。

　他にも，本書の作成とそれに至るこれまでの研究では，実に様々な方々にご支援をいただいた。特に，今日まで援助要請の研究を続けることができたのは，同じテーマのもと集まった多くの研究仲間によるところが大きい。当時まだ日

謝　辞

本で援助要請研究が少なかった大学院生時代，志を同じくする数名の仲間や先生方と援助要請研究会を立ち上げ，早 10 年以上が過ぎた。大阪教育大学の水野治久先生，静岡大学の橋本剛先生，大阪国際大学の木村真人先生，山梨英和大学の飯田敏晴先生，北海道教育大学の本田真大先生をはじめ，研究会メンバーの皆様には，常日頃様々な活動をともにしながら，今も変わらぬ支援と刺激をいただいている。ここで改めてお礼申し上げる。

　本書は 2016 年度日本学術振興会科学研究費補助金研究成果公開促進費（課題番号 16HP5196）の助成を受けて出版された。多くの方々の暖かいご指導・ご支援にもかかわらず，私自身の仕事の遅さから，構成する研究を一通り論文発表するのに時間がかかってしまった。本書を構成する論文の初出は以下の通りである。本書の構成にあたり，①⑧については筑波大学発達臨床心理相談室，②⑤⑥⑦については，日本学校心理学学会より，③④については筑波大学人間系心理学域より転載の許可をいただいた。

①永井智・新井邦二郎　2005　中学生における悩みの相談に関する調査　筑波大学発達臨床心理学研究, 17, 29-37.（第 5 章）

②永井智・新井邦二郎　2007　中学生における相談行動の規定因：修正版グラウンデッド・セオリー・アプローチによる検討　学校心理学研究, 7, 35-45.（第 6 章）

③永井智・新井邦二郎　2005　中学生用友人に対する相談行動尺度の作成　筑波大学心理学研究, 30, 73-80.（第 7 章）

④永井智・新井邦二郎　2008　相談行動の利益・コスト尺度改訂版の作成　筑波大学心理学研究, 35, 49-55.（第 8 章）

⑤永井智・本田真大・新井邦二郎　2016　利益・コストおよび内的作業モデルに基づく中学生における援助要請の検討：援助要請の生起と援助要請後の過程に注目して　学校心理学研究, 16, 1-12.（第 9 章，第 11 章）

⑥永井智・新井邦二郎　2008　悩みの種類から見た中学生における友人に対する相談行動：予期される利益・コストとの関連　学校心理学研究, 8, 41-48.（第 10 章）

⑦永井智・新井邦二郎　2013　ピア・サポートトレーニングが中学生における

友人への援助要請に与える影響の検討　学校心理学研究, 13, 65-76.（第12章）

⑧永井智・新井邦二郎　2009　中学生における友人に対する援助要請の統計的特徴：相談行動, 悩みの経験, 利益・コストにおける基礎的データの検討　筑波大学発達臨床心理学研究, 20, 11-20.（第13章）

　また科研費の申請にあたっては, 鹿児島大学の松浦隆信先生, 鎌倉女子大学の藤澤文先生, 東京成徳大学の石村郁夫先生から大変親切なご助言をいただいた。そしてナカニシヤの宍倉由髙様は, ほぼ飛び込みのような形でお願いしたにもかかわらず, 本書の出版を快く引き受けて下さった。

　その他にも, お世話になった方々の名前を挙げればきりがない。筑波大学大学院で非常に多くの苦楽を共にした同期の面々を始めとする沢山の仲間たち, 現所属である立正大学の教職員の皆様方, 調査にご協力いただいた全ての中学校の先生方, そして生徒の皆さん, こうした様々な方とのご縁と支えにより, 本書を世に送り出すことができた。

　多くのサポートをくださった皆様, 私の拙く図々しい援助要請に暖かく応じてくださった皆様に, 改めて心からお礼申し上げる。そして最後に, こうした今までの私の活動を温かく見守ってくれた家族にお礼の言葉を述べたい。皆様からのご恩を忘れることなく, 人と人とが支えあうことのできる社会に向けてわずかでも貢献できるよう, 今後も研鑽に励んでいきたいと思う。

引用文献

阿部聡美・水野治久・石隈利紀 (2006). 中学生の言語的援助要請スキルと援助不安, 被援助志向性の関連　大阪教育大学紀要第Ⅳ部門　教育科学, *54*, 141-50.
Abu-Rasain, M. H. M., & Williams, D. I. (1999). Peer counseling in Saudi Arabia. *Journal of Adolescence, 22*, 493-502.
Addis, M. E., & Mahalik, J. R. (2003). Men, masculinity, and the contexts of help seeking. *American Psychologist, 58*, 5-14.
相川充 (1984). 援助者に対する被援助者の評価に及ぼす返報の効果　心理学研究, *55*, 8-14.
相川充 (1988). 心理的負債に対する被援助利益の重みと援助コストの重みの比較　心理学研究, *58*, 366-372.
相川充 (1989). 援助行動　大坊郁夫・安藤清志・池田謙一 (編) 個人から他者へ　社会心理学パースペクティブ 1 (pp. 291-311) 誠信書房
Ajzen, I. (1991). The theory of planned behavior. *Organizational Behavior and Human Decision Processes, 50*, 179-211.
安藤清志 (1986). 対人関係における自己開示の機能　論集：東京女子大学紀要, *36*, 167-199.
安藤清志 (1989). 自己の表現　大坊郁夫・安藤清志・池田謙一 (編) 個人から他者へ　社会心理学パースペクティブ 1 (pp. 161-183) 誠信書房
Andrews, G., Issakidis, C., & Carter, G. (2001). Shortfall in mental health service utilization. *British Journal of Psychiatry, 179*, 417-425.
Armitage, C. J., & Conner, M. (2001). Efficacy of the theory of planned behavior: A meta-analytic review. *British Journal of Social Psychology, 40*, 471-499.
Aseltine, R. H., & DeMariono, R. (2004). An outcome evaluation of the SOS suicide prevention program. *American Journal of Public Health, 94*, 446-451.
Atkinson, D. R., & Gim, R. H. (1989). Asian-American cultural identity and attitudes toward mental health services. *Journal of Counseling Psychology, 36*, 209-212.
東清和・岩崎容子・小林恵 (2001). 自尊感情 (Self-esteem) に関する性差研究の動向　早稲田大学大学院教育学研究科紀要, *12*, 1-15.
Batterham, P. J., Calear, A. L., Sunderland, M., Carragher, N., & Brewer, J. L. (2016). Online screening and feedback to increase help-seeking for mental health problems: Population-based randomized controlled trial. *British Journal of Psychiatry Open, 2* (1), 67-73.
Ben-Porath, D. D. (2002). Stigmatization of individuals who receive psychotherapy: An interaction between help-seeking behavior and the presence of depression. *Journal of Social and Clinical Psychology, 21*, 400-413.
Blazina, C., & Watkins, C. E. Jr. (1996). Masculine gender role conflict: Effects on college men's psychological well-being, chemical substance usage, and attitudes toward help-seeking. *Journal of Counseling Psychology, 43*, 461-465.
Boldero, J., & Fallon, B. (1995). Adolescent help-seeking: What do they get help for and whom? *Journal of Adolescence, 18*, 193-209.
Bornstein, R. F. (1992). The dependent personality: Developmental, social, and clinical perspectives. *Psychological Bulletin, 112*, 3-23.

Bosmajian, C. P., & Mattson, R. E. (1980). A controlled study of variables related to counseling center use. *Journal of Counseling Psychology, 27,* 510-519.
Bowlby, J. (1969/1982). *Attachment and loss*: Vol. 1. *Attachment.* New York, NY: Basic Books.
Bowlby, J. (1973). *Attachment and loss*: Vol. 2. *Separation.* New York, NY: Basic Books.
Bowlby, J. (1980). *Attachment and loss*: Vol. 3. *Loss.* New York, NY: Basic Books.
Bramel, D. (1968). Dissonance, expectation, and the self. In R. Abelson, E. Aronson, T. M. Newcomb, W. J. McGuire, M. J. Rosenberg, & P. H. Tannenbaum (Eds.), *Theories of cognitive consistency: Sourcebook* (pp. 355-365). New York: Rand-McNally.
Butler, R. (1998). Determinants of help seeking: Relations between perceived reasons for classroom help-avoidance and help-seeking behaviors in an experimental context. *Journal of Educational Psychology, 90,* 630-643.
Butler, R. (2007). Teachers' achievement goal orientations and associations with teachers' help seeking: Examination of a novel approach to teacher motivation. *Journal of Educational Psychology, 99,* 241-252.
Cash, T. F., Begley, P. J., McCown, D. A., & Weise, B. C. (1975). When counselors are heard but not seen: Initial impact of physical attractiveness. *Journal of Counseling Psychology, 22,* 273-279.
Cauce, A. M., Demenech-Rodriguez, M., Paradise, M., Cochran, B. N., Shea, J. M., Srebnik, D., & Baydar, N. (2002). Cultural and contextual influences in mental health help seeking: A focus on ethnic minority youth. *Journal of Consulting and Clinical Psychology, 70,* 44-55.
Cepeda-Benito, A., & Short, P. (1998). Self-concealment, avoidance of psychological services, and perceived likelihood of seeking professional help. *Journal of Counseling Psychology, 45,* 1-7.
Chiaburu, D. S., & Marinova, S. V. (2005). What predicts skill transfer? An exploratory study of goal orientation, training self-efficacy and organizational supports. *International Journal of Training and Development, 9,* 110-123.
Christensen, K. C., & Magoon, T. M. (1974). Perceived hierarchy of help-giving sauces for two categories of student problems. *Journal of Counseling Psychology, 21,* 311-314.
Ciarrochi, J. V., & Deane, F. P. (2001). Emotional competence and willingness to seek help from professional and nonprofessional sources. *British Journal of Guidance and Counselling, 29,* 233-246.
Ciarrochi, J., Deane, F. P., Wilson, C. J., & Rickwood, D. (2002). Adolescents who need help the most are least likely to seek it: The relationship between low emotional competence and low intention to seek help. *British Journal of Guidance and Counselling, 30,* 173-188.
Ciarrochi, J., Wilson, C. J., Deane, F. P., & Rickwood, D. (2003). Do difficulties with emotions inhibit help-seeking in adolescence? The role of age and emotional competence in predicting help-seeking intentions. *Counselling Psychology Quarterly, 16,* 103-120.
Ciffone, J. (1993). Suicide prevention: A classroom presentation to adolescents. *Social Work, 38,* 197-203.
Cohen, B. (1999). Measuring the willingness to seek help. *Journal of Social Service Research, 26,* 67-82.
Cohen, J. (1988). *Statistical power analysis for the behavioral sciences* (2nd ed.). Hillsdale,

NJ: Erlbaum.
Cohen, S., & Hoberman, H. M. (1983). Positive events and social supports as buffers of life chance stress. *Journal of Applied Social Psychology, 13*, 99-125.
Coie, J. D., Dodge, K. A., & Coppotelli, H. (1982). Dimensions and types of social status: A cross-age perspective. *Developmental Psychology, 18*, 557-570.
Cole, T. (1999). *Kids helping kids: A peer helping and peer mediation training manual for elementary and middle school teachers and counselors* (2nd ed.). Victoria, Canada: Peer Resources.(バーンズ亀山静子・矢部文（訳）(2002). ピア・サポート実践マニュアル 川島書店）
Collins, N. L., & Feeney, B. C. (2000). A safe heaven: An attachment theory perspective on support seeking and caregiving in intimate relationships. *Journal of Personality and Social Psychology, 78*, 1053-1073.
Collins, N. L., & Read, S. (1990). Adult attachment, working models, and relationship quality in dating couples. *Journal of Personality and Social Psychology, 58*, 644-663.
Cook, E. P., Park, W., Williams, G. T., Webb. M., Nicholson, B., Schneider, D., & Bassman, S. (1984). Students' perceptions of personal problems, appropriate help sources, and general attitudes about counseling. *Journal of College Student Personnel, 25*, 139-145.
Cooper, A. E., Corrigan, P. W., & Watson, A. C. (2003). Mental illness stigma and care seeking. *The Journal of Nervous and Mental Disease, 191*, 339-341.
Corrigan, P. W. (1998). The impact of stigma on severe mental illness. *Cognitive and Behavioral Practice, 5*, 201-222.
Corrigan, P. (2004). How stigma interferes with mental health care. *American Psychologist, 59*, 614-625.
Cotler, S., Quilty, R. F., & Palmer, R. J. (1970). Measurement of appropriate and unnecessary help-seeking dependent behavior. *Journal of Consulting and Clinical Psychology, 35*, 324-327.
Cowie, H., & Sharp, S. (1996). Peer counseling in schools: A time to listen. London: David Fulton.(ヘレン・コウイー＆ソニア・シャープ（編）高橋通子（訳）(1997). 学校でのピア・カウンセリング：いじめ問題の解決に向けて 川島書店)
Cowie, H., & Wallace, P. (2000). *Peer support in action: From bystanding to standing.* London: Sage.(ヘレン・コウイー＆パッティ・ウォレイス（著）松田文子・日下部典子（監訳）(2009). ピア・サポート：傍観者から参加者へ 大学教育出版)
Cramer, K. M. (1999). Psychological antecedents to help-seeking behavior: A reanalysis using path modeling structures. *Journal of Counseling Psychology, 46*, 381-387.
Cusack, J., Deane, F. P., Wilson, C. J., & Ciarrochi, J. (2004). Who influence men to go to therapy? Reports from men attending psychological Services. *International Journal for the Advancement of Counselling, 26*, 271-283.
Dadfar, S., & Friedlander, M., L. (1982). Differential attitudes of international students toward seeking professional psychological help. *Journal of Counseling Psychology, 29*, 335-338.
Deane, F. P., & Chamberlain, K. (1994). Treatment fearfulness and distress as predictors of professional psychological help-seeking. *British Journal of Guidance and Counselling, 22*, 207-217.
Deane, F. P., Skogstad, P., & Williams, M. W. (1999). Impact of attitudes, ethnicity and quality of prior therapy on New Zealand male prisoners' intentions to seek professional psychologi-

cal help. *International Journal for Advancement of Counselling, 21*, 55-67.
Deane, F. P., & Todd, D. M. (1996). Attitudes and intentions to seek professional psychological help for personal problems or suicidal thinking. *Journal of College Student Psychotherapy, 10*, 45-59.
Deane, F. P., Wilson, C. J., & Ciarrochi, J. (2001). Suicidal ideation and help-negation: Not just hopelessness or prior help. *Journal of Clinical Psychology, 57*, 901-914.
Deane, F. P., Wilson, C. J., & Russell, N. (2007). Brief report: Impact of classroom presentations about health and help-seeking on rural Australian adolescents' intentions to consult health care professionals. *Journal of Adolescence, 30*, 695-699.
DePaulo, B. M. (1983). Perspectives on help-seeking. In B. M. DePaulo, A. Nadler, & J. D. Fisher (Eds.), *New directions in helping.* Vol. 2 *Help-seeking* (pp. 3-12). New York, NY: Academic Press.
DePaulo, B. M., Dull, W. R., Greenberg, J. M., & Swaim, G. W. (1989). Are shy people reluctant to ask for help? *Journal of Personality and Social Psychology, 56*, 834-844.
Dykas, M. J., & Cassidy, J. (2011). Attachment and the processing of social information across the life span: Theory and evidence. *Psychological Bulletin, 137*, 19-46.
江村理奈・岡安孝弘 (2003). 中学校における集団社会的スキル教育の実践的研究 教育心理学研究, 51, 339-350.
Esters, I. G., Cooker, P. G., & Ittenbach, R. F. (1998). Effects of a unit of instruction in mental health on rural adolescents' conceptions of mental illness and attitudes about seeking help. *Adolescence, 33*, 469-476.
Fallon, B. J., & Bowles, T. (1999). Adolescent help-seeking for major and minor problems. *Australian Journal of Psychology, 51*, 12-18.
Fischer, E. H., & Farina, A. (1995). Attitudes toward seeking professional psychological help: A shortened form and considerations for research. *Journal of College Student Development, 36*, 368-373.
Fischer, E. H., & Turner, J. L. (1970). Orientations to seeking professional help: Development and research utility of an attitude scale. *Journal of Consulting and Clinical Psychology, 35*, 79-90.
Fisher, J. D., Nadler, A., & Whitcher-Alanga, S. (1982). Recipient reactions to aid. *Psychological Bulletin, 91*, 27-54.
Florian, V., Mikulincer, M., & Bucholtz, I. (1995). Effects of adult attachment style on the perception and search for social support. *The Journal of Psychology, 129*, 665-676.
Folkman, S., & Lazarus, R. S. (1985). If it changes it must be a process: Study of emotion and coping during three stages of a college examination. *Journal of Personality and Social Psychology, 48*, 150-170.
Folkman, S., & Lazarus, R. S. (1988). Coping as a mediator of emotion. *Journal of Personality and Social Psychology, 54*, 466-475.
藤岡孝志 (2002). 教育領域における活動モデル 下山晴彦・丹野義彦（編）講座臨床心理学6 社会臨床心理学 (pp. 63-86) 東京大学出版会
Garland, A. F., & Zigler, E. F. (1994). Psychological correlates of help-seeking attitudes among children and adolescents. *American Journal of Orthopsychiatry, 64*, 586-593.
Geslo, C. J., & McKenzie, J. D. (1973). Effect of information on students' perfections of counseling and their willingness to seek help. *Journal of Counseling Psychology, 20*, 406-411.

Gim, R. H., Atkinson D. R., & Whiteley, S. (1990). Asian-American acculturation, severity of concerns, and willingness to see a counselor. *Journal of Counseling Psychology, 37*, 281-285.

Glaser, B., & Strauss, A. L. (1967). *The discovery of grounded theory: Strategies for qualitative research.* New York, NY: Aldine.(後藤隆・大出春江・水野節夫（訳）(1996). データ対話型理論の発見―調査からいかに理論をうみだすか　新曜社)

Good, G. E., Dell, D. M., & Mintz, L. B. (1989). Male role and gender role conflict: Relations to help seeking in men. *Journal of counseling Psychology, 36*, 295-300.

Good, G. E., & Wood. P. K. (1995). Male gender role conflict, depression, and help seeking: Do college men face double jeopardy? *Journal of Counseling and Development, 74*, 70-75.

Goodman, S. H., Sewell, D. R., & Jampol, R. C. (1984). On going to the counselor: Contributions of life stress and social supports to the decision to seek psychological counseling. *Journal of Counseling Psychology, 31*, 306-313.

Grella, C. E., Kamo, M. P., Warda, U. S., Moore, A. A., & Niv, N. (2009). Perceptions of need and help received for substance dependence in a national probability survey. *Psychiatric Services, 60*, 1068-1074.

Gulliver, A., Griffiths, K. M., Christensen, H., & Brewer, J. L. (2012). A systematic review of help-seeking interventions for depression, anxiety and general psychological distress. *BMC Psychiatry, 12*, 81.

Gross, A. E., & McMullen, P. A. (1982). Models of the help-seeking process. In B. M. DePaulo, A. Nadler, & J. D. Fisher (Eds.), *New directions in helping.* Vol. 2 *Help-seeking*(pp. 45-70). New York, NY: Academic Press.

Halgin, R. P., Weaver, D. D. Edell, W. S., & Spencer, P. G. (1987). Relation of depression and help-seeking history to attitudes toward seeking professional psychological help. *Journal of Counseling Psychology, 34*, 177-185.

Hammer, J. H., & Vogel, D. L. (2013). Assessing the utility of the willingness/prototype model in predicting help-seeking decisions. *Journal of Counseling Psychology, 60*, 83-97.

半田一郎 (2003). 中学生が持つスクールカウンセラーへのイメージ：学校の日常生活での活動を重視するスクールカウンセラーに関連して　カウンセリング研究, *36*, 140-148.

原田杏子 (2003). 人はどのように他者の悩みを聞くのか：グラウンデッド・アプローチによる発言カテゴリーの生成　教育心理学研究, *51*, 54-64.

橋本剛 (2015a). 大学生における援助要請傾向と貢献感の関連：貢献感尺度の作成を含めて　人文論集, *65*(2), A61-A78.

橋本剛 (2015b). 貢献感と援助要請の関連に及ぼす互恵性規範の増幅効果　社会心理学研究, *31*, 35-45.

Hazan C., & Shaver, P. (1987). Romantic love conceptualized as an attachment process. *Journal of Personality and Social Psychology, 52*, 511-524.

肥田乃梨子・石川信一・高田みぎわ (2015). メンタルヘルスリテラシーへの介入プログラムの実践：中学校におけるパイロット・スタディ　心理臨床科学, *5*, 35-45.

平井元 (2001). 大学生の悩みの構造と，相談相手，学生相談への援助ニーズに関する研究：早稲田大学学生を対象としたニーズ調査の結果より　早稲田大学大学院教育学研究科紀要別冊, *9*(1), 21-31.

久田満・山口登志子 (1986). 大学生のカウンセリングを受けることに対する態度について（Ⅰ）：態度尺度の作成　日本教育心理学会第28回大会発表論文集, 956-957.

本田真大・新井邦二郎 (2008). 中学生の悩みの経験，援助要請行動，援助評価が学校適応に与える影響　学校心理学研究, 8, 49-58.
本田真大・新井邦二郎・石隈利紀 (2011). 中学生の友人，教師，家族に対する被援助志向性尺度の作成　カウンセリング研究, 44, 254-263.
本田真大・石隈利紀 (2008). 中学生の援助に対する評価尺度（援助評価尺度）の作成　学校心理学研究, 8, 29-39.
本田真大・石隈利紀・新井邦二郎 (2010). 援助要請スキル尺度の作成　学校心理学研究, 10, 33-40.
飯田順子・石隈利紀 (2001). 中学校における学級集団を対象としたスキルトレーニング：自己効力感がスキル学習に与える影響　筑波大学心理学研究, 23, 179-185.
飯田順子・石隈利紀 (2002). 中学生の学校生活スキルに関する研究：学校生活スキル尺度（中学生版）の開発　教育心理学研究, 50, 225-236.
池田忠義・吉武清實・高野明・佐藤静香・関谷佳代・仁平義明 (2006). 予防教育としての講義「学生生活概論」が受講者に及ぼす影響：予防の効果及び学生相談所に対する認識に焦点を当てて　東北大学学生相談所紀要, 32, 1-8.
稲葉昭英 (1998). ソーシャルサポートの理論モデル　松井豊・浦光博（編）人を支える心の科学 (pp.155-177)　誠信書房
石川裕希・橋本剛 (2011). 中高生のスクールカウンセラーへの援助要請態度に及ぼす友人の影響　東海心理学研究, 5, 15-25.
石隈利紀・小野瀬雅人 (1997). スクールカウンセラーに求められる役割に関する学校心理学的研究：子ども・教師・保護者を対象としたニーズ調査より　文部省科学研究費補助金（基盤研究〈c〉〈2〉）研究成果報告書（課題番号 06610095）
伊藤直樹 (2006). 学生相談機関のイメージおよび周知度と来談意思の関係　心理学研究, 76, 540-546.
伊藤武樹 (1993). 悩みとその対処行動が中学生の健康レベルに及ぼす影響　学校保健研究, 35, 413-424.
伊藤武樹 (1994). 中学生の悩み及び自覚症状とその対処行動の関連：数量化Ⅱ類を用いた検討　学校保健研究, 36, 145-157.
Joiner, T. E., Jr., Metalsky, G. I., Katz, J., Beach, S. R. H. (1999). Depression and excessive reassurance-seeking. *Psychological Inquiry, 10*, 269-278.
Jourard, S. M. & Lasakow, P. (1958). Some factors in self-disclosure. *Journal of Abnormal and Social Psychology, 56*, 91-98.
Jourard, S. M. (1971). *The transparent self.* New York, NY: Van Nostrand Reinhold.（岡堂哲雄（訳）(1983). 透明なる自己　誠信書房）
Jorm, A. F., Korten, A. E., Jacomb, P. A., Christensen, H., Rodgers. B., & Pollitt. P. (1997). "Mental health literacy": A survey of the public's ability to recognize mental disorders and their beliefs about the effectiveness of treatment. *Medical Journal of Australia, 166*, 182-186.
Kalafat, J., & Elias, M., (1994). An evaluation of a school-based suicide awareness intervention. *Suicide and Life-Threatening Behavior, 24*, 224-223.
亀田佐和子 (2003). 否定的内容の自己開示と自尊感情および開示抵抗感の関連性　早稲田大学大学院教育学研究科紀要別冊, 10(2), 157-168.
亀口憲治・堀田香織 (1998). 学校と家族の連携を促進するスクール・カウンセリングの開発Ⅰ：理論的枠組みを中心に　東京大学大学院教育学研究科紀要, 38, 451-465.
亀口憲治・堀田香織・佐伯直子・高橋亜希子 (1999). 学校と家族の連携を促進するスクール・

カウンセリングの開発Ⅱ：技法の選択とその実践　東京大学大学院教育学研究科紀要, *39*, 535-549.
金山元春・佐藤正二・前田健一（2004）．学級単位の集団社会的スキル訓練：現状と課題　カウンセリング研究, *37*, 270-279.
笠原正洋（2002）．自己隠蔽, カウンセリング恐怖, 問題の認知と援助要請意図との関連　中村学園研究紀要, *34*, 17-24.
笠原正洋（2005）．園の保護者による養育者への援助要請行動：満足度および援助要請意図の関連　中村学園大学・中村学園大学短期大学部研究紀要, *38*, 19-26.
粕谷貴志・河村茂雄（2005）．中学生の内的作業モデル把握の試み：尺度の信頼性・妥当性の検討　カウンセリング研究, *38*, 141-148.
片山美由紀（1996）．否定的内容の自己開示への抵抗感と自尊心の関連　心理学研究, *67*, 351-358.
河村茂雄（1999）．生徒の援助ニーズを把握するための尺度の開発―：学校生活満足度尺度（中学生用）の作成　カウンセリング研究, *32*, 274-282.
河野和明（2000）．自己隠蔽尺度（Self-Concealment Scale）・刺激希求尺度・自覚的身体症状の関係　実験社会心理学研究, *40*, 115-121.
Kelly, A. E., & Achter, J. A. (1995). Self-concealment and attitudes toward counseling in university students. *Journal of Counseling Psychology, 42*, 40-46.
木村真人（2014）．わが国の学生相談領域における援助要請研究の動向と課題：2006年から2012年を対象として　国際研究論叢, *27*(3), 123-142.
木村真人（2016）．大学生の学生相談利用を促す心理教育的プログラムの開発：援助要請行動のプロセスに焦点を当てた冊子の作成と効果検証　国際研究論叢：大阪国際大学紀要, *29*, 123-137.
木村真人・水野治久（2004）．大学生の被援助志向性と心理的変数との関連について：学生相談・友達・家族に焦点を当てて　カウンセリング研究, *37*, 260-269.
木下康仁（1999）．グラウンデッド・セオリー・アプローチ―質的実証研究の再生　弘文堂
木下康仁（2003）．グラウンデッド・セオリー・アプローチの実践―質的研究への誘い　弘文堂
Kirkwood, A. D., & Stamm, B. H. (2006). A social marketing approach to challenging stigma. *Professional Psychology: Research and Practice, 37*, 472-476.
小池春妙・伊藤義美（2012）．メンタルヘルス・リテラシーに関する情報提供が精神科受診意図に与える影響　カウンセリング研究, *45*, 155-164.
Komiya, N., Good, G. E., & Sherrod, N. B. (2000). Emotional openness as a predictor of college students' attitudes toward seeking psychological help. *Journal of Counseling Psychology, 47*, 138-143.
神山佳代子（2005）．情報提示が, カウンセリングサービスへのhelp-seekingに及ぼす効果　明治学院大学文学研究科心理学専攻紀要, *10*, 1-13.
Kuhl, J., Jarkon-Horlick, L., & Morrissey, R. F. (1997). Measuring barriers to help-seeking behavior in adolescents. *Journal of Youth and Adolescence, 26*, 637-650.
Kushner, M. G., & Sher, K. J. (1989). Fear of psychological treatment and its relation to mental health service avoidance. *Professional Psychology: Research and Practice, 20*, 251-257.
Kushner, M. G., & Sher, K. J. (1991). The relation of treatment fearfulness and psychological service utilization: An overview. *Professional Psychology: Research and Practice, 22*, 196-203.
Lannin, D. G., Guyll, M., Vogel, D. L., & Madon, S. (2013). Reducing the stigma associated with

seeking psychotherapy through self-affirmation. *Journal of Counseling Psychology, 60,* 508-519.
Larose, S., Boivin, M., & Doyle, A. B. (2001). Parental representations and attachment style as predictors of support-seeking behaviors and perceptions of support in an academic counseling relationship. *Personal Relationships, 8,* 93-113.
Larson, D. G., & Chastain, R. L. (1990). Self-concealment: Conceptualization, measurement, and health implications. *Journal of Social and Clinical Psychology, 9,* 439-455.
Lau, A., & Takeuchi, D. (2001). Cultural factors in help-seeking for child behavior problems: Value orientation, affective responding, and severity appraisals among Chinese-American parents. *Journal of Community Psychology, 29,* 675-692.
Lee, F. (1999). Verbal strategies for seeking help in organizations. *Journal of Applied Social Psychology, 29,* 1472-1496.
Li, W., Dorstyn, D. S., & Denson, L. A. (2014). Psychosocial correlates of college students' help-seeking intention: A meta-analysis. *Professional Psychology: Research and Practice, 45,* 163-170.
Liao, H., Rounds, J., & Klein, A. G. (2005). A test of Cramer's (1999) help-seeking model and acculturation effects with Asian and Asian American college students. *Journal of Counseling Psychology, 52,* 400-411.
Liberman, M. A., & Mullan, J. T. (1978). Does help help? The adaptive consequences of obtaining help from professionals and social networks. *American Journal of Community Psychology, 6,* 499-517.
Link, B. G., Phelan, J. C., Bresnahan, M., Stueve, A., & Pescosolido, B. A. (1999). Public conceptions of mental illness: Labels, causes, dangerousness, and social distance. *American Journal of Public Health, 89,* 1328-1333.
Lopez, F. G. (2001). Adult attachment orientations, self-other boundary regulation and splitting tendencies in a college sample. *Journal of Counseling Psychology, 48,* 440-446.
Lopez, F. G., Melendez, M. C., Sauer, E. M., Berger, E., & Wyssmann, J. (1998). Internal working models, self-reported problems, and help-seeking attitudes among college students. *Journal of Counseling Psychology, 45,* 79-83.
Mackenzie, C. S., Knox, V. J., Gekoksi, W. L., & Macaulay, H. L. (2004). An adaptation and extension of the attitudes toward seeking professional psychological help. *Journal of Applied Social Psychology, 34,* 2410-2435.
Mahalik, J. R., Good, G. E., & Englar-Carlson, M. (2003). Masculinity scripts, presenting concerns, and help seeking: Implications for practice and training. *Professional Psychology: Research and Practice, 34,* 123-131.
Martin, C. L., & Fabes, R. A. (2001). The stability and consequences of young children's same-sex peer interactions. *Developmental Psychology, 37,* 431-446.
丸山利弥・今川民雄（2001）．対人関係の悩みについての自己開示がストレス低減に及ぼす影響　対人社会心理学研究, *1,* 107-118.
丸山利弥・今川民雄（2002）．自己開示によるストレス反応低減効果の検討　対人社会心理学研究, *2,* 83-91.
Messick, S. (1995). Validity of psychological assessment. *American Psychologist, 50,* 741-749.
Mikulincer, M., & Shaver, P. R. (2007). *Attachment in adulthood: Structure, dynamics, and*

change. New York, NY: Guilford Press.
Mikulincer, M., Shaver, P. R., & Pereg, D. (2003). Attachment theory and affect regulation: The dynamics, development, and cognitive consequences of attachment-related strategies. *Motivation and Emotion, 27,* 77-102.
三浦正江・坂野雄二（1996）．中学生における心理的ストレスの継時的変化　教育心理学研究, *44,* 368-378.
宮崎圭子・益田良子・松原達哉（2004）．学生相談室来室の規定要因に関する研究　学生相談研究, *24,* 259-268.
水野治久・石隈利紀（1998）．アジア系留学生の被援助志向性と適応に関する研究　カウンセリング研究, *31,* 1-9.
水野治久・石隈利紀（1999）．被援助志向性, 被援助行動に関する研究の動向　教育心理学研究, *47,* 530-539.
水野治久・石隈利紀（2000）．アジア系留学生の専門的ヘルパーに対する被援助志向性と社会・心理学的変数の関連　教育心理学研究, *48,* 165-173.
水野治久・石隈利紀・田村修一（2006）．中学生を取り巻くヘルパーに対する被援助志向性に関する研究：学校心理学の視点から　カウンセリング研究, *39,* 17-27.
水野将樹（2004）．青年は信頼できる友人との関係をどのように捉えているのか：グラウンデッド・セオリー・アプローチによる仮説モデルの生成　教育心理学研究, *52,* 170-185.
森川澄男（2000）．ピア・サポート活動（中学校）村山正治（編）現代のエスプリ別冊　臨床心理士によるスクールカウンセラー：実際と展望　至文堂
森田洋司・滝充・秦政春・星野周弘・若井彌一（1999）．日本のいじめ：予防・対応に生かすデータ集　金子書房
森脇愛子・坂本真士・丹野義彦（2002a）．大学生における自己開示の適切性, 聞き手の反応の受容性が開示者の抑うつ反応に及ぼす影響：モデルの縦断的検討　カウンセリング研究, *35,* 229-236.
森脇愛子・坂本真士・丹野義彦（2002b）．大学生における自己開示方法および被開示者の反応の尺度作成の試み　性格心理学研究, *11,* 12-23.
Morris. S. C., & Rosen, S. (1973). Effects of felt adequacy and opportunity to reciprocate on help seeking. *Journal of Experimental Social Psychology, 9,* 265-276.
Nadler, A., & Fisher, J. D. (1986). The theory of threat to self-esteem and perceived control in recipient reactions to aid: Theory and empirical validation. In L. Berkowitz (Ed.), *Advances in experimental social psychology,* Vol. 19(pp. 81-123). New York, NY: Academic Press.
Nadler, A., & Porat, I. (1978). When names do not help: Effects of anonymity and locus of need attribution on help-seeking behavior. *Personality and Social Psychology Bulletin, 4,* 624-626.
Nadler, A., Shapira, R., & Ben-Itzahak, S. (1982). Good looks may help: Effects of helper's physical attractiveness and sex of helper on males' and females' help-seeking behavior. *Journal of Personality and Social Psychology, 42,* 90-99.
永井智（2009）．小学生の援助要請意図：学校生活満足度, 悩みの経験, 抑うつとの関連　学校心理学研究, *9,* 17-24.
永井智（2010）．大学生の援助要請意図：主要な要因間の関連から見た援助要請意図の規定因　教育心理学研究, *58,* 46-56.
永井智（2013）．援助要請スタイル尺度の作成：縦断調査による実際の援助要請行動との関連から

教育心理学研究, 61, 44-55.
Nagai, S. (2015). Predictors of help-seeking behavior: Distinction between help-seeking intentions and help-seeking behavior. *Japanese Psychological Research, 56,* 313-322.
永井智・小池春妙 (2013). 心理的援助の専門家への援助要請における諸変数間の関連の検討 立正大学心理学年報, 4, 45-52.
永井智・松田侑子 (2014). ソーシャルスキルおよび対人的自己効力感が小学生における援助要請に与える影響の検討 カウンセリング研究, 47, 147-158.
永井智・松尾直博・新井邦二郎 (2004). 大学新入生に対するピア・サポート活動の試み 東京学芸大学紀要第1部門教育科学, 55, 81-91.
NHKクローズアップ現代班 (編著) (2010). 助けてと言えない：いま30代に何が 文藝春秋
中野良顯 (2006). ピア・サポート：豊かな人間性を育てる授業づくり［実例付］ 図書文化
中岡千幸・兒玉憲一・栗田智未 (2012). カウンセラーのビデオ映像が学生の援助要請意識に及ぼす影響の実験的検討 学生相談研究, 32, 219-230.
中谷素之 (1998). 教室における児童の社会的責任目標と学習行動，学業達成の関連 教育心理学研究, 46, 291-299.
Nam, S. K., Choi, S. I., & Lee, S. M. (2015). Effects of stigma-reducing conditions on intentions to seek psychological help among Korean college students with anxious-ambivalent attachment. *Psychological Services, 12,* 167-176.
Nam, S. K., Choi, S. I., Lee, J. H., Lee, M. K., Kim, A. R., & Lee, S. M. (2013). Psychological factors in college students' attitudes toward seeking professional psychological help: A meta-analysis. *Professional Psychology: Research and Practice, 44,* 37-45.
Nam, S. K., Chu, H. J., Lee, M. K., Lee, J. H., Kim, N., & Lee, S. M. (2010). A meta-analysis of gender differences in attitudes toward seeking professional psychological help. *Journal of American College Health, 59,* 110-116.
Naylor, P., & Cowie, H. (1999). The effectiveness of peer support systems in challenging school bullying: The perspectives and experiences of teachers and pupils. *Journal of Adolescence, 22,* 467-479.
Nelson, G. D., & Barbaro, M. B. (1985). Fighting the stigma: A unique approach to marketing mental health. *Health Marketing Quarterly, 2,* 89-101.
Nelson-LeGall, S. (1981). Necessary and unnecessary help seeking in children. *Journal of Genetic Psychology, 148,* 53-62.
Newman, R. S., & Goldin, L. (1990). Children's reluctance to seek help with schoolwork. *Journal of Educational Psychology, 82,* 92-100.
西川正之・高木修 (1990). 援助がもたらす自尊心への脅威が被援助者の反応に及ぼす効果 実験社会心理学研究, 30, 123-132.
Nolen-Hoeksema, S. (1990). *Sex differences in depression.* Stanford, CA: Stanford University Press.
Offer, D., Howard, K. I., Schonert, K. A., & Ostrov, E. (1991). To whom do adolescents turn for help? Differences between disturbed and nondisturbed adolescents. *Journal of the American Academy of Child and Adolescent Psychiatry, 30,* 623-630.
大橋早苗・潮村公弘 (2003). 否定的内容の自己開示が開示者の自尊心に及ぼす影響：顕在的自尊心と潜在的自尊心の測定 神戸大学発達科学部人間科学研究センター人間科学研究, 10, 33-48.
岡檀 (2013). 生き心地の良い街：この自殺率の低さには理由がある 講談社

岡本淳子・佐藤秀行・永井智・下山晃司（2014）．高校生の援助要請における諸変数間の関連の検討　立正大学臨床心理学研究，12，13-22．
大久保千恵・市来百合子・堂上禎子・井村健・谷口尚之・谷口義昭（2011）．中学校における心の健康とメンタルヘルスリテラシーに関する心理教育とその効果についての研究　教育実践総合センター研究紀要，20，79-84．
大島由之・新井邦二郎（2005）．中学生の社会的スキル獲得動機の検討：学校適応状態の差違に着目して　筑波大学発達臨床心理学研究，17，53-60．
Owens, P. I., Hoagwood, K., Horwitz, S. M., Leaf, P. J., Poduska, J. M., Kellam, S. G., & Ialongo, N. S.（2002）. Barriers to children's mental health services. *Journal of the American Academy of Child and Adolescent Psychiatry*, *41*, 731-738.
Pearce, K., Rickwood, D., & Beaton, S.（2003）. Preliminary evaluation of a university-based suicide intervention project: Impact on participants. *Australian e-Journal for the Advancement of Mental Health*, *2*（1）, 25-35.
Pipes, R. B., Schwarz, R. & Crouch, P.（1985）. Measuring client fears. *Journal of Consulting and Clinical Psychology*, *53*, 933-934.
Ploeg, J., Ciliska, D., Dobbins, N., Hayward, S., Thomas, H., & Underwood, J.（1996）. A systematic overview of adolescent suicide prevention programs. *Canadian Journal of Public Health*, *87*, 319-324.
Ponce, F. Q., & Atkinson, D. R.（1989）. Mexican-American acculturation, counselor ethnicity, counseling style, and perceived counselor credibility. *Journal of Counseling Psychology*, *36*, 203-208.
Price, S., & Jones, R. A.（2001）. Reflections on anti-bullying peer counseling in a comprehensive school. *Educational Psychology in Practice*, *17*, 35-40.
Randell, B. P., Eggert, L. L., & Pike, K. C.（2001）. Immediate post intervention effects of two brief youth suicide prevention interventions. *Suicide and Life-Threatening Behavior*, *31*, 41-61.
Raviv, A., Raviv, A., Propper, A., & Fink, A. S.（2003）. Mothers' attitudes toward seeking help for their children from school and private psychologists. *Professional Psychology: Research and Practice*, *34*, 95-101.
Raviv, A., Sills, R., Raviv, A., & Wilansky, P.（2000）. Adolescents' help-seeking behavior: The difference between self- and other-referral. *Journal of Adolescence*, *23*, 721-740.
Rickwood, D. J.（1995）. The effectiveness of seeking help for coping with personal problems in late adolescence. *Journal of Youth and Adolescence*, *24*, 685-703.
Rickwood, D. J., & Braithwaite, V. A.（1994）. Social-psychological factors affecting help-seeking for emotional problems. *Social Science and Medicine*, *39*, 563-572.
Rickwood, D., Cavanagh, S., Curtis, L., & Sakrouge, R.（2004）. Educating young people about mental health and mental illness: Evaluating a school-based programme. *International Journal of Mental Health Promotion*, *6*（4）, 23-32.
Rickwood, D., Deane, F. P., Wilson, C. J., & Ciarrochi, J.（2005）. Young people's help-seeking for mental health problems. *Australian e-Journal for the Advancement of Mental Health*, *4*（3）, 1-34.
Robertson, J. M., & Fitzgerald, L. F.（1992）. Overcoming the masculine mystique: Preferences for alternative forms of assistance among men who avoid counseling. *Journal of Counseling Psychology*, *39*, 240-246.

Rochlen, A. B., Mohr, J. J., & Hargrove, B. K. (1999). Development of the attitudes toward career counseling scale. *Journal of Counseling Psychology, 46*, 196-206.
六角洋子 (1999). 子どもの抑うつに関する研究動向 お茶の水女子大学人文科学紀要, *52*, 317-338.
Rothì, D. M., & Leavey, G. (2006). Mental health help-seeking and young people: A review. *Pastoral Care in Education, 24* (3), 4-13.
Rose, A. J., & Rudolph, K. D. (2006). A review of sex differences in peer relationship processes: Potential trade-offs for the emotional and behavioral development of girls and boys. *Psychological Bulletin, 132*, 98-131.
Ryan, A. M., & Pintrich, P. R. (1997). "Should I ask for help?" The role of motivation and attitudes in adolescents' help seeking in math class. *Journal of Educational Psychology, 89*, 329-341.
Santor, D. A., Poulin, C., LeBlanc, J. C., & Kusumakar, V. (2007). Facilitating help seeking behavior and referrals for mental health difficulties in school aged boys and girls: A school-based intervention. *Journal of Youth and Adolescence, 36*, 741-752.
Sauders, S. M., Resnick, M. D., Hoberman, H. M., & Blum, R. W. (1994). Formal help-seeking behavior of adolescents identifying themselves as having mental health problems. *Journal of the American Academy of Child and Adolescent Psychiatry, 33*, 718-728.
佐藤純 (2008). 大学生の援助資源の利用について：学生相談におけるセルフヘルプブック利用という視点から 筑波大学発達臨床心理学研究, *19*, 35-43.
佐藤修哉・安保英勇・藤川真由・内田知宏・上埜高志 (2014). 高校生用日本語版心理専門職への援助要請に関する態度尺度短縮版 (ATSPPH-SF) の信頼性および妥当性の検討 学校メンタルヘルス, *17*, 142-151.
佐藤修哉・内田知宏・高橋由佳・本庄谷奈央・伊藤晃代・安保英勇・上埜高志 (2014). 高校生のメンタルヘルスリテラシーおよび相談意欲の向上を目的とした介入の検討 東北大学大学院教育学研究科研究年報, *62*, 119-132.
Schonert-Reichl, K. A., & Muller, J. R. (1996). Correlates of help-seeking in adolescence. *Journal of Youth and Adolescence, 25*, 705-731.
Shaffer, P. A., Vogel, D. L., & Wei, M. (2006). The mediating roles of anticipated risks, anticipated benefits, and attitudes and the decision to seek professional help: An attachment perspective. *Journal of Counseling Psychology, 53*, 442-452.
Shapiro, E. G. (1978). Help seeking: Effects of visibility of task performance and seeking help. *Journal of Applied Social Psychology, 8* (2), 163-173.
Sheffield, J. K., Fiorenza, E., & Sofronoff, K. (2004). Adolescents'willingness to seek psychological help: Promoting and preventing factors. *Journal of Youth and Adolescence, 33*, 495-507.
渋谷郁子・伊藤裕子 (2004). 中学生の自己開示：自己受容との関連で カウンセリング研究, *27*, 250-259.
島田泉・高木修 (1994). 援助要請を抑制する要因の研究Ⅰ：状況認知要因と個人特性の効果について 社会心理学研究, *10*, 35-43.
島田泉・高木修 (1995). 援助要請行動の意志決定過程の分析 心理学研究, *66*, 269-276.
Simoni, J. M., Adelman, H. S., & Nelson, R. (1991). Perceived control, causality, expectations and help-seeking behavior. *Counselling Psychology Quarterly, 4*, 37-44.
Simonsen, G., Blazina, C., & Watkins, C. E. Jr. (2000). Gender role conflict and psychological

well-being among gay men. *Journal of Counseling Psychology, 47,* 85-89.
Simpson, J. A. (1990). Influence of attachment styles on romantic relationships. *Journal of Personality and Social Psychology, 59,* 971-980.
Simpson, J. A., Tholes, W. S., & Nelligan, J. S. (1992). Support seeking and support giving within couples in an anxiety-provoking situation: The role of attachment styles. *Journal of Personality and Social Psychology, 62,* 434-446.
Snowden, L. R. (1998). Racial differences in informal help seeking for mental health problems. *Journal of Community Psychology, 26,* 429-438.
Stefl, M. E., & Prosperi, D. C. (1985). Barriers to mental health service utilization. *Community Mental Health Journal, 21,* 167-178.
Sue, D. W. (1994). Asian-American mental health and help-seeking behavior: Comment on Solberg et al. (1994), Tata and Leong (1994), and Lin (1994). *Journal of Counseling Psychology, 41,* 292-295.
菅沼真樹(1997).老年期の自己開示と自尊感情 教育心理学研究, *45,* 378-387.
Surgenor, L. J. (1985). Attitudes toward seeking professional psychological help. *New Zealand Journal of Psychology, 14,* 27-33.
高木修(1997).援助行動の生起過程に関するモデルの提案 関西大学社会学部紀要, *29,* 1-21.
髙木修・妹尾香織(2006).援助授与行動と援助要請・受容行動の間の関連性:行動経験が援助者および被援助者に及ぼす内的・心理的影響の研究 関西大学社会学部紀要, *38,* 25-38.
滝充(2000).ピア・サポートではじめる学校づくり 中学校編 金子書房
滝充(2004).改訂版ピア・サポートではじめる学校づくり 中学校編:「予防教育的な生徒指導プログラム」の理論と方法 金子書房
田村修一・石隈利紀(2001).指導・援助サービス上の悩みにおける中学校教師の被援助志向性に関する研究:バーンアウトとの関連に焦点をあてて 教育心理学研究, *49,* 438-448.
田村修一・石隈利紀(2002).中学校教師の被援助志向性と自尊感情との関連 教育心理学研究, *50,* 291-300.
田村修一・石隈利紀(2006).中学校教師の被援助志向性に関する研究:状態・特性被援助志向性尺度の作成および信頼性と妥当性の検討 教育心理学研究, *54,* 75-89.
Tamres, L. K., Janicki, D. J., & Helgeson, V. S. (2002). Sex differences in coping behavior: A meta-analytic review and an examination of relative coping. *Personality and Social Psychology Review, 6,* 2-30.
Taniguchi, H., & Ura, M. (2002). Support reciprocity and depression among elementary school and high school students. *Japanese Psychological Research, 44,* 247-253.
高野明・宇留田麗(2002).援助要請行動から見たサービスとしての学生相談 教育心理学研究, *50,* 113-125.
高野明・宇留田麗(2004).学生相談活動に対する援助要請のしやすさについての具体的検討:援助要請に関する利益とコストの認知との関連から 学生相談研究, *25,* 56-68.
武田雅俊・野村総一郎・神庭重信・久保千春・尾崎紀夫・笠井清登・加藤忠史・功刀浩・小山司・白川治・西田淳志・福田正人・元村直靖・山脇成人(2010).うつ病対策の総合的提言 日本生物学的精神医学会誌, *21*(3), 155-182.
Takegahara, Y., & Ohbuchi, K. (2011). A study of preventing factors on consulting behavior: Effects of interpersonal relationships. *Tohoku Psychologica Folia, 70,* 1-9.
Taylor, R. L., Lam, D. J., Roppel, C. E., & Barter, J. T. (1984). Friends can be good medicine: An excursion into mental health promotion. *Community Mental Health Journal, 20,* 294-

303.
Tedeschi, G. J., & Willis, F. N. (1993). Attitudes toward counseling among Asian international and native Caucasian students. *Journal of College Student Psychotherapy, 7,* 43-54.

Tessler, R. C., & Schwartz, S. H. (1972). Help seeking, self-esteem, and achievement motivation: An attributional analysis. *Journal of Personality and Social Psychology, 21,* 318-326.

Timlin-Scalera, R. M., Ponterotto, J. G., Blumberg, F. C., & Jackson, M. A. (2003). A grounded theory study of help-seeking behaviors among white male high school students. *Journal of Counseling Psychology, 50,* 339-350.

Tishby, O., Turel, M., Gumpel, O., Pinus, U., Lavy, S. B., Winokour, M., & Sznajderman, S. (2001). Help-seeking attitudes among Israeli adolescents. *Adolescence, 36,* 249-264.

戸田有一 (2001). 学校におけるピア・サポート実践の展開と課題：紙上相談とオンライン・ピア・サポート・ネット　鳥取大学教育地域科学部紀要　教育・人文科学, *2,* 59-75.

豊田秀樹 (2003). 共分散構造分析　疑問編：構造方程式モデリング　統計ライブラリー　朝倉書店

Tracey, T. J., Sherry, P., & Keitel, M. (1986). Distress and help-seeking as a function of person-environment fit and self-efficacy: A causal model. *American Journal of Community Psychology, 14,* 657-676.

Tucker, J. R., Hammer, J. H., Vogel, D. L., Bitman, R. L., & Wade, N. G. (2013). Disentangling self-stigma: Are mental illness and help-seeking self-stigmas different? *Journal of Counseling Psychology, 60,* 520-531.

浦光博 (1992). 支えあう人と人：ソーシャル・サポートの社会心理学　サイエンス社

Vieland, V., Whittle, B., Garland, A., Hicks, R., & Shaffer, D. (1991). The impact of curriculum-based suicide prevention programs for teenagers: An 18-month follow-up. *Journal of American Academy of Child and Adolescent Psychiatry, 30,* 811-815.

Vogel, D. L., Wade, N. G., & Ascheman, P. L. (2008). Measuring perceptions of stigmatization by others for seeking psychological help: Reliability and validity of a new stigma scale with college students. *Journal of Counseling Psychology, 56,* 301-308.

Vogel, D. L., Wade, N. G., & Haake, S. (2006). Measuring the self-stigma associated with seeking psychological help. *Journal of Counseling Psychology, 53,* 325-337.

Vogel, D. L., Wade, N. G., & Hackler, A. H. (2007). Perceived public stigma and the willingness to seek counseling: The mediating roles of self-stigma and attitudes toward counseling. *Journal of Counseling Psychology, 54,* 40-50.

Vogel, D. L., & Wei, M. (2005). Adult attachment and help-seeking intent: The mediating roles of psychological distress and perceived social support. *Journal of Counseling Psychology, 52,* 347-357.

Vogel, D. L., & Wester, S. R. (2003). To seek help or not to seek help: The risks of self-disclosure. *Journal of Counseling Psychology, 50,* 351-361.

Vogel, D. L., Wester, S. R., Wei, M., & Boysen, G. A. (2005). The role of outcome expectations and attitudes on decisions to seek professional help. *Journal of Counseling Psychology, 52,* 459-470.

和田実 (1995). 青年の自己開示と心理的幸福観の関係　社会心理学研究, *11,* 11-17.

脇本竜太郎 (2008). 自尊心の高低と不安定性が被援助志向性・援助要請に及ぼす影響　実験社会心理学研究, *47,* 160-168.

Wei, M., Vogel, D. L., Ku, T., & Zakalik, R. A. (2005). Adult attachment, affect regulation, negative mood, and interpersonal problems: The mediating roles of emotional reactivity and emotional cutoff. *Journal of Counseling Psychology, 52,* 14-24.

Wills, T. A., & DePaulo, B. M. (1991). Interpersonal analysis of the help-seeking process. In C. R. Snyder & D. R. Forsyth (Eds.), *Handbook of social and clinical psychology: The health perspective* (pp. 350-375). Elmsford, NY: Pergamon Press.

Wilson, C. J., Deane, F. P., & Ciarrochi, J. (2005). Can hopelessness and adolescents' beliefs and attitudes about seeking help account for help negation? *Journal of Clinical Psychology, 61,* 1525-1539.

Wilson, C. J., Deane, F. P., Ciarrochi, J., & Rickwood, D. (2005). Measuring help-seeking intentions: Properties of the general help-seeking questionnaire. *Canadian Journal of Counselling, 39,* 15-28.

Wilson, C. J., Deane, F. P., Marshall, K. L., & Dalley, A. (2008). Reducing adolescents' perceived barriers to treatment and increasing help-seeking intentions: Effects of classroom presentations by general practitioners. *Journal of Youth and Adolescence, 37,* 1257-1269.

Wintre, M. G., & Crowley, J. M. (1993). The adolescent self-concept: A functional determinant of consultant preference. *Journal of Youth and Adolescence, 33,* 369-383.

Wintre, M. G., Hicks, R., McVey, G., & Fox, J. (1988). Age and sex differences in choice of consultant for various types of problems. *Child Development, 59,* 1046-1055.

Wisch, A. F., Mahalik, J. R., Hays, J. A., & Nutt, E. A. (1995). The impact of gender role conflict and counseling technique on psychological help seeking in men. *Sex Roles, 33,* 77-89.

Woodruff, J. C., Donnan, H., & Halpin, G. (1988). Changing elderly persons' attitudes toward mental health professionals. *The Gerontologist, 28,* 800-802.

Wright, A., McGorry, P. D., Harris, M. G., Jorm, A. F., & Pennell, K. (2006). Development and evaluation of a youth mental health community awareness campaign: The compass strategy. *BMC Public Health, 6,* 215.

山口智子・西川正行（1991）．援助要請行動に及ぼす援助者の性，要請者の性，対人魅力，及び自尊心の影響について　大阪教育大学紀要第Ⅳ部門, *40,* 21-28.

山口登志子・久田満（1986）．大学生のカウンセリングを受けることに対する態度について（Ⅱ）：カウンセリングに対する期待，ソーシャル・サポート，Locus of Controlおよび抑うつ度との関係　日本教育心理学会第28回大会発表論文集，958-959.

山口豊一・水野治久・石隈利紀（2004）．中学生の悩みの経験・深刻度と被援助志向性の関連：学校心理学の視点を生かした実践のために　カウンセリング研究, *37,* 241-249.

吉武久美子（2012）．学生相談室利用促進のための取り組みとその効果についての実証的検討　学生相談研究, *32,* 231-240.

Zhang, A. Y., Snowden, L. R., & Sue, S. (1998). Differences between Asian and white Americans' help seeking and utilization patterns in the Los Angeles area. *Journal of Community Psychology, 26,* 317-326.

資料01：研究1の質問紙A

学校生活に関するアンケート

今回は、アンケートのご協力ありがとうございます

- このアンケートは、皆さんの日ごろの学校での様子を尋ねるものです。
- 質問の回答には正解などはありません。思ったことを気軽に答えて下さい。
- このアンケートは、成績にはまったく関係しません
- 誰が書いたのかはわからないようにして集計しますので、思ったとおりに回答してください。

　　自分の名前を書いていただく必要はありません。
　　誰がどんな回答をしたかはわからないようになっています。
　　先生や家の人が、誰がどんな回答をしたかを知ることはありません。

学校 （　　　　中学校　　）

クラス （　　年　　組　　）

性別 （　男　・　女　）

学年と性別を書いたら、この表紙を開いて始めてください

資 料

あなたのこれまでの生活についてお尋ねします。

「A」は全員が答えて下さい。

→・「A」の部分で「4」か「3」に○をした人は「B」と「C」に答えて下さい。
・「A」の部分で「2」か「1」に○をした人は「D」に答えて下さい。

・「C」と「D」では、「友人」「親」「先生」「スクールカウンセラー」それぞれの「◎」「△」「×」のどれかに○をつけて下さい。

① 自分の性格や容姿(ようし)で気になることがあるとき

A: 過去一年の間、上のような状況になって、悩んだ経験はありますか？
「1」〜「4」のどれかに○

よくある	4
ときどきある	3
あまりない	2
まったくない	1

「4」か「3」の人は「B」「C」へ
「2」か「1」の人は「D」へ

B: その悩みはあなたにとってどの位、深刻でしたか？「1」から「7」のどれかに○

全く深刻でない	深刻でない	あまり深刻でない	どちらともいえない	少し深刻	深刻	非常に深刻
1	2	3	4	5	6	7

C: その悩みは誰かに相談しましたか？
それぞれの「◎」「△」「×」のどれかに○

◎：相談した
△：相談したいと思ったが、しなかった
×：相談しようとは思わなかった

	友人	親	先生	スクールカウンセラー
◎	◎	◎	◎	◎
△	△	△	△	△
×	×	×	×	×

D: もしその悩みを抱えたら誰かに相談すると思いますか？
それぞれの「◎」「△」「×」のどれかに○

◎：相談すると思う
△：相談したいが、しないと思う
×：相談しないと思う

	友人	親	先生	スクールカウンセラー
◎	◎	◎	◎	◎
△	△	△	△	△
×	×	×	×	×

あなたのこれまでの生活についてお尋ねします。

「A」は全員が答えてください。
→ 「A」の部分で「4」か「3」に○をした人は「B」と「C」に答えてください。
　 「A」の部分で「2」か「1」に○をした人は「D」に答えてください。

・「C」と「D」では、「友人」「親」「先生」「スクールカウンセラー」それぞれの「◎」「△」「×」のどれかに○をつけてください。

② なぜかひどく落ち込んだり逃げ出したい気分におそわれたとき

A: 過去一年の間、上のようなに状況になって、悩んだ経験はありますか？「1」〜「4」のどれかに○

よくある	4 ─┐「4」か「3」の人は「B」「C」へ
ときどきある	3 ─┘
あまりない	2 ─┐「2」か「1」の人は「D」へ
まったくない	1 ─┘

B: その悩みはあなたにとってどの位、深刻でしたか？「1」から「7」のどれかに○

全く深刻でない	深刻でない	あまり深刻でない	どちらともいえない	少し深刻	深刻	非常に深刻
1	2	3	4	5	6	7

C: その悩みは誰かに相談しましたか？それぞれの「◎」「△」「×」のどれかに○

	友人	親	先生	スクールカウンセラー
◎：相談した	◎	◎	◎	◎
△：相談したいと思ったが、しなかった	△	△	△	△
×：相談しようとは思わなかった	×	×	×	×

D: もしその悩みを抱えたら誰かに相談するとと思いますか？それぞれの「◎」「△」「×」のどれかに○

	友人	親	先生	スクールカウンセラー
◎：相談すると思う	◎	◎	◎	◎
△：相談したいが、しないと思う	△	△	△	△
×：相談しないと思う	×	×	×	×

206　資　料

あなたのこれまでの生活についてお尋ねします。

「A」は全員が答えて下さい。
→ 「A」の部分で「4」か「3」に○をした人は「B」と「C」に答えて下さい。
　　「A」の部分で「2」か「1」に○をした人は「D」に答えて下さい。
・ 「C」と「D」では、「友人」「先生」「親」「スクールカウンセラー」それぞれの「◎」「△」「×」のどれかに○をつけて下さい。

③ 友だちとのつき合いがうまくいかなかったり、友だちがいないとき

A: 過去一年の間、上のような状況になって、悩んだ経験はありますか？
「1」～「4」のどれかに○

よくある	4
ときどきある	3
あまりない	2
まったくない	1

「4」か「3」の人は「B」「C」へ
「2」か「1」の人は「D」へ

B: その悩みはあなたにとってどの位、深刻でしたか？「1」から「7」のどれかに○

全く深刻でない	深刻でない	あまり深刻でない	どちらともいえない	少し深刻	深刻	非常に深刻
1	2	3	4	5	6	7

C: その悩みは誰かに相談しましたか？
それぞれ「◎」「△」「×」のどれかに○

◎：相談した
△：相談したいと思ったが、しなかった
×：相談しようとは思わなかった

	友人	親	先生	スクールカウンセラー
	◎	◎	◎	◎
	△	△	△	△
	×	×	×	×

D: もしてその悩みを抱えたら誰かに相談すると思うと思いますか？
それぞれ「◎」「△」「×」のどれかに○

◎：相談すると思う
△：相談したいが、しないと思う
×：相談しないと思う

	友人	親	先生	スクールカウンセラー
	◎	◎	◎	◎
	△	△	△	△
	×	×	×	×

あなたのこれまでの生活についてお尋ねします。

「A」は全員答えてください。
→・「A」の部分で「4」か「3」に○をした人は「B」と「C」に答えてください。
　・「A」の部分で「2」か「1」に○をした人は「D」に答えてください。
・「C」と「D」では、「友人」「親」「先生」「スクールカウンセラー」それぞれの「◎」「△」「×」のどれかに○をつけてください。

④ **学校に行くのがつらくなったり、行きたくなくなったりしたとき**

A: 過去一年の間、上のような状況になって、悩んだ経験はありますか？
「1」～「4」のどれかに○

　よくある　　4 ┐
　ときどきある　3 ┘→「4」か「3」の人は「B」「C」へ
　あまりない　2 ┐
　まったくない　1 ┘→「2」か「1」の人は「D」へ

B: その悩みはあなたにとってどの位、深刻でしたか？「1」から「7」のどれかに○

全く深刻でない	深刻でない	あまり深刻でない	どちらともいえない	少し深刻	深刻	非常に深刻
1	2	3	4	5	6	7

C: その悩みは誰かに相談しましたか？それぞれの「◎」「△」「×」のどれかに○

◎：相談した
△：相談したいと思ったが、しなかった
×：相談しようとは思わなかった

	友人	親	先生	スクールカウンセラー
◎	◎	◎	◎	◎
△	△	△	△	△
×	×	×	×	×

D: もしその悩みを抱えたら誰かに相談すると思いますか？それぞれの「◎」「△」「×」のどれかに○

◎：相談すると思う
△：相談したいが、しないと思う
×：相談しないと思う

	友人	親	先生	スクールカウンセラー
◎	◎	◎	◎	◎
△	△	△	△	△
×	×	×	×	×

資料

あなたのこれまでの生活についてお尋ねします。

「A」は全員が答えてください。
→ ・「A」の部分で「4」か「3」に○をした人は「B」と「C」に答えてください。
　　・「A」の部分で「2」か「1」に○をした人は「D」に答えてください。
・「C」と「D」では、「友人」「親」「先生」「スクールカウンセラー」それぞれの「◎」「△」「×」のどれかに○をつけてください。

⑥ 担任や部活動の先生に対して不満があるとき

A： 過去一年の間、上のような状況になって、悩んだ経験はありますか？
「1」〜「4」のどれかに○

- よくある　　4 ┐
- ときどきある　3 ┘ 「4」か「3」の人は「B」「C」へ
- あまりない　　2 ┐
- まったくない　1 ┘ 「2」か「1」の人は「D」へ

B： その悩みはあなたにとってどの位、深刻でしたか？「1」から「7」のどれかに○

全く深刻でない	深刻でない	あまり深刻でない	どちらともいえない	少し深刻	深刻	非常に深刻
1	2	3	4	5	6	7

C： その悩みは誰かに相談しましたか？
それぞれの「◎」「△」「×」のどれかに○

◎：相談した
△：相談したいと思ったが、しなかった
×：相談しようとは思わなかった

	友人	親	先生	スクールカウンセラー
◎	◎	◎	◎	◎
△	△	△	△	△
×	×	×	×	×

D： もしその悩みを抱えたら誰かに相談すると思いますか？
それぞれの「◎」「△」「×」のどれかに○

◎：相談すると思う
△：相談したいが、しないと思う
×：相談しないと思う

	友人	親	先生	スクールカウンセラー
◎	◎	◎	◎	◎
△	△	△	△	△
×	×	×	×	×

資料02:研究1の質問紙B

学校生活に関するアンケート

今回は、アンケートのご協力ありがとうございます

- このアンケートは、皆さんの日ごろの学校での様子を尋ねるものです。
- 質問の回答には正解などはありません。思ったことを気軽に答えて下さい。
- このアンケートは、成績にはまったく関係しません
- 誰が書いたのかはわからないようにして集計しますので、思ったとおりに回答してください。

　　　　　　　自分の名前を書いていただく必要はありません。
　　　　　　　誰がどんな回答をしたかはわからないようになっています。
　　　　　　　先生や家の人が、誰がどんな回答をしたかを知ることはありません。

学校 (　　　　中学校　　)

クラス (　　年　　　組　　)

性別 (　　男　・　女　　)

学年と性別を書いたら、この表紙を開いて始めてください

212　資　料

あなたのこれまでの生活についてお尋ねします。

「A」は全員が答えてください。
→「A」の部分で「4」か「3」に○をした人は「B」と「C」に答えてください。
　「A」の部分で「2」か「1」に○をした人は「D」に答えてください。
・「C」と「D」では、「友人」「親」「先生」「スクールカウンセラー」それぞれの「◎」「△」「×」のどれかに○をつけてください。

① 自分の性格や自分の身体の変化などを知りたいとき

A: 過去一年の間、上のような状況になって、悩んだ経験はありますか？
「1」～「4」のどれかに○

よくある	4
ときどきある	3
あまりない	2
まったくない	1

「4」か「3」の人は「B」「C」へ
「2」か「1」の人は「D」へ

B: その悩みはあなたにとってどの位、深刻でしたか？「1」から「7」のどれかに○

全く深刻でない	深刻でない	あまり深刻でない	どちらともいえない	少し深刻	深刻	非常に深刻
1	2	3	4	5	6	7

C: その悩みは誰かに相談しましたか？
それぞれ「◎」「△」「×」のどれかに○

	友人	親	先生	スクールカウンセラー
◎：相談した	◎	◎	◎	◎
△：相談したいと思ったが、しなかった	△	△	△	△
×：相談しようとは思わなかった	×	×	×	×

D: もしその悩みを抱えたら誰かに相談すると思いますか？
それぞれ「◎」「△」「×」のどれかに○

	友人	親	先生	スクールカウンセラー
◎：相談すると思う	◎	◎	◎	◎
△：相談したいが、しないと思う	△	△	△	△
×：相談しないと思う	×	×	×	×

あなたのこれまでの生活についてお尋ねします。

「A」は全員が答えて下さい。

→ 「A」の部分で「4」か「3」に○をした人は「B」と「C」に答えて下さい。
　　「A」の部分で「2」か「1」に○をした人は「D」に答えて下さい。

・「C」と「D」では、「友人」「親」「先生」「スクールカウンセラー」それぞれの「◎」「△」「×」のどれかに○をつけて下さい。

② 友だちとのつき合いをうまくやれるようにしたいと思うとき

A: 過去一年の間、上のような状況になって、悩んだ経験はありますか？
「1」〜「4」のどれかに○

よくある	4
ときどきある	3
あまりない	2
まったくない	1

「4」か「3」の人は「B」「C」へ
「2」か「1」の人は「D」へ

B: その悩みはあなたにとってどの位、深刻でしたか？「1」から「7」のどれかに○

全く深刻でない	深刻でない	あまり深刻でない	どちらともいえない	少し深刻	深刻	非常に深刻
1	2	3	4	5	6	7

C: その悩みは誰かに相談しましたか？
それぞれの「◎」「△」「×」のどれかに○

◎：相談した
△：相談したいと思ったが、しなかった
×：相談しようとは思わなかった

	友人	親	先生	スクールカウンセラー
◎	◎	◎	◎	◎
△	△	△	△	△
×	×	×	×	×

D: もしその悩みを抱えたら誰かに相談すると思いますか？
それぞれの「◎」「△」「×」のどれかに○

◎：相談すると思う
△：相談したいが、しないと思う
×：相談しないと思う

	友人	親	先生	スクールカウンセラー
◎	◎	◎	◎	◎
△	△	△	△	△
×	×	×	×	×

214　資　料

あなたのこれまでの生活についてお尋ねします。

「A」は全員が答えてください。
→ 「A」の部分で「4」か「3」に○をした人は「B」と「C」に答えてください。
　 「A」の部分で「2」か「1」に○をした人は「D」に答えてください。
・「C」と「D」では、「友人」「親」「先生」「スクールカウンセラー」それぞれの「◎」「△」「×」のどれかに○をつけてください。

③ **自分の性や異性との交際のことで悩みがある**とき

A: 過去一年の間、上のような状況になって、悩んだ経験はありますか？
　「1」～「4」のどれかに○

よくある	4 ┐ 「4」か「3」の人は「B」「C」へ
ときどきある	3 ┘
あまりない	2 ┐ 「2」か「1」の人は「D」へ
まったくない	1 ┘

B: その悩みはあなたにとってどの位、深刻でしたか？ 「1」から「7」のどれかに○

全く深刻でない	深刻でない	あまり深刻でない	どちらともいえない	少し深刻	深刻	非常に深刻
1	2	3	4	5	6	7

C: その悩みは誰かに相談しましたか？
それぞれの「◎」「△」「×」のどれかに○

◎：相談した
△：相談したいと思ったが、しなかった
×：相談しようとは思わなかった

	友人	親	先生	スクールカウンセラー
◎	◎	◎	◎	◎
△	△	△	△	△
×	×	×	×	×

D: もしその悩みを抱えたら誰かに相談すると思いますか？
それぞれの「◎」「△」「×」のどれかに○

◎：相談すると思う
△：相談したいが、しないと思う
×：相談しないと思う

	友人	親	先生	スクールカウンセラー
◎	◎	◎	◎	◎
△	△	△	△	△
×	×	×	×	×

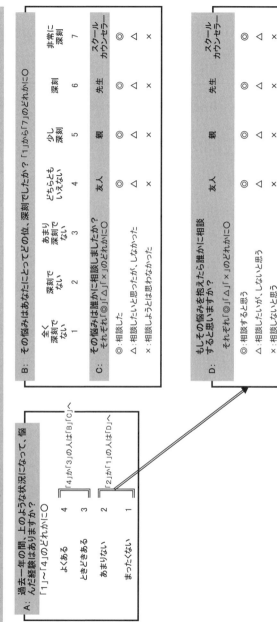

216　資　料

あなたのこれまでの生活についてお尋ねします。

「A」は全員が答えて下さい。
→ 「A」の部分で「4」か「3」に◯をした人は「B」と「C」に答えて下さい。
　 「A」の部分で「2」か「1」に◯をした人は「D」に答えて下さい。
・「C」と「D」では、「友人」「先生」「親」「スクールカウンセラー」それぞれの「◯」「△」「×」のどれかに◯をつけて下さい。

⑤ 自分の家庭のことで心配や悩みがあるとき

A: 過去一年の間、上のような状況になって、悩んだ経験はありますか？
「1」〜「4」のどれかに◯

よくある	4	「4」か「3」の人は「B」「C」へ
ときどきある	3	
あまりない	2	「2」か「1」の人は「D」へ
まったくない	1	

B: その悩みはあなたにとってどの位、深刻でしたか？「1」から「7」のどれかに◯

全く深刻でない	深刻でない	あまり深刻でない	どちらともいえない	少し深刻	深刻	非常に深刻
1	2	3	4	5	6	7

C: その悩みは誰かに相談しましたか？
それぞれの「◯」「△」「×」のどれかに◯

	友人	親	先生	スクールカウンセラー
◎：相談した	◎	◎	◎	◎
△：相談したいと思ったが、しなかった	△	△	△	△
×：相談しようとは思わなかった	×	×	×	×

D: もしその悩みを抱えたら誰かに相談するると思いますか？
それぞれの「◯」「△」「×」のどれかに◯

	友人	親	先生	スクールカウンセラー
◎：相談すると思う	◎	◎	◎	◎
△：相談したいが、しないと思う	△	△	△	△
×：相談しないと思う	×	×	×	×

資料03：研究３の質問紙
③サポート希求の項目は省略

学校生活に関するアンケート

今回は、アンケートのご協力ありがとうございます

- このアンケートは、皆さんの日ごろの学校での様子を尋ねるものです。
- 質問の回答には正解などはありません。思ったことを気軽に答えて下さい。
- このアンケートは、成績にはまったく関係しません
- 誰が書いたのかはわからないようにして集計しますので、思ったとおりに回答してください。

　　自分の名前を書いていただく必要はありません。
　　誰がどんな回答をしたかはわからないようになっています。
　　先生や家の人が、誰がどんな回答をしたかを知ることはありません。

　　　　学校　（　　　　中学校　）

　　　　クラス（　　年　　組　）

　　　　性別　（　　男　・　女　）

　　　　学年と性別を書いたら、この表紙を開いて始めてください

A

過去一年で、以下のようなことで悩み、友達に相談したことはありますか？

悩んだことのある人は「1：相談したことがある」「2：相談したいと思ったが、しなかった」「3：相談したことがない」のどれかに○をつけてください。

悩んだことのない人は、「4：このことで悩んだことがない」に○をつけてください。

		相談したことがある	相談したいと思ったがしなかった	相談したことがない	このことで悩んだことがない
1	自分の性格や容姿(ようし)で気になることがあるとき	1	2	3	4
2	なぜかひどく落ち込んだり逃げ出したい気分におそわれたとき	1	2	3	4
3	友だちとのつき合いがうまくいかなかったり、友だちがいないとき	1	2	3	4
4	学校に行くのがつらくなったり、行きたくなくなったりしたとき	1	2	3	4
5	担任や部活動の先生に対して不満があるとき	1	2	3	4
6	自分の性格や自分の身体の変化などを知りたいとき	1	2	3	4
7	友だちとのつき合いをうまくやれるようにしたいと思うき	1	2	3	4
8	自分の性や異性との交際のことで悩みがあるとき	1	2	3	4
9	学校あるいは学級になじめないとき	1	2	3	4
10	自分の家庭のことで心配や悩みがあるとき	1	2	3	4
11	もっと成績を伸ばしたいとき	1	2	3	4
12	自分にあった勉強方法が知りたいとき	1	2	3	4
13	意欲がわかず、勉強する気になれないとき	1	2	3	4
14	教科の先生の接し方や教え方に不満があるとき	1	2	3	4
15	授業の内容がわからなくてついていけないとき	1	2	3	4
16	自分の能力、長所、適正を知りたいとき	1	2	3	4
17	自分の将来の職業、自分の生き方、進路に助言がほしいとき	1	2	3	4
18	自分の進学や就職先の選択についてもっと情報がほしいとき	1	2	3	4
19	進学や就職のための勉強や準備にやる気が起きないとき	1	2	3	4
20	自分の内申書にどんな内容のことが書かれているのか気になるとき	1	2	3	4

B もし、あなたが以下のことで悩み、その悩みを自分ひとりでは解決できなかったとしたら その悩みを友達に相談すると思いますか？
それぞれ「1」～「5」のどれか1つに○をつけてください。

		相談しないと思う	あまり相談しないと思う	どちらともいえない	少し相談すると思う	相談すると思う
1	自分の性格や容姿(ようし)で気になることがあるとき	1	2	3	4	5
2	なぜかひどく落ち込んだり逃げ出したい気分におそわれたとき	1	2	3	4	5
3	友だちとのつき合いがうまくいかなかったり、友だちがいないとき	1	2	3	4	5
4	学校に行くのがつらくなったり、行きたくなくなったりしたとき	1	2	3	4	5
5	担任や部活動の先生に対して不満があるとき	1	2	3	4	5
6	自分の性格や自分の身体の変化などを知りたいとき	1	2	3	4	5
7	友だちとのつき合いをうまくやれるようにしたいと思うき	1	2	3	4	5
8	自分の性や異性との交際のことで悩みがあるとき	1	2	3	4	5
9	学校あるいは学級になじめないとき	1	2	3	4	5
10	自分の家庭のことで心配や悩みがあるとき	1	2	3	4	5
11	もっと成績を伸ばしたいとき	1	2	3	4	5
12	自分にあった勉強方法が知りたいとき	1	2	3	4	5
13	意欲がわかず、勉強する気になれないとき	1	2	3	4	5
14	教科の先生の接し方や教え方に不満があるとき	1	2	3	4	5
15	授業の内容がわからなくてついていけないとき	1	2	3	4	5
16	自分の能力、長所、適正を知りたいとき	1	2	3	4	5
17	自分の将来の職業、自分の生き方、進路に助言がほしいとき	1	2	3	4	5
18	自分の進学や就職先の選択についてもっと情報がほしいとき	1	2	3	4	5
19	進学や就職のための勉強や準備にやる気が起きないとき	1	2	3	4	5
20	自分の内申書にどんな内容のことが書かれているのか気になるとき	1	2	3	4	5

> 資料04：研究４予備調査の質問紙
> 実施の際は①②③を組み合わせた
> ３種類の質問紙を使用

学校生活に関するアンケート

今回は、アンケートのご協力ありがとうございます

- このアンケートは、皆さんの日ごろの学校での様子を尋ねるものです。
- 質問の回答には正解などはありません。思ったことを気軽に答えて下さい。
- このアンケートは、成績にはまったく関係しません
- 誰が書いたのかはわからないようにして集計しますので、思ったとおりに回答してください。

　　自分の名前を書いていただく必要はありません。
　　誰がどんな回答をしたかはわからないようになっています。
　　先生や家の人が、誰がどんな回答をしたかを知ることはありません。

学校　（　　　　中学校　）

クラス　（　　年　　組　）

性別　（　男　・　女　）

学年と性別を書いたら、この表紙を開いて始めてください

① 友達に悩み事や困ったことを相談することについて、思っていることをおうかがいします

①-1: 友達に悩みごとや困ったことを相談すると、何か「よいこと」があると思いますか？思いついたことを自由に書いてください。

①-2: 友達に悩みごとや困ったことを相談すると、何か「いやなこと」があると思いますか？思いついたことを自由に書いてください。

② あなたは今までに友達に悩みごとや困ったことを相談したことはありますか？その経験がある人は、「②－1」～「②－3」に答えて下さい

②－1：あなたは、どのような理由で相談しようと思いましたか？思いついたことを自由に書いてください。

②－2：相談した結果、何か「いいこと」や「相談してよかったと思うこと」はありましたか？思いついたことを自由に書いてください。

②－3：相談した結果、何か「いやなこと」や「相談しなければよかったと思うこと」はありましたか？思いついたことを自由に書いてください。

③ あなたは今までに友達に悩みごとや困ったことを相談しようと思ったが、相談するのをやめたことはありますか？その経験がある人は、「③－1」～「③－3」に答えて下さい

③－1：あなたは、どのような理由で相談するのをやめましたか？思いついたことを自由に書いてください。

③－2：相談するのをやめた結果、何か「いいこと」や「相談しなくてよかったと思うこと」はありましたか？思いついたことを自由に書いてください。

③－3：相談するのをやめた結果、何か「いやなこと」や「相談すればよかったと思うこと」はありましたか？思いついたことを自由に書いてください。

資料05：研究４本調査の質問紙
③サポート希求、
④被援助志向性の項目は省略

学校生活に関するアンケート

今回は、アンケートのご協力ありがとうございます

- このアンケートは、皆さんの日ごろの学校での様子を尋ねるものです。
- 質問の回答には正解などはありません。思ったことを気軽に答えて下さい。
- このアンケートは、成績にはまったく関係しません
- 誰が書いたのかはわからないようにして集計しますので、思ったとおりに回答してください。

自分の名前を書いていただく必要はありません。
誰がどんな回答をしたかはわからないようになっています。
先生や家の人が、誰がどんな回答をしたかを知ることはありません。

学校　（　　　　中学校　）

クラス　（　　年　　組　）

性別　（　男　・　女　）

学年と性別を書いたら、この表紙を開いて始めてください

		相談しないと思う	あまり相談しないと思う	どちらともいえない	少し相談すると思う	相談すると思う
A	もし、あなたが以下のことで悩み、その悩みを自分ひとりでは解決できなかったとしたら、その悩みを友達に相談すると思いますか？ それぞれ「1」〜「5」のどれか1つに○をつけてください。					
1	自分の性格や容姿で気になることがあるとき	1	2	3	4	5
2	なぜかひどく落ち込んだり逃げ出したい気分におそわれたとき	1	2	3	4	5
3	友だちとのつき合いがうまくいかなかったり、友だちがいないとき	1	2	3	4	5
4	学校に行くのがつらくなったり、行きたくなくなったりしたとき	1	2	3	4	5
5	友だちとのつき合いをうまくやれるようにしたいと思うとき	1	2	3	4	5
6	自分の性や異性との交際のことで悩みがあるとき	1	2	3	4	5
7	学校あるいは学級になじめないとき	1	2	3	4	5
8	もっと成績を伸ばしたいとき	1	2	3	4	5
9	自分にあった勉強方法が知りたいとき	1	2	3	4	5
10	意欲がわかず、勉強する気になれないとき	1	2	3	4	5
11	進学や就職のための勉強や準備にやる気が起きないとき	1	2	3	4	5

B もし、あなたが悩んだり、困ったりしたとき、友だちに悩みを相談するとしたら、どのようなことを考えますか？また、相談した結果どうなると思いますか？
それぞれ「1」～「5」のどれか1つに〇をつけてください。

		そう思わない	あまりそう思わない	どちらともいえない	少しそう思う	そう思う
1	相談すると、よい意見やアドバイスをもらえる	1	2	3	4	5
2	相談すると、相手が悩みの解決のために協力してくれる	1	2	3	4	5
3	相談すると、悩みが解決する	1	2	3	4	5
4	相談すると、悩みの解決法がわかる	1	2	3	4	5
5	相談すると、相手が真剣に相談に乗ってくれる	1	2	3	4	5
6	相談すると、相手が励ましてくれる	1	2	3	4	5
7	相談すると、気持ちがスッキリする	1	2	3	4	5
8	相談すると、気持ちが楽になる	1	2	3	4	5
9	友達に相談をしても意見が合わない	1	2	3	4	5
10	相談をしても、相手が別の意見を言ってくる	1	2	3	4	5
11	相談をしても馬鹿にされる	1	2	3	4	5
12	相談をしても、相手に嫌なことを言われる	1	2	3	4	5
13	相談をしても、相手に話を真剣に聞いてもらえない	1	2	3	4	5
14	相談をしても、相手に話を簡単に流される	1	2	3	4	5
15	相談をしても、悩みが解決されるわけではない	1	2	3	4	5
16	相談をしても、いいことがないと思う	1	2	3	4	5

	そう思わない	あまりそう思わない	どちらともいえない	少しそう思う	そう思う
17 相手にアドバイスを言われても役に立たない	1	2	3	4	5
18 相手に役立つことを言ってもらえる訳ではない	1	2	3	4	5
19 悩みを相談しても、それを秘密にしてもらえない	1	2	3	4	5
20 相談したことを他の人にばらされる	1	2	3	4	5
21 相談をすると、相手が悩みの内容を他の人に言ってしまう	1	2	3	4	5
22 悩みを相談することは、自分の弱さを認めることになる	1	2	3	4	5
23 悩みを相談すると、自分の弱い面を相手に知られてしまう	1	2	3	4	5
24 悩みを相談すると、自分を弱い人間のように感じてしまう	1	2	3	4	5
25 人に相談するよりも、自分で何とかする方が、自分のためになる	1	2	3	4	5
26 悩んでも、人に相談するより自分で解決したい	1	2	3	4	5
27 人に相談するよりも、自分で悩みにとりくむ方が、充実感がある	1	2	3	4	5
28 困った時は人に頼るより、自分で何とかする方がよい	1	2	3	4	5
29 人に相談するよりも、自分で何とかすることで、成長できる	1	2	3	4	5
30 相談しないで一人で悩んでいても、よけい悪くなると思う	1	2	3	4	5
31 一人で悩んでいても、いつまでも悩みをひきずることになる	1	2	3	4	5
32 悩みを誰にも相談しないと、ずっと悩みから抜け出せないと思う	1	2	3	4	5

> 資料06：研究５の質問紙
> ⑤IWMの項目は省略

学校生活に関するアンケート

今回は、アンケートのご協力ありがとうございます

- このアンケートは、皆さんの日ごろの学校での様子を尋ねるものです。
- 質問の回答には正解などはありません。思ったことを気軽に答えて下さい。
- このアンケートは、成績にはまったく関係しません
- 誰が書いたのかはわからないようにして集計しますので、思ったとおりに回答してください。

　　自分の名前を書いていただく必要はありません。
　　誰がどんな回答をしたかはわからないようになっています。
　　先生や家の人が、誰がどんな回答をしたかを知ることはありません。

学校　（　　　　中学校　）

クラス　（　　年　　組　）

性別　（　男　・　女　）

学年と性別を書いたら、この表紙を開いて始めてください

資料

> **A** 以下には、さまざまな悩みが書いてあります。
> そして、その悩みについて、いろいろな質問があります。
> それぞれ、あてはまるもの1つに〇をつけてください。

---

① 自分の性格や容姿(ようし)で気になることがあるとき

1: 今年の四月から今までのあいだ、このことで悩んだことはありますか？

悩んだことはない	あまり悩んだことはない	どちらともいえない	少し悩んだことがある	悩んだことがある

2: もしこのことで悩み、自分ひとりでは解決できなかったとしたら、友だちに相談しますか？

相談しないと思う	あまり相談しないと思う	どちらともいえない	少し相談すると思う	相談すると思う

---

② なぜかひどく落ち込んだり逃げ出したい気分におそわれたとき

1: 今年の四月から今までのあいだ、このことで悩んだことはありますか？

悩んだことはない	あまり悩んだことはない	どちらともいえない	少し悩んだことがある	悩んだことがある

2: もしこのことで悩み、自分ひとりでは解決できなかったとしたら、友だちに相談しますか？

相談しないと思う	あまり相談しないと思う	どちらともいえない	少し相談すると思う	相談すると思う

---

③ 友だちとのつき合いがうまくいかなかったり、友だちがいないとき

1: 今年の四月から今までのあいだ、このことで悩んだことはありますか？

悩んだことはない	あまり悩んだことはない	どちらともいえない	少し悩んだことがある	悩んだことがある

2: もしこのことで悩み、自分ひとりでは解決できなかったとしたら、友だちに相談しますか？

相談しないと思う	あまり相談しないと思う	どちらともいえない	少し相談すると思う	相談すると思う

④ 学校に行くのがつらくなったり、行きたくなくなったりしたとき

1： 今年の四月から今までのあいだ、このことで悩んだことはありますか？

悩んだことはない	あまり悩んだことはない	どちらともいえない	少し悩んだことがある	悩んだことがある

2： もしこのことで悩み、自分ひとりでは解決できなかったとしたら、友だちに相談しますか？

相談しないと思う	あまり相談しないと思う	どちらともいえない	少し相談すると思う	相談すると思う

⑤ 友だちとのつき合いをうまくやれるようにしたいと思うとき

1： 今年の四月から今までのあいだ、このことで悩んだことはありますか？

悩んだことはない	あまり悩んだことはない	どちらともいえない	少し悩んだことがある	悩んだことがある

2： もしこのことで悩み、自分ひとりでは解決できなかったとしたら、友だちに相談しますか？

相談しないと思う	あまり相談しないと思う	どちらともいえない	少し相談すると思う	相談すると思う

⑥ 自分の性や異性との交際のことで悩みがあるとき

1： 今年の四月から今までのあいだ、このことで悩んだことはありますか？

悩んだことはない	あまり悩んだことはない	どちらともいえない	少し悩んだことがある	悩んだことがある

2： もしこのことで悩み、自分ひとりでは解決できなかったとしたら、友だちに相談しますか？

相談しないと思う	あまり相談しないと思う	どちらともいえない	少し相談すると思う	相談すると思う

⑦ 学校あるいは学級になじめないとき

1： 今年の四月から今までのあいだ、このことで悩んだことはありますか？

悩んだことはない	あまり悩んだことはない	どちらともいえない	少し悩んだことがある	悩んだことがある

2： もしこのことで悩み、自分ひとりでは解決できなかったとしたら、友だちに相談しますか？

相談しないと思う	あまり相談しないと思う	どちらともいえない	少し相談すると思う	相談すると思う

⑧ もっと成績を伸ばしたいとき

1: 今年の四月から今までのあいだ、このことで悩んだことはありますか？

悩んだことはない	あまり悩んだことはない	どちらともいえない	少し悩んだことがある	悩んだことがある

2: もしこのことで悩み、自分ひとりでは解決できなかったとしたら、友だちに相談しますか？

相談しないと思う	あまり相談しないと思う	どちらともいえない	少し相談すると思う	相談すると思う

⑨ 自分にあった勉強方法が知りたいとき

1: 今年の四月から今までのあいだ、このことで悩んだことはありますか？

悩んだことはない	あまり悩んだことはない	どちらともいえない	少し悩んだことがある	悩んだことがある

2: もしこのことで悩み、自分ひとりでは解決できなかったとしたら、友だちに相談しますか？

相談しないと思う	あまり相談しないと思う	どちらともいえない	少し相談すると思う	相談すると思う

⑩ 意欲がわかず、勉強する気になれないとき

1: 今年の四月から今までのあいだ、このことで悩んだことはありますか？

悩んだことはない	あまり悩んだことはない	どちらともいえない	少し悩んだことがある	悩んだことがある

2: もしこのことで悩み、自分ひとりでは解決できなかったとしたら、友だちに相談しますか？

相談しないと思う	あまり相談しないと思う	どちらともいえない	少し相談すると思う	相談すると思う

⑪ 進学や就職のための勉強や準備にやる気が起きないとき

1: 今年の四月から今までのあいだ、このことで悩んだことはありますか？

悩んだことはない	あまり悩んだことはない	どちらともいえない	少し悩んだことがある	悩んだことがある

2: もしこのことで悩み、自分ひとりでは解決できなかったとしたら、友だちに相談しますか？

相談しないと思う	あまり相談しないと思う	どちらともいえない	少し相談すると思う	相談すると思う

		そう思わない	あまりそう思わない	どちらともいえない	少しそう思う	そう思う
B	もし、あなたが悩んだり、困ったりしたとき、<u>友だちに悩みを相談するとしたら</u>、どのようなことを考えますか？また、相談した結果どうなると思いますか？それぞれ「1」～「5」のどれか1つに〇をつけてください。					

1	相談すると、よい意見やアドバイスをもらえる	1	2	3	4	5
2	相談すると、相手が悩みの解決のために協力してくれる	1	2	3	4	5
3	相談すると、悩みが解決する	1	2	3	4	5
4	相談すると、悩みの解決法がわかる	1	2	3	4	5
5	相談すると、相手が真剣に相談に乗ってくれる	1	2	3	4	5
6	相談すると、相手が励ましてくれる	1	2	3	4	5
7	相談すると、気持ちがスッキリする	1	2	3	4	5
8	相談すると、気持ちが楽になる	1	2	3	4	5
9	友達に相談をしても意見が合わない	1	2	3	4	5
10	相談をしても、相手が別の意見を言ってくる	1	2	3	4	5
11	相談をしても馬鹿にされる	1	2	3	4	5
12	相談をしても、相手に嫌なことを言われる	1	2	3	4	5
13	相談をしても、相手に話を真剣に聞いてもらえない	1	2	3	4	5
14	相談をしても、相手に話を簡単に流される	1	2	3	4	5
15	悩みを相談しても、それを秘密にしてもらえない	1	2	3	4	5
16	相談したことを他の人にばらされる	1	2	3	4	5
17	相談をすると、相手が悩みの内容を他の人に言ってしまう	1	2	3	4	5
18	悩みを相談することは、自分の弱さを認めることになる	1	2	3	4	5
19	悩みを相談すると、自分の弱い面を相手に知られてしまう	1	2	3	4	5
20	悩みを相談すると、自分を弱い人間のように感じてしまう	1	2	3	4	5
21	人に相談するよりも、自分で何とかする方が、自分のためになる	1	2	3	4	5
22	人に相談するよりも、自分で悩みにとりくむ方が、充実感がある	1	2	3	4	5
23	人に相談するよりも、自分で何とかすることで、成長できる	1	2	3	4	5
24	相談しないで一人で悩んでいても、よけい悪くなると思う	1	2	3	4	5
25	一人で悩んでいても、いつまでも悩みをひきずることになる	1	2	3	4	5
26	悩みを誰にも相談しないと、ずっと悩みから抜け出せないと思う	1	2	3	4	5
27	悩みを相談できるような友達がいる	1	2	3	4	5

資料07：研究６対人関係条件の質問紙
④援助要請意図
⑤悩みの経験の項目は省略

学校生活に関するアンケート

今回は、アンケートのご協力ありがとうございます

- このアンケートは、皆さんの日ごろの学校での様子を尋ねるものです。
- 質問の回答には正解などはありません。思ったことを気軽に答えて下さい。
- このアンケートは、成績にはまったく関係しません
- 誰が書いたのかはわからないようにして集計しますので、思ったとおりに回答してください。

　　　　　自分の名前を書いていただく必要はありません。
　　　　　誰がどんな回答をしたかはわからないようになっています。
　　　　　先生や家の人が、誰がどんな回答をしたかを知ることはありません。

　　　学校　（　　　　中学校　　）

　　　クラス（　　年　　組　　）

　　　性別　（　　男　・　女　　）

　　　　学年と性別を書いたら、この表紙を開いて始めてください

A 今年の四月から今までに**人間関係について悩んだことはありますか？**
あてはまる数字一つに〇をつけて下さい。

悩んだことはない	あまり悩んだことはない	どちらともいえない	少し悩んだことがある	悩んだことがある

B もし、人間関係について悩み、自分ひとりで解決できないとしたら、友達に相談しますか？
あてはまる数字一つに〇をつけて下さい。

相談しないと思う	あまり相談しないと思う	どちらともいえない	少し相談すると思う	相談すると思う

C もしあなたが、**人間関係についての悩みを友達に相談するとしたら**どのようなことを考えますか？また、相談した結果どうなると思いますか？あてはまる数字一つに〇をつけて下さい。

	そう思わない	あまりそう思わない	どちらともいえない	少しそう思う	そう思う
1　相談すると、よい意見やアドバイスをもらえる	1	2	3	4	5
2　相談すると、相手が悩みの解決のために協力してくれる	1	2	3	4	5
3　相談すると、悩みが解決する	1	2	3	4	5
4　相談すると、悩みの解決法がわかる	1	2	3	4	5
5　相談すると、相手が真剣に相談に乗ってくれる	1	2	3	4	5
6　相談すると、相手が励ましてくれる	1	2	3	4	5
7　相談すると、気持ちがスッキリする	1	2	3	4	5
8　相談すると、気持ちが楽になる	1	2	3	4	5
9　友達に相談をしても意見が合わない	1	2	3	4	5
10　相談をしても、相手が別の意見を言ってくる	1	2	3	4	5
11　相談をしても馬鹿にされる	1	2	3	4	5
12　相談をしても、相手に嫌なことを言われる	1	2	3	4	5

	そう思わない	あまりそう思わない	どちらともいえない	少しそう思う	そう思う
13 相談をしても、相手に話を真剣に聞いてもらえない	1	2	3	4	5
14 相談をしても、相手に話を簡単に流される	1	2	3	4	5
15 悩みを相談しても、それを秘密にしてもらえない	1	2	3	4	5
16 相談したことを他の人にばらされる	1	2	3	4	5
17 相談をすると、相手が悩みの内容を他の人に言ってしまう	1	2	3	4	5
18 悩みを相談することは、自分の弱さを認めることになる	1	2	3	4	5
19 悩みを相談すると、自分の弱い面を相手に知られてしまう	1	2	3	4	5
20 悩みを相談すると、自分を弱い人間のように感じてしまう	1	2	3	4	5
21 人に相談するよりも、自分で悩みにとりくむ方が、充実感がある	1	2	3	4	5
22 一人で悩みに立ち向かうことで、強くなれると思う	1	2	3	4	5
23 人に相談するよりも、自分で何とかすることで、成長できる	1	2	3	4	5
24 相談しないで一人で悩んでいても、よけい悪くなると思う	1	2	3	4	5
25 一人で悩んでいても、いつまでも悩みをひきずることになる	1	2	3	4	5
26 悩みを誰にも相談しないと、ずっと悩みから抜け出せないと思う	1	2	3	4	5

資料08：研究7の質問紙
⑤援助評価と⑦IWMの
項目は省略

学校生活に関するアンケート

今回は、アンケートのご協力ありがとうございます

- このアンケートは、皆さんの日ごろの学校での様子を尋ねるものです。
- 質問の回答には正解などはありません。思ったことを気軽に答えて下さい。
- このアンケートは、成績にはまったく関係しません
- 誰が書いたのかはわからないようにして集計しますので、思ったとおりに回答してください。

　　　自分の名前を書いていただく必要はありません。
　　　誰がどんな回答をしたかはわからないようになっています。
　　　先生や家の人が、誰がどんな回答をしたかを知ることはありません。

学校　（　　　　中学校　　）

クラス　（　　年　　組　　）

性別　（　男　・　女　）

学年と性別を書いたら、この表紙を開いて始めてください

A あなたは中学校に入学してから今までの間に、悩みを**友だちに相談したことはありますか？** あてはまるほうに〇をつけて下さい

はい	いいえ
「はい」の人：**次のページへ**	「いいえ」の人：**質問Bへ**

B では、**友だち以外の人に悩みを相談しましたか？** あてはまるものに〇をつけて下さい

はい	いいえ
質問Cへ	**質問I**に進んで下さい

C その悩みを相談した相手はだれですか？一つに〇をつけて下さい。

1. 親
2. 学校の先生
3. スクールカウンセラー・相談員など
4. その他の人（どんな人か書いて下さい＿＿＿＿＿＿＿＿）

次のページにすすんで下さい

第1ページで、悩みを人に相談したことがあると答えた人は、
次の質問Dから質問Hに答えて下さい

D 一番最近相談したことは、どのような悩みですか？あてはまるもの一つに〇をつけて下さい。

勉強や成績など	自分の性格など	人間関係など	進路など	身体や健康など
それ以外（どんなことか簡単に書いて下さい＿＿＿＿＿＿＿＿＿＿＿＿＿＿＿＿＿＿）				

E その悩みはあなたにとってどのくらい深刻な悩みでしたか？あてはまるもの一つに〇をつけて下さい。

深刻ではなかった	少し深刻だった	深刻だった	かなり深刻だった	非常に深刻だった
1	2	3	4	5

F その悩みを相談したのはどのくらい前のことですか？〇日、〇週間、〇ヶ月などで答えて下さい。

約＿＿＿＿＿＿前

では、**次のページ**にすすんでください

G あなたがその悩みを相談したときのことをふりかえってみて下さい。あなたがその悩みを相談した結果どうなりましたか？それぞれ、あてはまる数字一つに○をつけて下さい。

	そう思わない	あまりそう思わない	どちらともいえない	少しそう思う	そう思う
1 よい意見やアドバイスをもらえた	1	2	3	4	5
2 相手が悩みの解決のために協力してくれた	1	2	3	4	5
3 悩みが解決した	1	2	3	4	5
4 悩みの解決法がわかった	1	2	3	4	5
5 相手が真剣に相談に乗ってくれた	1	2	3	4	5
6 相手が励ましてくれた	1	2	3	4	5
7 気持ちがスッキリした	1	2	3	4	5
8 気持ちが楽になった	1	2	3	4	5
9 意見が合わなかった	1	2	3	4	5
10 相手が別の意見を言ってきた	1	2	3	4	5
11 馬鹿にされた	1	2	3	4	5
12 相手に嫌なことを言われた	1	2	3	4	5
13 相手に話を真剣に聞いてもらえなかった	1	2	3	4	5
14 相手に話を簡単に流された	1	2	3	4	5
15 悩みをを秘密にしてもらえなかった	1	2	3	4	5
16 相談したことを他の人にばらされた	1	2	3	4	5
17 相手が悩みの内容を他の人に言ってしまった	1	2	3	4	5
18 自分の弱さを認めることになった	1	2	3	4	5
19 自分の弱い面を相手に知られてしまった	1	2	3	4	5
20 悩みを相談すると、自分を弱い人間のように感じた	1	2	3	4	5

I 悩みを相談しことがない人に質問です。相談したことがないのは、**「悩みはあったが、誰にも相談しなかった」**ためでしょうか、それとも**「別に悩んだことがない」**ためでしょうか。当てはまるほうに〇をつけて下さい。

悩んだが相談しなかった	悩んだことがない
質問J・Kへ	次のページに進んで下さい

J その「悩んだが相談しなかった悩み」とは、どのような悩みですか？①〜⑥の内、あてはまるもの一つに〇をつけて下さい。

①:勉強や成績など　②:自分の性格など　③:人間関係など　④:進路など　⑤:身体や健康など

⑥:それ以外(どんなことか簡単に書いて下さい＿＿＿＿＿＿＿＿＿＿＿＿＿＿＿)

K 悩んだ経験はあるが、悩みを相談しなかった人に質問です。悩みを相談しなかった結果、どうなりましたか？それぞれ、あてはまる数字一つに〇をつけて下さい。

	そう思わない	あまりそう思わない	どちらともいえない	少しそう思う	そう思う
1　自分で悩みにとりくむことで、充実感があった	1	2	3	4	5
2　一人で悩みに立ち向かうことで、強くなれた	1	2	3	4	5
3　自分で何とかすることで、成長できた	1	2	3	4	5
4　悩みが、よけい悪くなった	1	2	3	4	5
5　いつまでも悩みをひきずった	1	2	3	4	5
6　ずっと悩みから抜け出せなかった	1	2	3	4	5

> 資料09：振り返りシート

ふりかえりシート

_____年 _____組 名前_____

1. 今日の内容は、おもしろかったですか？？

    つまらなかった　1　2　3　4　5　面白かった

2. 今日の内容は、理解できましたか？？

    内容はよくわからなかった　1　2　3　4　5　内容は理解できた

3. 今日勉強したことは、日常生活で使えそうですか？？

    使えなさそう　1　2　3　4　5　使えそう

4. その他、感想があれば書いてください

    ┌─ 感想を自由に書いて下さい ─────────────────────┐
    │   │
    │   │
    │   │
    │   │
    └────────────────────────────────────┘

    ┌─ わからなかったことや、もっと知りたいことがあれば書いて下さい ─┐
    │   │
    │   │
    │   │
    │   │
    └────────────────────────────────────┘

　　　　　　　　　　　　　　　　　今日も一日おつかれ様でした！

索　　引

欧文人名

Abu-Rsain, M. H. M.　48
Achter, J. A.　6, 12
Addis, M. E.　20, 95
Adelman, H. S.　21
Ajzen, I.　11
Andrews, G.　22
Armitage, C. J.　11
Ascheman, P. L.　25
Aseltine, R. H.　46
Atkinson, D. R.　9, 12
Barbaro, M. B.　46
Barter, J. T.　46
Bassman, S.　19
Batterham, P. J.　45
Baydar, N.　7
Beach, S. R. H.　177
Beaton, S.　46
Begley, P. J.　12
Ben-Itzahak, S.　11
Ben-Porath, D. D.　24
Berger, E.　24
Bitman, R. J.　13
Blazina, C.　20
Blum, R. W.　21
Blumberg, F. C.　51
Boldero, J.　9, 18, 22
Bornstein, R. F.　177
Bosmajian, C. P.　22
Bovin, M.　6
Bowlby, J.　24
Bowles, T.　18, 41
Boysen, G. A.　13, 32, 36
Braithwaite, V. A.　21, 25
Bramel, D.　23
Bresnahan, M.　24

Brewer, J. L.　45-46
Bucholtz, I.　4
Butler, R.　178
Calear, A. I.　45
Carragher, N.　45
Carter, G.　22
Cash, T. F.　12
Cassidy, J.　24
Cauce, A. M.　7
Cavanagh, S.　46
Cepeda-Benito, A.　6, 12, 21-22, 36
Chamberlain, K.　21, 26
Chastain, R. L.　6
Chiaburu, D. S.　149
Choi, S. I.　40, 174
Christensen, H.　46
Christensen, K. C.　9
Chu, H. J.　20
Ciarrochi, J.　9, 11, 13, 21, 25, 41, 51, 177
Ciffone, J.　46
Ciliska, D.　46
Cochran, B. N.　7
Cohen, B.　12
Cohen, J.　155, 165
Cohen, S.　43
Coie, J. D.　177
Cole, T.　150-151
Collins, N. L.　6, 24, 147
Conner, M.　11
Cook, E. P.　19
Cooker, P. G　45
Cooper, A. E.　25
Coppotelli, H.　177
Corrigan, P. W.　25
Cotler, S.　177
Cowie, H.　48, 82, 150-151, 175

Cramer, K. M.　22, 42
Crouch, P.　26
Crowley, J. M.　9
Curtis, I.　46
Cusack, J.　25
Dadfar, S.　10, 25
Dalley, A.　47
Deane, F. P.　9, 11, 13, 18-19, 21, 25-26, 41, 46-47, 51, 177
Dell, D. M.　20
DeMariono, R.　46
Demenech-Rodriguez, M.　7
Denson, L. A.　40
DePaulo, B. M.　4, 11, 23
Dobbins, N.　46
Dodge, K. A.　177
Donnan, H.　45
Dorstyn, D. S.　40
Doyle, A. B.　6
Dull, W. R.　11
Dykas, M. J.　24
Edell, W. S.　25
Eggert, L. L.　46
Elias, M.　46
Englar-Carlson, M.　20
Esters, I. G.　45
Fabes, R. A.　21
Fallon, B. J.　9, 18, 22, 41
Farina, A.　10
Feeney, B. C.　6
Fink, A. S.　26
Fiorenza, E.　23
Fischer, E. H.　10, 25, 28, 30-31
Fisher, J. D.　23
Fitzgerald, L. F.　12, 20
Florian, V.　4
Folkman, S.　4
Fox, J.　18
Friedlander, M. L.　10, 25
Garland, A. F.　19, 21, 46
Gekoksi, W. L.　10
Geslo, C. J.　22, 45

Gim, R. H.　9, 12, 18
Glaser, B.　69
Goldin, L.　95
Good, G. E.　6, 20
Goodman, S. H.　21-22
Greenberg, J. M.　11
Grella, C. E.　22
Griffiths, K. M.　46
Gross, A. E.　16-18, 39
Gulliver, A.　46
Gumpel, O.　19
Guyll, M.　13
Haake, S.　29-30, 32-34
Hackler, A. H.　13, 34
Halgin, R. P.　25
Halpin, G.　45
Hammer, J. H.　11-13
Hargrove, B. K.　11
Harris, M. G.　46
Hays, J. A.　45
Hayward, S.　46
Hazan, C.　118, 125
Helgeson, V. S.　20
Hicks, R.　18, 46
Hoagwood, K.　24
Hoberman, H. M.　21, 43
Horwitz, S. M.　24
Howard, K. I.　9
Ialongo, N. S.　24
Issakidis, C.　22
Ittenbach, R. F.　45
Jackson, M. A.　51
Jacomb, P. A.　46
Jampol, R. C.　21
Janicki, D. J.　20
Jarkon-Horlick, L.　22
Joiner, T. E., Jr.　177
Jones, R. A.　49
Jorm, A. F.　46
Jourard, S. M.　6-7
Kalafat, J.　46
Kamo, M. P.　22

Katz, J.   177
Keitel, M.   42
Kellam, S. G.   24
Kelly, A. E.   6, 12
Kim, A. R.   40
Kim, N.   20
Kirkwood, A. D.   46
Klein, A. G.   22
Knox, V. J.   10
Komiya, N.   6, 21, 122
Korten, A. E.   46
Ku, T.   125
Kuhl, J.   22
Kushner, M. G.   21, 26, 28, 30-31, 173
Kusumakar, V.   46
Lam, D. J.   46
Lannin, D. G.   13, 25
Larose, S.   6
Larson, D. G.   6
Lasakow, P.   6
Lau, A.   9
Lavy, S. B.   19
Lazarus, R. S.   4
Leaf, P. J.   24
Leavey, G.   18
LeBlanc, J. C.   46
Lee, F.   14
Lee, J. H.   20, 40
Lee, M. K.   20, 40
Lee, S. M.   20, 40, 174
Li, W.   40
Liao, H.   22
Liberman, M. A.   43
Link, B. G.   24-25
Lopez, F. G.   24, 125, 148
Macaulay, H. L.   10
Mackenzie, C. S.   10
MacKenzie, J. D.   10
Madon, S.   13
Magoon, T. M.   9
Mahalik, J. R.   20, 45, 95
Marinova, S. V.   149

Marshall, K. L.   47
Martin, C. L.   21
Mattson, R. E.   22
McCown, D. A.   12
McGorry, P. D.   46
McKenzie, J. D.   22, 45
McMullen, P. A.   16-18, 39
McVey, G.   18
Melendez, M. C.   24
Messick, S.   105
Metalsky, G. I.   177
Mikulincer, M.   4, 24, 125, 137, 148
Mintz, L. B.   20
Mohr, J. J.   11
Moore, A. A.   22
Morris, S. C.   6
Morrissey, R. F.   22
Mullan, J. T.   43
Muller, J. R.   41
Nadler, A.   6, 11, 23
Nagai, S.   14, 22
Nam, S. K.   20, 40, 174
Naylor, P.   150
Nelligan, J. S.   6
Nelson, G. D.   46
Nelson, R.   21
Nelson-LeGall, S.   178
Newman, R. S.   95
Nicholson, B.   19
Niv, N.   22
Nolen-Hoeksema, S.   67
Nutt, E. A.   45
Offer, D.   9
Ohbuchi, K.   177
Ostrov, E.   9
Owens, P. I.   24
Palmer, R. J.   177
Paradise, M.   7
Park, W.   19
Pearce, K.   46
Pennell, K.   46
Pereg, D.   24

Pescosolido, B. A. 24
Phelan, J. C. 24
Pike, K. C. 46
Pintrich, P. R. 178
Pinus, U. 19
Pipes, R. B. 26
Ploeg, J. 46
Poduska, J. M. 24
Pollitt, P. 46
Ponce, F. Q. 12
Ponterotto, J. G. 51
Porat, I. 6
Poulin, C. 46
Price, S. 49
Propper, A. 26
Prosperi, D. C. 24, 173
Quilty, R. F. 177
Randell, B. P. 46
Raviv, A. 4, 19, 26
Raviv, A. 4, 26
Read, S. 24, 147
Resnick, M. D. 21
Rickwood, D. 11, 21, 25, 41, 43, 46, 51, 180
Robertson, J. M. 12, 20
Rochlen, A. B. 11, 96
Rodgers, B. 46
Roppel, C. E. 46
Rose, A. J. 20, 68
Rosen, S. 6
Rothi, D. M. 18
Rounds, J. 22
Rudolph, K. D. 20, 68
Russell, N. 46
Ryan, A. M. 178
Sakrouge, R. 46
Santor, D. A. 46
Sauders, S. M. 21
Sauer, E. M. 24
Schneider, D. 19
Schonert, K. A. 9
Schonert-Reichl, K. A. 41

Schwartz, S. H. 5, 23
Schwarz, R. 26
Sewell, D. R. 21
Shaffer, D. 46
Shaffer, P. A. 13, 32
Shapira, R. 11
Shapiro, E. G. 5
Sharp, S. 49, 82, 150-151, 175
Shaver, P. R. 24, 118, 125, 137, 148
Shea, J. M. 7
Sheffield, J. K. 23
Sher, K. J. 21, 26, 28, 30-31, 173
Sherrod, N. B. 6
Sherry, P. 42
Short, P. 6, 12, 22, 36
Sills, R. 4
Simoni, J. M. 21
Simonsen, G. 20
Simpson, J. A. 6, 24, 147
Skogstad, P. 26
Snowden, L. R. 9, 19
Sofronoff, K. 23
Spencer, P. G. 25
Srebnik, D. 7
Stamm, B. H. 46
Stefl, M. E. 24, 173
Strauss, A. L. 69
Stueve, A. 24
Sue, D. W. 9
Sunderland, M. 45
Surgenor, L. J. 10, 19
Swaim, G. W. 11
Sznajderman, S. 19
Takegahara, Y. 177
Takeuchi, D. 9
Tamres L. K. 20
Taniguchi, H. 146
Taylor, R. L. 46
Tedeschi, G. J. 9
Tessler, R. C. 5, 23
Tholes, W. S. 6
Thomas, H. 46

Timlin-Scalera, R. M.   51
Tishby, O.   19
Todd, D. M.   18-19, 26
Tracey, T. J.   42
Tucker, J. R.   13, 25
Turel, M.   19
Turner, J. L.   10, 25, 28, 30-31
Underwood, J.   46
Ura, M.   146
Vieland, V.   46
Vogel, D. L.   6, 11-13, 22, 24-26, 29-30, 32-34, 36, 38, 105, 122, 125
Wade, N. G.   13, 25, 29, 34
Wallace, P.   150-151
Warda, U. S.   22
Watkins, C. E. Jr   20
Watson, A. C.   25
Weaver, D. D.   25
Webb, M.   19
Wei, M.   12-13, 24, 32, 36, 122, 125, 148
Weise, B. C.   12
Wester, S. R.   6, 13, 22, 26, 29-30, 32-33, 36, 38
Whitcher-Alanga, S.   23
Whiteley, S.   12
Whittle, B.   46
Wilansky, P.   4
Williams, D. I.   48
Williams, G. T.   19
Williams, M. W.   26
Willis, F. N.   9
Wills, T. A.   23
Wilson, C. J.   9, 11, 21, 25, 41, 46-47, 51
Winokour, M.   19
Wintre, M. G.   9, 18
Wisch, A. F.   45
Wood, P. K.   20
Woodruff, J. C.   45
Wright, A.   46
Wyssmann, J.   24
Zakalik, R. A.   125
Zhang, A. Y.   9
Zigler, E. F.   19, 21

邦文人名

NHKクローズアップ現代班　i
相川充　16, 39, 146
東清和　67
阿部聡美　177
新井邦二郎　13, 44, 147, 149, 151, 172, 177
安藤清志　7
安保英勇　10, 47
飯田順子　149, 170
池田忠義　47
石川裕希　25, 47
石隈利紀　i, 3, 10, 13, 18, 21, 23, 27-32, 34, 42-44, 50, 57, 65, 67, 70, 87-88, 94, 105, 107, 138, 147, 149, 169-170, 177
市来百合子　47
伊藤晃代　47
伊藤武樹　3, 27, 29-33, 35-36, 38
伊藤裕子　170
伊藤義美　47
稲葉昭英　14
今川民雄　7, 42
井村健　47
岩崎容子　67
上埜高志　10, 47
内田知宏　10, 47
浦光博　43
宇留田麗　39
江村理奈　149
大久保千恵　47
大島由之　149
大橋早苗　7
岡檀　i
岡本淳子　25, 179
岡安孝弘　149
尾崎紀夫　i
小野瀬雅人　i, 3, 50, 57, 65, 67, 70, 87-88, 94
笠井清登　i

笠原正洋　26, 28, 30-31, 33-34, 36, 44
粕谷貴志　118, 139
片山美由紀　7
加藤忠史　i
金山元春　149
亀口憲治　48
亀田佐和子　7
河野和明　42
河村茂雄　118, 139, 152-153
神庭重信　i
木下康仁　69, 71
木村真人　21, 24, 26-28, 33-35, 37, 41, 47
功刀浩　i
久保千春　i
栗田智未　47
小池春妙　25-26, 47
神山佳代子　25-26, 28, 30, 33-34, 47
兒玉憲一　47
小林恵　67
小山司　i
佐伯直子　48
坂野雄二　42, 88, 105-106
坂本真士　43-44
佐藤静香　47
佐藤修哉　10, 47
佐藤純　124
佐藤正二　149
佐藤秀行　25
潮村公弘　7
渋谷郁子　170
島田泉　16, 41
下山晃司　25
白川治　i
菅沼真樹　7
関谷佳代　47
妹尾香織　48
高木修　16, 19, 21, 23, 38-41, 43-44, 47-48, 81, 103-104, 172

高田みぎわ	47	藤川真由	10
高野明	39, 47	星野周弘	i
高橋亜希子	47, 48	堀田香織	48
滝充	i, 48	本庄谷奈央	47
武田雅俊	i	本田真大	13, 43-44, 138, 147, 172, 177
谷口尚之	47	前田健一	149
谷口義昭	47	益田良子	29-33, 35-36
田村修一	23, 27, 28-32, 34, 42, 105, 107	松尾直博	151
丹野義彦	43-44	松田侑子	179
堂上禎子	47	松原達哉	29-33, 35-36
戸田有一	48	丸山利弥	7, 42
豊田秀樹	121	三浦正江	42, 88, 105-106
永井智	23, 25-26, 147, 151, 178-179	水野治久	10, 18, 21, 23, 26-28, 30, 32-35, 37, 41-42, 69, 169, 177
中岡千幸	47		
中谷素之	178	宮崎圭子	29-33, 35-36
中野良顕	151	元村直靖	i
西川正之	20, 41	森川澄男	49
西田淳志	i	森田洋司	i
仁平義明	47	森脇愛子	43-44
野村総一郎	i	山口登志子	10, 28, 30-31
橋本剛	25, 180	山口智子	20
秦政春	i	山口豊一	21
原田杏子	69	山脇成人	i
半田一郎	25	吉武清實	47
久田満	10, 28, 30-31	吉武久美子	47
肥田乃梨子	47	六角洋子	67
平井元	21	若井彌一	i
福田正人	i	脇本竜太郎	6, 23
藤岡孝志	48	和田実	7

英文項目

ATSPHS　10-11, 37
Attitudes Toward Seeking Professional Psychological Help Scale　10

DES　26
Disclosure Expectations Scale　26

General Help-Seeking Questionnaire　11
GHSQ　11, 13-14, 87
GTA　69

help　5
help-seeking behabior　4

Intentions to Seek Counseling Inventory　11-12
internal working model　24

ISCI　11-14, 37, 87
IWM　24, 39-40, 117-118, 120-122, 124-125, 132, 137-145, 147-148, 171-172, 174, 177

Self-Stigma of Seeking Help Scale　26
SSOSH　27
support　5

TACS　25
TAPS　26
Thoughts about Counseling Survey　26
Thoughts about Psychotherapy Survey　26

Wilingness to See a Counselor Measure　12
WSC　13

邦　文　項　目

援助評価　　43-44, 51, 137-148, 172, 175, 177
援助要請意志　　10-13
　　——尺度　　13
援助要請意図　　10-14, 32-36, 38, 105-107, 117, 127, 149, 153, 164, 166, 171
　　——と学年差　　88, 93, 165, 170
　　——と性差　　88, 93-95, 133, 165, 167, 169-170, 179
　　——の測定　　11-13, 51-53, 70, 72, 87-95
援助要請回避者のモデル　　143
援助要請研究　　5, 7, 9, 13-15, 24, 27, 41, 52, 173, 177-178, 180
援助要請行動　　4, 10-11, 24, 40, 45, 171
援助要請生起　　14-16, 51, 171
援助要請態度　　10-11, 32-34, 36, 40, 45-46
援助要請と適応　　14-15, 42-44, 50-51, 137, 148, 171-173, 176-178
傷つきやすさ仮説　　23
グラウンデッド・セオリー・アプローチ（GTA）　　69
　　修正版——　　69, 71
コーピング　　4, 7-8, 20, 42, 87, 89, 107, 180
個人の問題の深刻さ　　18, 21, 24
コミュニケーションスキル　　170
サポート希求　　4-6, 8, 42, 87-89, 92, 94, 105-108, 112
自己隠蔽　　7, 42
自己開示　　4, 6-7, 24, 42-44, 147, 170
自殺企図　　21
システマティックレビュー　　20, 46
自尊感情　　23, 25, 67
状態的被援助志向性　　27, 29, 31
スティグマ　　24-26, 46, 174
　　——耐性　　28, 30, 37

セルフ——　　25-26, 29-30, 34, 38, 105
パブリック——　　25
専門家への援助要請　　6, 20, 22, 24-26, 28-30, 40, 42, 44
相談経験者のモデル　　140
相談行動　　4, 7, 9, 52-53, 57, 103-104, 112, 128, 146, 148, 171, 174-175, 179
　　——尺度　　87-88, 90, 92, 94, 107, 128, 152
　　——のプロセス　　69, 148, 174
　　——の利益・コスト　　96, 100, 110, 144, 168
　　——の利益・コスト尺度　　96, 109-110, 152-153, 155, 168
ソーシャル・サポート　　4, 22, 42, 48, 125, 146, 179
男性性性役割　　20
　　——葛藤　　20
デモグラフィック要因　　18, 24
特性的被援助志向性　　27, 29
内的作業モデル（IWM）　　24, 117-120, 123-125, 137, 139-145, 147, 170-172, 174
認知的一貫性仮説　　23
ネットワーク変数　　18, 22, 24
パーソナリティ変数　　18, 23-24, 171
ピア・サポート　　3, 48-49, 51, 53, 81-82, 149-151, 158, 175, 178
　　——のトレーニング　　51, 149-150, 158, 172, 175, 178
被援助志向性　　10, 21, 27, 29, 32-35, 37, 42, 107
　　——尺度　　27, 105, 107-108
　　状態的——　　27, 29, 31
　　特性的——　　27, 29
メタ分析　　20, 40
メンタルヘルスリテラシー　　46
モデルの設定　　120
抑うつ　　12, 21-22, 43, 45-46, 67, 177

利益・コスト　　38-40, 48, 50-51, 81, 96, 104, 106-108, 117, 120-122, 124-128, 131-133, 137-141, 145, 147, 149, 167, 172-173, 175-176

　　――と援助要請意図　　51, 53, 117, 120, 122, 126, 131, 133, 149, 158, 173

援助要請回避の――　　39-40, 104-106, 108, 111-112, 121-122, 131-132, 139, 155, 170

相談行動の――　　109-110, 168

著者紹介

永井　智（ながい　さとる）
2003 年　東京学芸大学教育学部卒業
2008 年　筑波大学大学院人間総合科学研究科修了　博士（心理学）
現職：立正大学心理学部准教授
専攻：発達臨床心理学／教育心理学
主著：
援助要請と被援助志向性の心理学（共編著 2017 年 金子書房）ほか。

中学生における友人との相談行動：援助要請研究の視点から
2017 年 2 月 20 日　初版第 1 刷発行　　定価はカヴァーに表示してあります

著　者　永井　智
発行者　中西健夫
発行所　株式会社ナカニシヤ出版
〒606-8161　京都市左京区一乗寺木ノ本町 15 番地
　　　　Telephone　075-723-0111
　　　　Facsimile　075-723-0095
　　　Website　http://www.nakanishiya.co.jp/
　　　Email　iihon-ippai@nakanishiya.co.jp
　　　郵便振替　01030-0-13128

装幀＝白沢　正／印刷・製本＝創栄図書印刷

Copyright © 2017 by S. Nagai.
Printed in Japan.
ISBN978-4-7795-1130-1 C3011

◎本書のコピー，スキャン，デジタル化等の無断複製は著作権法上での例外を除き禁じられています。本書を代行業者等の第三者に依頼してスキャンやデジタル化することはたとえ個人や家庭内の利用であっても著作権法上認められておりません。